国家出版基金项目
NATIONAL PUBLICATION FOUNDATION

青少年讲武堂

总主

副总主编　王道伟　郭松岩

于玲玲　路志强

军事心理探幽

透析军人情志的心路历程

唐　肃　郭松岩　朱锦芳　编著

文心出版社
·郑州·

图书在版编目（CIP）数据

军事心理探幽 ： 透析军人情志的心路历程 ／ 唐肃，
郭松岩，朱锦芳编著 . — 郑州 ： 文心出版社，2016. 12
（2019.5 重印）
（青少年讲武堂 ／ 崔常发，马保民，荆博，曾祥旭
总主编）
　ISBN 978 - 7 - 5510 - 0785 - 6

　Ⅰ. ①军… Ⅱ. ①唐… ②郭… ③朱… Ⅲ. ①军事心
理学 - 案例 - 世界 Ⅳ. ①E0 - 051

中国版本图书馆 CIP 数据核字（2016）第 176733 号

出版社:文心出版社

（地址:郑州市郑东新区祥盛街27 号　　　邮政编码:450016）
发行单位:河南省新华书店
承印单位:三河市金轩印务有限公司
开本:710 毫米×1010 毫米　　1 / 16
印张:13. 5
字数:300 千字
版次:2016 年 12 月第 1 版　　印次:2019 年 5 月第 4 次印刷

书号:ISBN 978 - 7 - 5510 - 0785 - 6　　　定价:34. 00 元

◇◇ ····················· **序**

　　200 多年前,全世界公认的军事理论权威——若米尼在他的著作中深刻地指出：一个国家即便拥有极好的军事组织,倘若不培养人民的爱国热忱和尚武精神,那么这个国家还是不会强盛的。人类 5000 年血与火的历史表明,若米尼的这番话可谓至理名言。

　　中华民族是一个既崇尚与热爱和平又富有爱国传统与尚武精神的民族,自古就有"国家兴亡,匹夫有责""位卑未敢忘忧国"之说,"投笔从戎""马革裹尸"等英雄壮歌更是响彻神州大地。

　　新中国成立之后,党和国家领导人一直高度重视全民国防教育,尤其重视对青少年进行国防教育。毛泽东同志亲自批准在高等院校学生中开展军事训练,为部队培养预备役军官。邓小平同志多次强调,国防教育要从娃娃抓起,要加强对公民特别是青少年的国防教育。江泽民、胡锦涛同志对青少年的国防教育工作作过一系列重要指示,要求国防教育应当成为对公民进行以爱国主义为主要内容的全社会性的教育活动。习近平同志强调指出,要加强国防教育,增强全民国防观念,使关心国防、热爱国防、建设国防、保卫国防成为全社会的思想共识和自觉行动。

　　全民国防教育是一项极其重要的战略工程,能够激发人们对国家安全的责任感和使命感,激励人们的爱国之心和报国之志,强化人们的忧患意识和国防观念,增强实现中华民族伟大复兴的凝聚力和向心力。而青少年是国家民族的未来,青少年时期是人们世界观、人生观、价值观形成的关键阶段,对青少年进行国防教育是全民国防教育的基础,是一项利在当代、功在千秋的工作。

　　为适应国内外发展变化了的新形势和国防教育的新要求,我们组织和邀请了中国人民解放军军事科学院、国防大学、空军指挥学院、南京政治学院、海军大连舰艇学院、总参工程兵学院等单位的一些专家、学者、博士、硕士,针对青少年学习军事知识的需求和特点,在注重科学性与通俗性、知识性与可读性、学术性与趣味性有机统一的基础上,编纂了《青少年讲武堂》这套丛书。

该套丛书共分 22 册,分别为《经典兵书导读 走出战争迷宫的理性指南》《著名将帅传略 展现军事翘楚的戎马生涯》《战争战役回眸 追寻战争历史的闪亮足迹》《指挥艺术品鉴 开启军事创新的思维天窗》《军事谋略精要 掀开以一敌万的神秘面纱》《军事科技纵横 领略军事变革的先锋潮流》《武器装备大观 把握军事世界的核心元素》《军事后勤评说 探究战争胜败的强力后盾》《国防建设考量 通晓国强家稳的安全屏障》《军事演习巡礼 体验军力提升的重要环节》《兵要地志寻踪 走近军事活动的天然平台》《军事制度一瞥 透视强军之基的内在支撑》《军事约章评介 揭示军势嬗变的影响因素》《军事文化解读 领悟文韬武略的历史积淀》《军事檄文赏析 解读壮气励士的激扬文字》《军事心理探幽 透析军人情志的心路历程》《军队管理漫话 掌握军事行为的调控方略》《军事情报管窥 练就审敌虚实的玄妙功夫》《军事危机处置 感悟化危为机的高超艺术》《军事代号揭秘 知谙诡秘数码的背后深意》《作战方式扫描 解析军事对抗的表现形态》《世界军力速写 通览当今世界的武装力量》。

本丛书在编纂过程中,参考借鉴了一些相关著作和资料,在此对相关人士一并表示衷心的感谢。同时,也真诚地期望广大读者朋友对丛书提出宝贵的意见,以使其更加完善,更好地服务于青少年国防教育,更好地服务于加快推进国防和军队现代化进程,更好地服务于全面建成小康社会。

丛书全体编者
2015 年 5 月

目 录

第六章　威慑心理战

第七章　宣传心理战

第一章 军事工程心理

军事工程心理学经历了人适应机、机适应人等几个阶段，在对人、机、环境三者协调一致的追求下，如今发展到追求人机共生的最高境界。

军事工程心理学未来的研究方向是：把人—机—环境系统作为一个统一的整体来研究，以创造最适于人操作的武器装备和作业环境，使人—机—环境系统相协调，从而获得系统的最高综合效能。一个理想的武器装备人机系统应该设计成以人为中心的、能完全适应人的特点和满足人要求的系统。

我国"神舟"系列载人航天飞船顺利升空，完成了中华民族千年的飞天梦想。其中，工程心理学理论的运用达到了空前的高度。100多项改进措施使航天员在太空飞行中的舒适性大大增加，圆满完成包括太空行走、空中交换对接在内的各项实验任务。

军事工程心理学理论从形成到现在，经历了近100年的历史。在武器装备越来越复杂、战场信息量爆炸性增长的今天，军事工程心理学理论在武器装备设计中的地位越来越重要。

可以说，如果没有军事工程心理学的理论与实践，就没有高效、安全、舒适、人性化的先进武器装备系统，也就没有战斗的胜利。

不好用怪物的发展变迁：心理学帮助改进雷达

军事工程心理学的产生可以说是与心理学家参加改进首批雷达结构相联系的。

1942年，雷达首次在英、美舰艇上出现。领导安装与调整这些新型电子仪器的工程师把它们称为"技术上的奇迹"，并反复强调它们将是船队真正的"眼

早期雷达

睛"。确实如此,雷达装置能在汪洋大海中顺利地发现各种各样的目标,这在无法进行侦察的雾天里显得特别有价值。

　　然而出现了需要培养新型电子仪器操作人员的问题。很显然,这不是一个简单的任务。首批雷达对操作人员的智力、视觉能力、操作记忆和运动协调能力等,提出了极高的要求。正如一个海军军官所说的,它们要求操作人员有许许多多的手和脚,在有些场合则要求他们有许许多多的脑袋。许多准备当雷达手的战士都未能学会操纵雷达,而最终学会的人都必须经过几个月的训练,但他们也常常会出错,特别是在战斗紧张的情况下。

　　在海洋上进行战斗时,一天不用雷达就得遭受很大损失。海军军官们开玩笑说:"雷达真是个不好使用的怪物。"当出错是因为人的因素时,采用另一种办法,即心理选拔法,也不能挽回局面。原因有二:第一,选拔的条件特别受限制,只能在受过普通教育和技术训练的人员中间进行挑选;第二,这些挑选出来的人还得花相当长的时间来获得必要的技能,而改进操作人员训练方法的尝试也没有产生明显的效果。

　　包括首批雷达装置在内的军事设备对人们提出了高于其能力的要求。这些设备中还有使操作新手感到害怕的电子换流器以及难以瞄准目标的大炮。结果是炸弹和炮弹落在离目标几百米之外,飞机在空中互相碰撞,盟国舰船遭到自己人的炮击以致沉没,深水炸弹命中鲸等。

　　这一切之所以会发生,是因为雷达操作要求操作人员能看见几乎看不到的目标,在震耳欲聋的吵闹声中听清话语,用两只手去操纵三个方向,用类比方式解复杂的微分方程,处理大量信息,并闪电般做出关乎许多人生死的决定。

　　雷达在当时确实是电子技术怪物。雷达的功能只有通过监视着屏幕和操纵它的人才能发挥。因此倘若操作人员无能力顺利履行其担负的职责,那么优越性再大的新设备也无法挽救危局。

　　当尽快使用雷达的希望几乎破灭时,那些从事选拔操作人员并企图改进其训练过程的心理学家决定把问题转到另一个方面。他们寻思:"如果我们使人适应技术的企图得不到期望的效果,那么可否走向其相反方面,即可否设法使技术适应人,对技术设备进行结构上的改变,简化操作人员的工作以及掌握必要本领的全部过程从而缩短训练期限呢?"

未来的改进方向很快就明确了。以测定光点在荧光屏上的运动速度为例，如果这个明显超越人的心理潜力的职能由机器承担，那么情况就起了根本变化。根据心理学家的要求，工程师设计了相应的雷达附件，并对雷达结构进行了一系列根本性的改进，以便更完整、更精确地考虑人们分辨各种信号的能力。考虑了心理学现有的有关视觉惯性（电影上的活动画面就是基于这一特性）、视觉差别阈限，眼睛对光的适应、对视觉刺激物运动反应的时间等因素之后，培训雷达手就不再是难题了。这些雷达装置开始迅速应用于舰艇，后又用于对空防御系统。在分秒必争的对空作战中，要想在几分钟，甚至几秒钟之内，让操作人员在这些线条中分辨出哪些是敌机的回波，哪些是雷电回波，哪些是鸟群的回波，哪些是地形干扰的回波，难度极大。直到设计人员运用了工程心理学理念，将难以识别的波纹显示改为形象直观的运动光标轨迹，使空中的飞机变为荧光屏上一个显著的亮点，才使雷达从"不好使用的怪物"变为人类防空史上最具创新性的装备。

逃生装置源于安全心理：不发挥作用的逃逸塔

载人航天的救生装置一般包括弹射座椅、逃逸塔、分离座舱和载人机动装置等几种，它们在飞行的不同高度发挥着不同的作用。在 2 公里至 10 公里高度时，航天员既可采用弹射座椅，也可启动逃逸塔救生。在 10 公里到 110 公里高度时，只有启动逃逸塔救生。若超过 110 公里高度，就只能采取分离飞船返回舱的办法，乘返回舱返回救生。

逃逸塔位于火箭最顶尖，塔高 8 米，从远处看好似火箭上的避雷针，紧急情况下，航天员可以通过此塔成功逃生，被誉为是保障航天员安全的"生命之塔"。

逃逸塔一般从未真正发挥作用，航天人都希望逃逸塔永远都别发挥它的作用，而是火箭发射成功后抛落到地面。

在飞船发射阶段，采用运载火箭将飞船送到预定轨道，从火箭点火到飞船入轨，时间虽然只有十几分钟，但这是航天员进入太空的第一步，也是危险性最大的一个环节。

作为救生装置，逃逸塔安装在火箭的最顶端，挂在载有宇航员的舱上。一旦火箭发射过程中发生偏离了轨道或者点火不正常等意外情况，地面控制人员

逃逸塔残骸

会连续向飞船发送逃逸指令代码。这时,位于逃逸塔内的逃逸指令接收机就会起到非常重大的作用。首先,它会收到信息,解读信息,根据地面控制人员连续发送的信号进行自动校验、纠错和判断。一旦确定逃逸指令,它会自动发指令给逃逸塔,逃逸塔的主发动机将点火开始工作,产生高达 70 余吨的推力,在 3 秒钟内迅速带着宇航员的舱脱离火箭逃生。逃逸塔带着宇航员逃离的速度,在此前火箭运行的速度基础上,瞬间会被推出 1.5 公里开外。

专家介绍说,相比较而言,采用逃逸塔救生具有多种优点:一是适用范围大,从飞船发射前直至 110 公里高度的范围内均可发挥作用;二是整舱逃逸,人员安全有保障,航天员在座舱内,受爆炸冲击波、碎片和热辐射的影响较小;三是逃逸过载小,一般可控制在较小范围,对航天员更安全;四是发射台逃逸性能好,其飞行高度可达 1500 米左右,飞行距离近 1000 米,可远离危险区。

运载火箭的逃逸塔位于火箭和飞船的顶部,从远处看像是火箭上的避雷针,与一般火箭的圆锥形顶部明显不同,这也是载人运载火箭和普通运载火箭的重要区别。

逃逸系统一直作为火箭必备的装备,安装在火箭最顶端。这么多年来,火箭发射成功后,它就完成了自己的使命,自动坠落。虽然这么多年从未派上过用场,但作为确保航天员的生命之塔,为了确保其安全性和可靠性,在地面做过无数次实验。

管道上五颜六色的警示:武器装备的防差错设计

墨菲定律指出:如果人们做某件事情,存在着发生错误的可能,迟早会造成这种错误。1949 年,美国航空工程师墨菲(Murphy)首次提出这条定律。它对于消除使用、维修中的人为差错事件具有现实意义。它指明人们做某一件事情,如果存在着发生人为差错的可能性,那么人为差错事件迟早要发生。要防止人为差错事件发生,必须消除发生人为差错的可能性。

1979 年 12 月的某一天,一架歼-6 型飞机正在空中训练,突然飞行员报告"发动机着火了",接着,飞行员被迫跳伞,飞机坠毁。经调查,这次二等事故的原因,仅仅是油箱盖没有装到正确位置,致使燃油泄漏,造成失火。虽然安全教育反复进行,但是这样的差错已经不止一次出现了。究其原因,是油箱口盖的设计存在假盖紧的可能。于是从工程心理学的原理出发对油箱盖进行了改进,改进后的油箱盖如果没装到位就无法盖上盖板,或者无法对正刻线。从此这类事故再也没有发生过。从人机匹配出发,为防止差错产生的设计,在工效学上叫"防差错设计"。例如,各种大型武器平台上不同功能的管线被涂成不同的颜色,不是为了美观,而是用来鉴别管内流动的气体或液体的性质,以防止维修差错的产生。如红褐色表示蒸汽管;褐色表示燃油管;蓝色表示瓦斯管;浅蓝色表示空气管;黄色表示润滑油管;绿色表示消耗水管;黑色表示污水管和废气管;等等。

航母上不同颜色的军服

水面舰艇上的人员都统一着海军服,但航空母舰上的人员却穿着红、黄、蓝、白、绿、紫等颜色的军服。航空母舰上的工作人员着装有颜色的区分是什么原因呢?原来,这与航空母舰这一特别工作环境有关。因为航空母舰不同于地面机场,而且它的飞行甲板面积相当有限,各类人员相当集中。为了保持良好的工作秩序,以及便于认识和统一指挥管理,因此担负不同任务的人必须穿不同颜色的军服。穿黄色服装的一般是舰上观察员,负责舰载机的起降以及四周人的安全;穿蓝色服装的人一般专给飞机垫轮挡以及给飞机进气道加堵盖;穿红色服装的人只是负责救生、打捞以及消防;穿绿色服装的人只负责飞机起飞弹射以及降落拦阻;穿紫色服装的人主要负责飞机油料充填;穿白色服装的全是机务人员,主要负责飞机的检查、维护、修理;穿印有红十字白服装的主要是舰上医务人员。因此,远远望去,各种人员服装标志相当分明,色彩也很醒目,分工明确,各司其职,既提高了工作效率,也减少了事故的发生。

"防差错设计"在人机界面的信息交换中特别注重3种信息显示传递方式,它们是视觉、听觉和触觉。这3种方式的传递在工效学上叫作信息编码。视觉的信息编码包括颜色、大小、图形等;听觉的信息编码包括音色、音强、频率等;触觉的信息编码主要是形状。例如工效学专家对 F-16 战斗机的操纵握把进行了触觉编码设计,将不同功能的按钮设计成不同的形状,这样仅仅凭借触觉就可以对它们进行识别而不容易产生操作差错。

总之,在武器装备中,任何容易产生差错和不安全后果的地方,都是工程心理学研究的领域。

小细节能化有惊为无险：救命的弹射座椅

早期的飞机没有弹射座椅，都是飞行员自己爬出座舱逃生。后来飞机速度快了，爬出去经常碰死在后面的尾翼上，于是1940年左右德国人先成功发明了弹射座椅。

飞机座椅一点不像普通椅子，就是个放在座舱底板上一尺多见方的金属斗，维修时要两三个人配合抬动。飞行时里面放上降落伞包，包里面有降落伞、笔记本电脑大小的氧气设备、橡皮救生艇、急救食品等。别看这个倒放的刀切馒头形的伞包不大，要是不小心在座舱里面打开可就麻烦大了。伞打开后会挤满座舱，伞肯定要报废。飞行员坐在倒放馒头形伞包平面上，先用伞背带固定，再用座椅背带固定。老式弹射座椅靠背钢板后面是个1米长的钢管，里面装一颗半尺多长的专用的发射弹，跳伞时先抛座舱盖，然后座椅发射弹工作，把飞行员迅速弹离飞机。所以只能在一定的高度工作才能保证伞打开。要是低了，弹出也救不了命，因为抛盖（现在为减少时间用击穿座舱盖方法）、弹离座舱、人椅分离、打开伞要分步进行，伞打

弹射座椅

开充气后才能缓慢下降。可能至少离地要300米以上吧。座椅和伞上各有一个三秒表定时用，一个是人椅分离，一个是自动延时开伞。弹出座舱后可以用三秒表自动控制，也可飞行员手动控制。每次飞行回来为了安全，机械师的第一件事就是要给座椅插上保险销，防止碰开后弹出座椅造成伤亡事故，而飞行前一定要取下保险销，否则空中有情况座椅就会弹不出去。这可是人命关天的大事。

座椅的高低是不可调的，常见到个子矮的飞行员比别人多拿的方座垫就是高矮"找齐"用的。飞行员坐在上面，两条腿平伸，向前面蹬舵改变飞行方向，右手掌控操纵杆，调整飞行左右倾斜和俯仰姿态。左手掌控油门，控制飞行速度。驾驶杆上有投弹和机炮按钮，油门杆上有通话按钮。总之，在这不大的座舱里面布满了各种机关。

别小看这不起眼的座椅，可是有好几个相关的设备，机械、军械、仪表的氧气设备、无线电通信插头，既要安全使用又要做到迅速可靠分离。

战机经常会遇到各种各样的意外情况，不管其多么先进，事故总是无法完全避免。世界各国军用飞机空中事故不断，伤亡时有发生。飞机是昂贵的，飞行员的生命更宝贵，能在千钧一发之际帮助飞行员逃生的救生系统弹射座椅，可谓名副其实的

"空中保护神"。

2010 年夏，俄空军一架雅克–130 教练战斗机飞行时突然失控坠毁，让人惊出一身冷汗。然而，两名飞行员不仅生还，而且"毫发无损"，关键时刻起到救命作用的是 K36–LT 弹射座椅。而此前俄方宣布，性能更为先进的新一代弹射座椅 K36D–3.5 已装配到第 5 代歼击机 T–50 上，将和配套系统一起完成最后试验，然后批量生产，全面装备，筑起飞行员安全保障的最后一道闸。

K36D–3.5 善于化有惊为无险。其前身 K36D 因设计独特、性能优异而举世闻名，许多歼击机及教练机使用的都是各型 K36 弹射座椅。它于 1970 年开始服役，此后不断改进，共生产 1.2 万多台，至今仍被公认为世界最好的弹射座椅。近 40 年来，共挽救了 500 多名飞行员的生命，其中 97% 的人不仅成功逃生，而且健康状况良好，事故后不久仍能继续驾机飞行。

为了进一步改善工作条件，提高逃生成功率，俄"明星"企业设计局从 20 世纪 90 年代初开始研制 K36D–3.5 新一代弹射座椅，2002 年获得成功，2004 年开始安装试验。大量试验结果表明，新型弹射座椅比其前身更先进、安全、简便。其突出特点是采用电子程控技术、可控推力技术、火箭发动机倒飞切断技术、横滚姿态控制技术。核心是装配 100 多道程序的特制计算机，存储了数十套弹射模式。危急关头能自动分析弹射时飞机的运动参数，特别是飞行速度、高度、俯仰角、倾斜度、角速度和其他参数，同时结合其他诸数据，包括飞行员身高、体重等，计算不同情况下的最佳弹射方案，选择最为合适的弹射程序，而且能在最后关头为来不及反应的飞行员做出决定，最大程度地保证弹射安全。

据称，俄罗斯新一代弹射座椅弥补了此前同类设备的一些缺陷，达到了零速度、零高度、全角度安全弹射的要求。无论战机是在飞行中、起飞时，还是着陆滑跑时，都能保证坐高 81~90 厘米、体重 44~111 公斤的男女飞行员，在时速 0~1400 公里、高度 0~25 公里的情况下安全弹射。

K36D–3.5 弹射座椅采用两级弹射机制，首先保证脱离机舱，然后为开伞创造必要的高度。弹射程序启动后，弹射炸药立即引爆，座椅轨迹控制程序随即启动，在以较大倾斜角脱离座舱后，侧转弯发动机启动，然后消除旋转角速度，启动升力发动机，爬升到足以打开降落伞的高度。如果在倒飞情况下升力发动机无法启动，降落伞会在椅舱脱离

弹射座椅弹射瞬间

后直接启用。

K36D-3.5 弹射座椅在结构和强度设计方案上有了较大改变,重量降低了 25 公斤,总计不超过 103 公斤,尺寸则缩小了 15~20 毫米,使其成为同类设备中最轻便最紧凑的一种,能够安装到任何类型战机座舱内。设计更为人性化,扩大了身高调节范围,增大了支撑面,缩小了头枕,出口前景非常广阔。

让装备适应士兵的需要:行军锅变成军用头盔

只有使军事装备不断适应人的特性,才能提高武器装备操作人员的舒适性,也才能提高部队的作战能力。为实现这个目的,有必要进行人在不同装备条件下的特性研究。

20 世纪 30 年代,当螺旋桨飞机时速达到 680 千米后,飞行员训练常常出现一种奇怪的现象:正常航行平飞的飞行员,当飞机开始大幅度跃升或转弯时,会突然失控,甚至发生机毁人亡的事故。

带有不同迷彩的德国
M16 型钢盔

经过多次调查发现,做这种剧烈的动作时由于飞机的加速度和离心力作用,产生过载,使飞行员大脑供血不足,发生黑视现象,导致视觉模糊,甚至丧失意识。

最初的解决方法是让飞行员加强身体锻炼,"让人适应机器"。后来发现,不管多健壮的小伙子,也无法完全克服黑视现象。于是根据工程心理学研究成果,提出了抗荷服的设想,运用抗压的性能,让飞行员的血液不朝重力方向发生集中改变,以保证飞行员大脑的供血,从而实现了"让机器适应人"。

持续 4 年之久的第一次世界大战是人类历史上一次空前的浩劫,在此次战争中,交战双方都使用了大量新式武器和装备, 其中很多被实践证明是极有价值的,军用头盔正是其中之一,它曾从死神手中拯救出无数生命,并自此成为现代单兵装具不可或缺的一个重要组成部分。头盔这种战场上常见的、看起来并不复杂的装备,也是经过了很长时间,才达到了理想的使用效果。

一战中深沟壁垒的堑壕战,使得头部成为士兵最容易受伤的部位。在这种上部敞开的工事中,如果士兵未戴钢盔,炮弹弹片是对他生命的最大威胁。

最先装备军用钢盔的是法国人。其发明灵感来自于一个偶然事件:1914 年的某一天,德军为争夺某一战略要点,向法军发起了超饱和炮击,法军阵地瞬间被钢铁暴雨摧毁,伤亡惨重。一个法国军士当时正在厨房当值,慌乱之下顺手抄起一口行军锅扣在头上,虽然身上多处负伤,但头部因有铁锅保护而安然无恙,在纷飞的弹片中侥幸得以逃生。战斗结束后,当法国的亚德里安(Adrian)将军到医院视察时,听说此人在这场炮击中奇迹般生还,便饶有兴趣地询问他何以如此幸运,军士据实答道是行军锅保住了他的性命。孰知听者有心,亚德里安将军由此设想出保护士兵头部的一种办法,即在每人头上安上一顶“小铁锅”。次年,这种新装备便开始在法军中应用,果然因头部受伤而导致伤亡的比率大幅度下降,由于这种装备源于亚德里安将军的设想,所以它被命名为亚德里安头盔。各国见其行之有效,纷纷效仿,到一战中期各主要参战国基本上都已装备了钢盔。

不过,早在亚德里安头盔出现之前,各国陆军中已经装备有少量金属头盔,如法军龙骑兵就在使用一种源自拿破仑时代的头盔,其顶部有隆起的头冠,还挂着装饰用的马鬃毛,德军也有金属制的带有尖顶的 M15 型头盔,后者则是来自于 19 世纪中后期的普鲁士军队头盔。但这些头盔和一战期间发展起来的现代军用钢盔之间有本质的区别,前者是中世纪欧洲骑士盔甲的延续,构造复杂笨重,材料和工艺落后,对枪炮等热兵器基本上没有防护能力,其装饰性和象征意义远大于实用性。而以亚德里安头盔为代表的现代钢盔,则采用防护性能更好的碳素钢板制造,结构上更加简单和合理,工艺上广泛采用冲压、铆、焊技术和现代化的工业流水线生产,以实用为第一目的。现代钢盔的根本性进步是其内部广泛应用了悬挂结构,这种简单装置使得钢盔的本休和内衬之间能够相对活动,一旦被弹片击中,通过本休的变形和运动可以最大限度地消耗弹片的能量,防止能量直接传递到人体脆弱的头部和颈部。虽然这些头盔由于长期佩戴,对舒适性有要求,不可能过于厚重,因此不能防护近距离内直接命中的子弹或弹片,但对远处射来的流弹和弹片还是有相当的防护效果的,对使用者的生命能起到足够的保护作用。当然,亚德里安头盔作为最早的现代头盔,在有些方面还是受到传统头盔的更多影响,如头盔顶部有一条纵向隆起部分,并且有外接式盔檐,这些都是传统头盔上装饰部分的遗留痕迹。不过,这并不影响亚德里安头盔作为现代军用钢盔共同始祖的地位。

德国也是较早装备钢盔的国家之一,一战期间先后开发出 M16、M17、M18 等多种型号的钢盔。其中最典型的是 M16 型“德国佬”头盔,与其他头盔相比,其最大特点就是盔形更大更深,防护面积更宽广,前方到齐眉位置,两侧及后部有很长的“盔裙”,能有效增加对头部侧面和后脑处的防护,同时盔檐有卷边,用来防止雨水滴下遮挡视线。M16头盔的典型特征之一是两侧上方各有一个突出的短圆柱,外形颇像"天线",它是用来固定外加防护钢板,装上这种钢板后,可以加强抵挡来自正前方袭击的能力,这一点在狙击手经常出没的阵地战环境中犹为有效。短圆柱本身则是中空的,兼起通气孔的作用。古代日耳曼武士习惯在头盔上装上牛角形装饰,M16的两个短圆柱恰好与其不谋而合,使得"德国佬"头盔看起来很有些复古倾向。特别要说明的是,德军在战争初期装备的带有尖顶的"普鲁士盔"并不是真正的钢盔,除后期产品外,大多是皮革制造的,有的外包毛毡,仅有遮风挡雨的作用,而无防弹功能,在M16型钢盔定型装备后很快就被淘汰了。M17、M18型头盔则是在M16的基础上发展出来的,与前者大同小异。奥匈帝国军队在一战中除少量装备自行设计的1916式钢盔外,多数使用的也是根据德国M16仿制的1917式头盔。

英军在一战中使用的MK-1型钢盔特征非常鲜明,其盔体与德国头盔恰好相反,特别扁平,外形类似反扣的浅碟子,故称为"碟形盔",又因为它与英国古代农夫所戴的帽子外形相似,又常称为"农夫盔"。这种不同寻常的盔形虽然在侧面防护面积上不占优势,但它扁平的外形使得射来的弹片很容易发生弹跳,反而增强了抗弹性能,而且它的设计初衷主要是适应堑壕对垒的作战环境,主要考虑抵御来自空中的袭击,其宽大的外檐不但可以保护头部还能保护颈部,对空爆弹和榴霰弹等"堑壕杀手"的防护能力是一流的,非常适合当时的作战需要。"农夫盔"的另一优势是生产工艺比较简单,成本也较低,当年英军可以做到一人一顶,而战壕对面的德军却无法做到。它也是一战中使用数量最多的一种钢盔,曾广泛使用于英联邦国家军队,如加拿大等,最终结束一战的美国远征军也使用这种头盔。虽然一战期间美军的军服等单兵装备都是自行开发的,但当时尚未研制和装备头盔,士兵的头上只有呢制的宽檐"牛仔帽"。由于美军是一战后期才加入战局的新鲜力量,此前并没有和德国等欧洲强国作战的经验,因此在战术和装备发展方面自然要向英、法等老牌军队请教,适合大量快速生产的英式头盔自然成为首选,加上早在远征军开赴法国之前,美国国内的工厂就已经在为英、法两国生产武器弹药和各种装备,英式头盔有一定的库存,因此美军装备"农夫盔"也就是顺理成章的事情了。这种英式钢盔的美国版称为M1917,两者几乎没有区别。当美军到达欧洲战场开始备战训练时,又接收了一些英、法提供的头盔和机枪、坦克等装备,所以美国人在一战中不仅列装英式头盔,也使用过法式盔,只不过后者的数量远少于前者和M1917头盔。

从头盔的更新换代可以看出,使武器装备适合人的特性以提高武器装备操作人员的舒适性,就意味着提高了部队的作战能力。

人与武器结合才更优越：军事装备与人机系统

在飞行任务中，80%以上的信息是由视觉获得的，特别是随着战斗机性能的不断提高及功能的不断增多，呈现给视觉的信息也越来越多。通过对飞行员的视觉扫视行为进行研究，可以了解飞行员对座舱仪表和外界环境等各个信息源的使用情况，获取飞行员对目标信息的注视时间长短、注视次序和使用频率等视觉行为特点。利用眼动追踪技术对飞行员的眼动指标进行测量分析，是航空工效领域的研究者们常用的手段。当今对飞行员的眼动行为研究较多的是伊利诺伊大学的航空学院和衣阿华大学的操作绩效实验室，它们都配有多台眼动测量装置和飞行模拟器。鉴于视觉对飞行员获取信息的重要性，眼动追踪手段在国外航空工效领域被广泛应用于飞行员注意力的测量、情境意识的评价、座舱显示信息的布局评价等多方面的研究。

一个人和一台机器、一个人和几台机器、几个人和一台机器、几个人和几台机器、几千人和几千个被操纵的对象等都可组成人机系统。

工程心理学的主要目的和用途就在于依据对人的心理特性的认识保证所设计的人机系统的高度可靠性，并且使操作人员的工作不那么紧张，使人与机器的互相作用最大限度地协调一致。在人机系统中，操作人员与机器之间有两个界面：一个是机器的显示器与人的感官，这是机器把信息传送给人的界面；另一个是机器上的控制器与人的反应器，这是人把信息输送给机器的界面。

为了使人机界面有效匹配，就必须根据人机系统的任务要求和人的身心特点去设计显示器与控制器。

人要利用机器的特性扩展自身的能力，这也正是人类发明和使用机器的目的。从人机系统的角度来看，人与机器各有其优越性，任何一种人与机器的共同体，只有在人和机器的功能分配与能力相适应的条件下方能有效。

设计具体的人机系统时，通常交付人完成其优于机器的功能，交付机器完成其优于人的工序。任何相互连接的部件，只有互相匹配才能牢固。例如，螺栓、螺母的螺纹相匹配才能紧固；电路中前后级间输出与输入阻抗匹配，才能提高增益。同样，人机系统只有当机器设计得与人的身心特点相匹配，才能高效、安全、可靠。

人机匹配主要做两方面的工作：一方面，通过选拔与训练，使操作人员能够与机器的要求相适应。人们在知识、能力及其他身心特点上有很多差别，一人之所长可能为他人之所短。各种机器对人的要求也不相同。对某种人机系统，有些人能匹配得很好，而另一些人可能不易胜任。若能对各种人机系统的操作人员加以科学选拔,就可以减少培训时间。另一方面,机器在构造和性能特点上可以有很大的变化,而人的身体结构和功能特点在很大程度上受生理遗传因素制约,具有较大的不变性。因此,人机匹配不能仅仅依靠人对机器的适应,而主要应使机器符合人的特点。

人机相互作用主要表现为人机双方通过显示器与控制器进行信息交换。因此机器对人的适应,主要表现为各显示器的信息显示特点与人的各种相应的感官活动特点相匹配,以及控制器的构型、阻尼、力矩等与人的效应器官活动特点相匹配。若显示器和控制器设计得与人的感受器官和效应器官的特性不匹配,就会超过操作者的能力限度,或者会加重操作者的工作负荷,这样自然就会降低系统的效率和可靠性。许多人机系统的事故就是由于显示器与控制器这两组人机接口匹配得不好引起的。为使人机匹配得当,在确定人机系统总体要求后,就要为显示器与控制器的设计进行人机匹配实验。工程心理学的许多研究文献就是为设计人机界面所做的人机匹配实验的结果。

追求机器与战场的协调:战斗机的横空出世

第一次世界大战期间,飞机作为战争武器,被各参战国广泛投入使用。当时,飞机的作战手段还比较原始,空中轰炸一般就是飞行员从空中向敌人的阵地上投掷手榴弹或者迫击炮弹,不同交战国之间的飞行员在空中进行空战时,往往也就是拔出手枪或者借助安放在飞机侧面的机枪互相射击。就在这个过程中,战斗机诞生了。

1915年2月,4架德军飞机正在战场上执行巡逻任务,突然一架法国飞机从正前方向德军编队飞来。面对这凭空送来的"口中食",德国飞行员彼此交换了一下眼色,决定等法军飞机飞到德机侧面时,集中火力,打一个教科书式的歼灭战。之所以要等到法军的飞机飞到德军战机的侧面,是因为当时的飞机普遍采用螺旋桨作为动力,如果把机枪装在驾驶员舱位的正前方,很可能在射击时误伤到螺旋桨。所以,不论是德军战机还是他们所知道的法军战机,机枪都是装在飞机侧面的——这在当时,是飞行员人所共知的常识。

就在德国飞行员"守株待兔"之际,突然从法机高速旋转的螺旋桨之间射出一串火红的烈焰,一串串子弹向德机飞来。德国飞行员还没有搞清楚是怎么回事,一架德军飞机已经拖着浓烟坠落了。在德国飞行员惊诧之际,法国飞机又冲向另一架德国飞机,德国飞行员眼睁睁看着第二架德机在空中爆炸。

剩下的两架德国飞机见势不妙,赶紧掉头逃回基地。侥幸返回的德国飞行员惊魂未定地向基地负责人和同僚们讲述了刚才的遭遇。但是,他们的陈述遭到基地人员的普遍怀疑。根据当时的技术水平,机枪发射子弹的速度是每分钟600发,而双叶螺旋桨的旋转速度为每分钟1200转。无论怎样计算,机枪子弹也不可能穿过高速旋转的螺旋桨,这是各国空军都无法解决的技术"瓶颈"。莫非法国人有了什么重大发明?

就在德国空军和技术专家百思不得其解之时,一连几天,从前线传来德军飞机被法国新式飞机击落的消息。

为了揭开谜底,德国情报部门派出大批间谍潜入法国,千方百计刺探法国最新式战机的情报。由于法国军方采取了十分严格的保密措施,费尽心机的德国情报部门除了得知这种飞机代号为"莫拉纳·索尔尼埃"以及该型号飞机的机枪确实是装在飞机头部、螺旋桨之后外,一无所获。而这两个情报的获得,反而进一步加大了一直困扰德国飞行员和专家们的那个谜团。

那段时间里,被吓破胆的德国飞行员们在空中见到法国飞机掉头就跑。一时间,欧洲上空的制空权几乎完全掌握在协约国手中。

就在德国空军一筹莫展之时,一次小小的"事故",成为破解这一难题的转折点。

1915年4月18日,一架法国飞机在德军阵地上空飞行时,遭地面炮火击伤后,被强烈的西北风吹到距离荷兰前线64公里的一片林间空地上。而这里恰好是德军控制区域。

这名法国飞行员着陆后,还没来得及把飞机烧毁,就被德军逮个正着。几番盘问之下,德军大吃一惊,因为站在他们面前的这名落难飞行员,正是当时大名鼎鼎的法国王牌飞行员加罗斯。加罗斯曾经创下10天内击落德军3架战机的纪录,还曾迫降德机两架,生擒机上的德军飞行员,因此获得世界上第一个"王牌"飞行员称号。更让德国人喜出望外的是,加罗斯驾驶的这架飞机,正是法国空军的顶级机密——"莫拉纳·索尔尼埃"型飞机。

德军总部立即命令将飞机在重兵看护之下,送到一家飞机制造公司,交给为德军服务的欧洲最杰出的飞机设计师、荷兰人安东尼·福克的研究小组进行拆解研究。在福克和他的助手们日以继夜的艰苦工作之下,终于破解了法国空军的顶级机密。原来,为了解决机枪向前射击时与螺旋桨的冲突问题,法国人在包裹有装甲的螺旋桨桨叶上加装钢制楔形导板,在子弹击中桨叶时,导板可以使子弹偏转方向,不至于损坏桨叶。解决了困惑之后,福克对法国

德国"福克"式战斗机

13

人设计的这种射击协调器进行升级改造,并大量装配在德军"福克"式战机上,真正意义的战斗机就此诞生。

1915 年 7 月,改装后的德国"福克"式战斗机出现在欧洲西部战线上空。这种飞机最大平飞航速为每小时 133 公里,航程达 300 多公里,机上装备的一挺 7.9 毫米口径向前射击的机枪,足以令对手闻风丧胆。第一架"福克"式战斗机升空后不久,就击落了德军以前一直视为洪水猛兽的法国"莫拉纳·索尔尼埃"型飞机。此后,"福克"战斗机连战连捷,接连击落英、法等协约国军队的作战飞机,以致当时的协约国飞行员们称此为"福克式灾难"。

为了摆脱"福克式灾难",协约国的科学家和军工集团不甘落后,先后研制出几种新型战斗机,但德国人也不断改进他们的飞机性能。尽管在地面战争中,德军最终失利,但在这场空中军备竞赛中德国方面此后一直牢牢占据着优势。

用简洁的方式传递信息:F-35 飞机操控更简单

走在北京、上海等地 CBD 地区,不时可以看到西装革履的商务人士,穿行于高楼大厦之间,手拿智能手机与客户进行交流。相比传统的键盘等输入设备,智能手机依靠轻便、快捷的触摸屏技术,极大地提高了工作效率。

而在 F-35 的座舱中,飞行员面对的,就是一块显示面积高达 20×50 厘米的巨型智能手机。不论罗盘、水平位置仪,还是速度表、高度表、老式的仪表统统在 F-35 的座舱中消失了,取而代之的是一块大型液晶显示屏。这种显示器相比老式的 MFD 显示装置,不但可以显示更多的信息,而且色彩更为丰富。

由于液晶强度不如传统的 CRT 显示器,因此 F-35 的显示屏实际是由两块 20×25 厘米显示器组成。相比之下,F-22 一共装备了 3 块液晶显示屏——两块 17×17 厘米和一块 20×20 厘米。在显示面积上,"闪电"Ⅱ已经超过了"猛禽"。

值得称道的,还不止更大的显示面积。F-35 的显示装置创造性地使用了触摸式显示技术。F-35 首席试飞员比利斯曾经参与过 F-117 的研制,并试飞过 F-22。他介绍说,F-22 的原型机上曾经用过触摸显示技术,但相关的技术还没有成熟,所以正式生产时并没有使用这项技术。到了 F-35 研发的时代,触

F-35 战机先进驾驶舱全景图

摸屏技术已经相当成熟,极大地减轻了飞行员的操作负担。

例如,飞行员在进行飞行控制系统检测或者选择进行空中加油,过去要在丛林般的开关中扳动好几个按钮,但是现在,全都可以通过触摸屏幕来解决。除此以外,所有的无线电通信、任务系统计算机、敌我识别以及导航控制也都可以通过触摸屏实现。而且飞行员还可以根据情况的需要,自行定制和分割 F-35 的显示屏。例如两个 20×25 厘米窗口,或者四个 10×25 厘米窗口,或者更多的"Windows"组合。

驾驶过 F-35 的试飞员都反映,这样可以最大程度上显示最重要的信息,例如来袭的导弹或者急需打击的目标。

F-35 显示界面的先进性是由其复杂的任务决定的。与争夺空中优势的 F-22 不同,F-35 的任务涵盖范围更广。飞行员不再是简单的驾驶员,而是更高级的空中战术决策者。F-35 的设计者认为,战斗机越来越复杂,向飞行员展示所有系统的情况和工作状态只能使人疲于奔命。

而作为空中决策者的工作界面,F-35 的显示装置突出态势感知,确保飞行员能得到最为需要的信息,而不是迷失在布满机关的座舱里。

大型液晶显示器丰富的色彩为态势感知提供了有效支持。例如友好的目标用绿色显示,疑似目标用黄色,敌人用红色,此外还应用到了蓝色、紫红色以及灰色来显示不同子系统,比如燃料、飞行控制,还有武器。

现在唯一值得关注的就是有效性的问题。一旦触摸屏失效怎么办?如果其中的一块 20×25 厘米的触摸屏失效,所有的信息将自动转换到另一块屏幕上。与此同时,第二块屏幕将保持原来的显示风格。

精心设计的人机界面,使从一种座舱任务转换到另一种座舱任务显得十分自然,并且同时对座舱进行了有效的重新配置,飞行员可以很快适应任务的需要。

不同于以往的飞机,F-35 座舱设计的最初阶段就参考了大量飞行员的意见。空军中校杰夫·卡内斯,曾经飞过 F/A-18"大黄蜂"和"鹞"式。他就是设计与测试 F-35 座舱的高层小组的成员。用他的话说,F-35 的座舱设计不但要从美国空军、海军、海军陆战队飞行员的角度出发,同样要从英国、加拿大、丹麦、挪威、荷兰、意大利、土耳其,还有澳大利亚等国的飞行员角度出发。

F-35 的常规型和垂直起降型就各有特点。各国飞行员身高不同,F-35 座舱可以根据飞行员体态从矮小(高 1.4 米、重 45 公斤)到高大(高 1.95 米、重 113 公斤)进行调整。驾驶飞机要靠驾驶杆和油门。F-35 驾驶杆和油门的设计充分体现了以飞行员为中心的思想。为了适应不同国家飞行员体型和臂长,F-35 右侧的油门杆和左侧驾驶杆的位置可以进行相应的调整。在高速机动的作战中,飞行员可能无法接触触摸屏,那么就可以通过油门杆和驾驶杆上的控制器来打开和关闭不同的显示模式,实现手不离杆操纵。

F-35 的驾驶杆和油门杆都是主动的,可以根据飞行包线和飞行模式为飞行员提供反馈信息。例如,垂直起降型在降落或者起飞时,飞行员可能对油门的控制过大或过小,这时主动的油门杆就会自动进行修改或者补偿,飞行员可以感到油门杆自动反馈的变化。

特别要指出的是,尽管 F-35 的油门杆可以进行自动控制,但是飞行员不用担心它在出现故障的时候切断飞机的动力,因为这种油门杆没有切断动力的权限。事实上,切断动力是由一个单独的拉杆开关来控制的。同样,飞行员在使用驾驶杆时也可以感到与 F-35 的"互动"交流。

此外,对于杆力和偏差,飞行员都可以编程对其进行修改,以满足自己的使用要求。

除了智能化的油门和驾驶杆,F-35 还引入了语音控制系统。类似的技术曾经在法国"阵风"战斗机上使用。在一般人的想象中,语音控制系统似乎更快捷,更能适应空战的要求。在某些科幻电影中,飞行员都用语言乃至于思维来控制未来的战斗机。

然而在实际使用中,研究人员发现,语音控制的速度并不如指尖灵活。特别是在空战中需要争分夺秒做出决定的时候,驾驶杆上的按键要比语音控制效率高。

在 F-35 的座舱中,语音控制应用的目的是取代大量键盘输入工作,例如装订一大串数字的导航坐标、无线电频率、最大航程油量等。头盔显示器的好处随着飞机的发展,飞行头盔的防护功能在逐渐降低,获取信息的功能却在不断增强。你可能听说过俄罗斯的头盔瞄准具,也可能见过美国的联合头盔指示系统(JHMCS),但是他们都落后了。F-35 将是世界上首次使用虚拟头盔显示器的战斗机,安装在头盔上的显示装置直接把画面投射在飞行员的面罩上。

为了配合大离轴角发射的近距空空导弹,头盔瞄准具出现了。早在 1969 年,美国海军就在 F-4J 上装备了霍尼维尔公司研制的 AVG-8VTAS 头盔瞄准具,但是后来放弃了。俄罗斯则装备了配合 R-73 使用的头盔瞄准具。美国后来装备了联合头盔指示系统。但这两种系统的缺点是有一定的滞后时间,当时的计算机水平无法快速更新数据,飞行员仍然需要平显上的信息来对目标进行攻击。

凭借强大的运算处理能力,F-35 的虚拟头盔显示器真正实现了"所见即所得"。在 F-35 上,飞行员用了几十年的"梳妆镜"——平显不见了。飞行员可以随意向不同方向转动头部,获取目标的实时信息,然后进行瞄准攻击。

飞行员只需转动自己的头部,而不是飞机的头部来进行攻击。虚拟头盔显示器还改变了平显视场狭小的弊病。例如在使用前视红外系统的时候,过去的平显难以显示真实位置上的红外图像,但虚拟头盔显示器就能够做到这一点。虚拟头盔显示器还可以与 F-35 的 360°红外传感阵列相联,使飞行员看到后方的情况。

在取消了传统的平显后,整个座舱重量减轻,并简化了设计。现在可能的疑问就是,新头盔功能大大增强了,但是否能够很好地控制重量。照片显示,这种头盔在体积上明显大于美军现役头盔,如果重量过重,将严重影响飞行员的工作。但从外观上看,这种头盔似乎使用了大量的复合材料。这种具有开创性的飞行头盔是否真如宣传的那样精良,只有在实践中检验了。

注重射击心理成就枪王:AK-47 突击步枪的神话

在世界军事历史上,有一杆枪占有独特、殿堂级的地位,那就是穿越时空、无处不在的 AK-47。这是世界上产量最大、最廉价、使用最广泛、性能最稳定的突击步枪(俗称冲锋枪)。从毒贩到叛军、从恐怖分子到自由战士,它都是上佳之选。AK-47,已成就了一个传奇。

此枪的设计者成为枪坛传奇人物,他的家乡树立着他的铜像,他一生曾获颁 11 个奖项和 8 枚勋章,但是他对自己一生中最成功的杰作却怀有巨大遗憾:尽管设计初衷是保卫祖国,但这杆枪却成为 20 世纪杀人无数的武器之一,而且其火力会如此长久地普及全球。

如果说美国畅销全球的形象产品是可口可乐,那俄罗斯畅销全球的形象产品是什么?毫无疑问,首选就是 AK-47。

1947 年,苏联一名年轻的坦克指挥官米哈伊尔·卡拉什尼科夫,在多次半自动步枪的研发基础上,研制出第一型 AK-47 突击步枪。A 是自动步枪的简称,K 是卡拉什尼科夫名字的首字母,而 47 就是它诞生的年份。当时二战刚结束,苏联还处在对军火狂热的年代,尤其是在二战与德军交火期间,苏联人发现当时广泛使用的 CBT38 半自动步枪有很多缺点:火力不足、有底缘的 7.62mm 口径子弹无法保证可靠的全自动射击。德军已经有了自动步枪,而苏军连老式步枪都供应不足,于是,研制新型弹药和与之匹配的突击步枪并装备机械化步兵成为当时苏军迫在眉睫的任务。

研发竞争异常激烈,当时也有人研制出不同型号、性能表现参差的自动步枪,但那些枪都昙花一现,最终,这位在卫国战争中受伤转而设计枪械的年轻人击败了所有对手,为此,斯大林亲自为他颁发了 15 万卢布的奖金,当年卡拉什尼科夫才 28 岁。

总体来说,AK-47 从设计、定型到最终装备军队,速度非常快,足以证明其特征和性能非常吻合当时苏军对最基本攻击型步枪的需要。设计在 1946 年才有雏形,1947年定型后马上进行靶场测试,结果令人满意,当年就被选中为苏联军队制式装备。1949年最终定型,在苏联伊热夫斯克军工厂正式投入批量生产。1951年,AK-47开始大量装备苏联军队,取代之前的西蒙洛夫半自动卡宾枪。

在20世纪50年代到80年代的整整30年间,AK-47一直是苏联军队和华沙条约组织国家军队的制式装备。50年代,AK4-7尚在保密期的时候,就连苏联红军士兵携枪外出都需要用专门的枪套套住,把枪支形状隐藏起来,发射后的弹壳也要一粒不落地捡回去——尽管子弹不稀奇,但弹壳上细微的发射痕迹却可能泄漏枪支的机密。不曾想50年后,AK-47和它的克隆兄弟已经遍布世界。在冷战期间,苏联将AK-47制造工艺输送到20多个可以施加影响力的国家,其中包括所有苏联加盟共和国、伊拉克等,产量马上突飞猛进。

AK-47能称霸步枪世界,最重要的原因就是其性能无可匹敌。AK-47属于突击步枪,与二战期间的步枪相比,枪身短小,射程较短,更适合近距离战斗。更重要的是,AK-47生产和使用都非常简单。设计时卡拉什尼科夫最重视的就是简单。他

美军士兵在试射AK-47

曾经说:"我年轻的时候,记得从哪里读到:全能的上帝说'太复杂的总是不必要的,有需要的通常都是简单的'。"由于当时苏联军队的财政状况艰难,简单、低廉的生产和维修成本也是AK-47脱颖而出的原因之一。因为结构简单、分解容易,士兵在使用、清洁、维修上都非常容易上手。在不发达地区,很多没有正规军事训练的民兵集团或者非政府武装最喜欢AK-47,就连未成年的孩子也能轻易使用。一名英国记者曾经采访塔利班的训练营,一个"教官"说,就算是那些从未接触过武器的人,只要10分钟时间就能教会他如何使用和保养AK-47。

AK-47声名大震是在20世纪60年代的越战期间,当时原版的AK-47和中国的仿制品大规模装备了越南的正规军和游击队,这种火力密集的突击步枪在越南特有的丛林环境中深受士兵信赖,那里能见度差、直射距离近、自然环境恶劣,所有条件都凸显AK-47的优越性。据说当时不少美军士兵丢弃了笨重的M14自动步枪和经常卡弹的M16突击步枪,转而使用在战场上缴获的AK-47。冷战结束后,卡拉什尼科夫曾在20世纪90年代访美,作陪的就是他的对手——M16的设计者尤金·斯通纳,两人交换打对方设计的枪,结果成绩不分上下。但一位海军陆战队少将突然跑出来,当众回忆起他在越南的日子,丝毫不掩饰自己对于AK-47

的赞誉,使得一旁的尤金·斯通纳很不爽。美国一个军事节目曾通过对美英军事专家和武器专家的调查,将 AK-47 评为 20 世纪最优秀的武器。评价轻武器的性能主要从射击精度、战斗效能、设计独特性、维护方便和使用期限 5 个方面评估。专家们对世界上各国轻武器进行评估后确认,AK-47 除了射击精度差之外,其他 4 项参数都获得了最高分。

越战中,AK-47 创造的神话让很多武器制造商神伤:有人说越南游击队经常化装成平民,等美军从身边经过,才从水田里刨出一支支连木托都已经朽烂的 AK-47 开火,整个过程让美军觉得不可思议。这样的描述并不过火,因为西方武器制造商很快在其他地方见证了 AK-47 卓越的耐用性和可靠性。越战结束后,它从热带雨林蔓延到风沙、高温、严寒、潮湿、冰雪等极恶劣环境里,照样保持性能,甚至有报告说,把在泥浆里泡过一个星期的 AK-47 捞出来,还能继续使用。结构上的简单使得 AK-47 注定成为历史上最耐用的步枪。如今在伊拉克和阿富汗战场上,美军士兵弃枪转用 AK-47 的故事又在重复。

当然,AK-47 不是没有缺点,射击精度有限是其致命弱点。除此之外,开火时还会撞击机匣底,容易震松瞄准器。但是这种粗糙、简单的武器,在极端环境下表现出来的可靠性,已达到了西方其他自动武器难以超越的高度。

随着耐用的口碑传出,超过 10 个国家在没有苏联授权的情况下克隆 AK-47,也有一些苏联加盟国获得特许生产。很多国家因为拥有 AK-47 的特许制造技术沦为军火贩子。在估计有 50 万人死亡的两伊战争期间,保加利亚向伊朗和伊拉克双方均出售 AK-47。苏联解体后,这种情况不但没有得到遏制,反而愈演愈烈。冷战对手美国政府也成为 AK-47 及其克隆品的大买家,采购时间持续数十年。20 世纪 80 年代,美政府曾向阿富汗的反苏联叛乱分子供应非特许制造的 AK-47。美国人喜欢 AK-47 达到对盗版行为睁一只眼闭一只眼的程度,这让 AK-47 的制造商深感自豪,同时他们也对巨大的利润损失极其愤怒。据俄罗斯军方统计,60 多年来全球一共出产了超过 1 亿支"真假"AK-47,但是苏联和俄罗斯原产的只有不到 10%,90%以上的都是仿制品。

不到 10 年时间里,AK-47 已经成为 55 个国家的常备装备,也逐渐分布到全世界每个有武装冲突的角落。这杆名枪的设计思路也影响了以色列、芬兰、中国等很多国家的步枪设计思路。毫不意外,AK-47 系列步枪成为史上使用最广泛的步枪,在轻武器历史上,可能只有毛瑟枪、白朗宁手枪和马克沁机枪的使用范围能与其相比。

AK-47 不仅在军事史上独领风骚,还有深远的文化影响。非洲国家自从纷纷独立之后武装冲突不断,于是廉价好用的 AK-47 理所当然流进这块苦难深重的大陆,充斥在二手和非法武器市场上。它在非洲大陆的普及程度如此之高,以至于南部非洲国家莫桑比克的国徽和国旗上都出现了AK-47的身影。用该国国民的话说,如果没有AK-47,他们不可能于1975年脱离葡萄牙的殖民统治获得独立自由。

连美国毒贩都喜欢AK-47,更不要说发展中地区的好战分子、帮派混混、恐怖分子和暴力罪犯了。伊拉克战争开始后,从2003年到2006年,美国向伊拉克安全部队提供了16.5万支AK-47,其中相当大一部分流入黑市。在阿富汗,AK-47同样武装着塔利班、库尔德人、阿富汗安全部队、部落民兵和无人地区的流浪牧人。随着全球恐怖主义盛行,地区冲突不断,AK-47要说退休还早得很。

战场上永不停歇的探索:人与武器如何适应

两千多年前,燕赵义士荆轲刺杀秦王。当图穷匕首现时,惊恐万分的秦王由于宝剑太长不能立即拔出,只好狼狈地绕着宫廷的柱子跑,这时候长剑的威力变成了华丽的装饰。这个脍炙人口的故事是古代武器装备不易操作的一个典型案例。当时如果不是周围的侍卫赶上来解救了秦王,那么战国的历史也许会是另外一幅画卷。

当火药初登战场、火枪代替利剑的时候,那些最初登上战争舞台的枪械显得十分笨拙,使用者很容易误伤自己。后来它们逐渐变得易于操作,才显示出其巨大的威力。在美国,剽悍的西部牛仔依靠精巧的左轮手枪成为新大陆的侠客。这种手枪的转轮,通常有五六个既作弹仓又作弹膛的弹巢。枪弹装进弹巢中,旋转转轮,枪弹可逐发对正枪管,处于待击发的状态。扣动扳机,子弹射出,第二个弹巢又与枪管吻合。因为一般转轮手枪装弹时,转轮从左侧摆出,故称左轮手枪。

左轮手枪的发明者柯尔特,1814年6月19日出生于美国的一个普通家庭。少年时代他就爱玩弄枪械。16岁那年,他在旅游途中,一时好奇地钻进船舱去玩,对舱手操纵的舵转发生了浓厚的兴趣。他从舵的转动原理联想到如果研制出一种像转轮一样弹仓可以转动的手枪,一次可以装填多发子弹,不就可以解决手枪连续射击的问题吗?于是,在旅游途中,他就苦思冥想,构思出左轮手枪的弹仓结构。

旅游回来后,他于1831年着手研制他的转轮手枪。1835年,他获得了第一个击发式转轮手枪的英国专利。1855年,柯尔特又在此基础上发明了扣压扳机自行联动完成待机和击发两步动作的手枪,这样如果一发子弹突然瞎火,再扣动扳机后,另一发子弹就会对准枪管待击,非常有实战价值。

一百多年过去了,这种左轮手枪依然有其顽强的生命力,在现代警察部队中还能看到其身影。左轮手枪,其转轮为什么向左摆出呢?这是因为,95%的持枪人是右手握枪,转轮摆向左侧易于装填和退出子弹。这是早期武器装备人机匹配的完美结合。

一般认为,工程心理学作为一门学科产生于第一次世界大战期间,在第二次世界大战中得到飞速发展。它运用生理学、心理学和系统工程学等研究方法和手段,研究和设计人机匹配的最佳方案。

如果说在工程心理学产生前,武器专家们在武器人性化方面是被动的、盲目的,那么当工程心理学产生后这种状况发生了巨大的改变,使武器装备使用更加高效、安全、舒适的技术被普遍运用到武器装备的设计中。

第二次世界大战期间,科学家在军事心理、物理学方面进行了大量研究,如进行了改进防空伪装和地面侦察的试验;研究了如何防止强光下的目眩和如何提高在对空观察哨上的观察效率等。战争年代里,心理学家还研究过加速适应,加强视觉和听觉敏感度,训练辨认高速目标、声音伪装等方法。所有这些研究都是在人的心理、生理能力的基础上进行的,它们在战争结束后成为工程心理学的基础。因此,尽管军事工程心理学是工程心理学的分支学科,但它几乎涵盖了工程心理学的大部分内容。

工程心理学是研究人与机器及其工作环境之间相互作用的学科,是一门综合性边缘学科。世界各国对该学科的命名不尽相同。美国将其称为人类工程学(Human Engineering)或人因工程学(Human Factors Engineering);西欧国家多称其为工效学(Ergonomics)。尽管名称不同,但研究内容基本相同,而且多数国家的人类工程学是以工程心理学的研究为基础的。

工程心理学成为一门独立学科是在20世纪40年代,即第二次世界大战期间。工程心理学的形成发展大致经历了3个阶段。

人适应机器的阶段,或称为心理技术学的阶段。所谓人适应机器主要是指选拔和训练能够熟练操纵机器的人员。这一阶段的主要代表是德国心理学家阔斯特伯格教授。他因创造了一种选拔电车司机的仪器测验而闻名于世,同时他也是最早把心理学知识应用于工业部门的心理学家。当时,他把这门学科称为"心理技术学"。20世纪初至20世纪30年代,心理技术学在欧美得到了广泛的传播。

机器适应人的阶段。这也是工程心理学正式诞生的阶段。随着科学技术的不断发展,机械化和自动化水平不断提高。不仅机器运转的速度越来越快,人与机器的距离也越来越远。在人与机器之间往往有一整套显示设备和操纵机件。例如,在一座大型水电站的中心控制室里,操作人员看不到涡轮机的运转情况,而只能根据各种仪表的显示来了解,并通过操纵机件(电钮、拉杆等)来操纵机器。在这种情况下,人的体力负荷大大减轻,而人的心理负荷则加重。同时,随着机器运转速度的日益加快,要挑选适当的人去适应机器也越来越困难。因此,要求改进机器设备使之适应人的特点,不仅要适应人的生理特点,更重要的是要适应人的心理特点。在这一阶段,研究的中心课题是改进各种显示设备(仪表的指针、刻度、形状、颜色及其组合、编码等)和操纵机件。

人与机器相互适应的阶段,或称为系统研究的阶段。50多年来的研究表明,单纯依靠人去适应机器,或者单纯依靠机器来适应人,都不能全面解决人与机器之间的最优配合问题。应当把人与机器看作一个统一系统的两个环节,这就是系统研究的主要含义。但是,不能把人与机器看作统一系统中的两个平等环节。在任何人机系统中,人总是主导的环节。因为在劳动过程中,人是劳动的主体,而机器只是劳动的工具。在这一阶段,研究的中心课题之一是人与机器的最优功能分配问题。

20世纪30年代,一架美国空军战斗机正在进行夜间飞行训练。突然,不幸的事情发生了,只听见飞行员喊了一句"地平线……快……",飞机就撞向了左侧的山峰。事故原因很快就被查出了——是地平仪使飞行员产生了错觉。

问题出在地平仪的显示方式上。这种地平仪的显示方式是由工程设计人员根据在地面的感觉设计的:地平仪表盘上飞机的状态是不变的,地平线的状态随飞机状态的变化而变化。然而,在空中,飞行员习惯把飞机状态感受为变化的,而将地平线的状态感受为固定的。白天能看见地平线时,飞行员可以参照环境借助仪表来调整飞机的状态。在夜间没有环境作参照,表盘上地平线状态的变化常常使飞行员难以适应,紧急时便容易发生致命的误操作。

工程师设计这种仪器是以逻辑推测为出发点的。调查结果表明,这种仪器结构是不正确的,甚至有经验的飞行员用它来测向时也常常出差错。若仪表的结构与上述结构相反,则飞行员观察飞机位置要容易得多,准确得多。

根据当时的统计,每年在战斗和训练中由于仪表判读差错而引发的事故就有100多起。此后根据工程心理学的原理对地平仪进行了不断的改进,地平线的显示由变化改为固定,飞机显示则随着飞行姿态的变化而变化。这种旁读式的地平仪更加适应人机关系。

一系列血的教训让武器专家们更加重视一个新的领域,它能将人与武器有机地融为一体,这就是武器装备研制中的工程心理学。

第二章 军事管理心理

　　我国古代军事家将"治军先治人,治人先治心"视为治军之本,高度重视对将帅的素质要求、对士兵的人性化管理和有效激励以及对士气的鼓舞等。《孙子兵法》要求将领必须具备智、信、仁、勇、严五项基本素质。《黄石公三略》中论述道:"夫将帅者,必与士卒同滋味而共安危,敌乃可加……军井未达,将不言渴;军幕未办,将不言倦;军灶未炊,将不言饥。冬不服裘,夏不操扇,雨不张盖,是谓将礼。与之安,与之危,故其众可合而不可离,可用而不可疲……"对将领素质的要求已经细致入微。古代军事理论要求管理士兵须"宽严相济,带兵带心"。《尉缭子》说:"爱在下顺,威在上立,爱故不二,威故不犯。故善将者,爱与威而已。"精辟地阐述了"恩威并施"的带兵艺术。对于赏罚,兵书中也给予了充分的重视。《尉缭子·兵令下》说:"赏如日月,信如四时,令如斧钺,制如干将。士卒不用命者,未之闻也。"充分说明了赏罚分明、有效激励的重要作用。古代兵家对鼓舞士气更是极为重视。《孙子兵法·作战篇》中阐述道:"杀敌者,怒也。"唐朝著名军事家李靖说:"夫含生禀血,鼓作斗争,虽死不省者,气使然也。"士兵若有高昂的士气及献身牺牲之志,那么就将无坚不摧,无敌不破,无事不成。

　　在新的历史条件下,我军正处于新世纪发展的重要时期,军队建设新的实践对军队管理提出了更高的要求。军事管理心理学是管理心理学的分支,学习和运用军事管理心理学理论能够更全面、更准确、更深刻地把握广大官兵的心理特点和规律,增强军队管理工作的针对性和有效性,提高部队的凝聚力和战斗力。

不良嗜好必须远离军营:药与酒是纳粹的又一败因

　　希特勒年轻时最痛恶烟酒上瘾的人,甚至发誓永远不会拥抱抽烟的女人。但在二战后期,他逐渐由于失眠而嗑药成瘾,变得神经兮兮。这位元首或许不知,他的士兵早已在向盟军举手投降之前,就做了药与酒的俘虏。

1939年9月1日破晓时分,希特勒按下了战争电钮,纳粹德军入侵波兰。两个月后,波兰前线一名19岁的纳粹德国士兵给远在科隆的父母写信道:"这里太艰苦了,我要隔2到4天才能写一次信。今天写信的目的,主要是想让你们帮我弄点脱氧麻黄碱……"

1940年5月20日,他再次写信说:"能否再多给我弄点脱氧麻黄碱?那样我就不会'断粮'了。"7月19日,他又从波兰城市比得哥什写信:"如果可以,请再给我些脱氧麻黄碱。"

这个不断索要脱氧麻黄碱的青年,在1972年获得了战后联邦德国第一个诺贝尔文学奖,他就是海因里希·伯尔。

令身处战场的年轻作家如此着迷的脱氧麻黄碱到底是什么呢?脱氧麻黄碱,即苯丙胺,俗称为"安非他命",是一种神经中枢兴奋药,持续服用的人会明显地自信心增强、爱冒险、精神集中,同时,饥饿、口渴、疼痛等感觉也会减弱,甚至不想睡觉,目前多数国家已经将其列为毒品。

1938年,柏林的泰穆勒制药公司向市场推出了一种脱氧麻黄碱药物,大受欢迎,它很快就引起了纳粹军医奥拓·兰克的注意,兰克的另一个身份是柏林军事医学院免疫生理学研究所主任。1939年9月,兰克在90名大学生中做了临床实验,发现这种药很可能会助"元首的战士"一臂之力。

军中的第一批实验者是入侵波兰时的德军司机,他们服用脱氧麻黄碱之后,变得不知疲倦、勇猛异常,长驱直入开进了波兰。这让兰克喜出望外,于是,这种药物就被草率地在军中推广了。

1940年4月至7月间,3500万片脱氧麻黄碱等药物被发送给了德国陆军和空军,伯尔只是"嗑药的战士之一"。这种药物在纳粹国防军医院中的代号叫"OBM",包装上贴着"兴奋剂"字样的标签,说明书上则说"吃1至2片,就可以不用睡觉"。

高层军官们却开始担心,这药会不会有副作用?很快有人发现,有些士兵服药后,身体出现了盗汗、失调等症状,甚至有人送命。

纳粹德国卫生部长列奥纳多·康迪开始怀疑脱氧麻黄碱的副作用,根据纳粹政府制定的《鸦片法》,1941年7月1日开始,该药物在纳粹国防军中被列为"限制使用药"。理论上讲,想嗑药没那么容易了,但事实是,1941年纳粹军中共发放了近千万片的脱氧麻黄碱药片,禁令成了一纸空文。

据纳粹政府的统计数字,从1939年至1945年,总计有大约2亿片脱氧麻黄碱药片被发放给了纳粹士兵,如果以纳粹德军在1941年最强盛时的全欧洲军力分布——总计一千万来粗略计算的话,6 年中每位纳粹士兵至少吃了 20 片,服药量高得惊人。

明知药物被列为"限制使用",却在军中如此滥用,究竟那些小药丸有什么魅力,使得上自军官下至士兵的纳粹军团都无法割舍呢?

有一个例子最能说明这些小药丸的功效。1942 年 1 月的东线战场上,500 余名德军士兵被苏联红军包围了。当时,大雪没腰深,温度在-30℃左右,如此恶劣的环境连行军都很困难,何谈突围?

一名军医在之后的报告中写道:"在及腰深的大雪中突围行军 6 个小时,越来越多的士兵感到筋疲力尽,他们宁可直接躺在雪地里死去,也不想再走了。"不突围只有死路一条,这股德军的指挥官毅然决定:发药片!药物的效果被那名军医记录在报告中:"服药半小时后,士兵们都说倍感精神,行军中也灵活了许多。"

6 个月后,军医的这份报告被递到德军高层的手中,他们又惊又喜。久久徘徊在将军们心中的焦虑似乎得到了些许缓解:随着战线的不断延长,纳粹兵力吃紧,德军高层深知这些小药片可以帮助他们打造出更多不眠不休的"战争机器"。这就是为什么德军高层会对这种副作用明显的药物滥用视而不见的原因。

于是,德军于 1942 年 6 月 18 日印发了美其名曰《抗疲惫指南》的"服药说明书"写道:"服用两片,3 到 8 个小时就可以不用睡觉;服用两次,可以让你坚持 24 小时。"

战争后期,德军节节败退,他们对于药物的依赖也就更加严重了。1944 年 3 月 16 日,在德国北部港口基尔,纳粹海军中将海勒姆斯·海耶请求给他的士兵发药,可以让他们瞬间斗志昂扬。很快,基尔的药学家吉尔哈德·奥尔泽舒斯基就向海耶展示了一种名为 D-IX 的药物,它是 5 毫克可卡因、3 毫克脱氧麻黄碱、5 毫克优可达(止痛有奇效)的混合物。

如此剂量的东西放在今日是毒品无疑,这名药学家也会被当成毒品贩子逮捕,但由于战争需要,在纳粹德国海军的很多小型潜艇,如"海豹"和"海狸"中,水手们吃这种药已经司空见惯。

这种名为 D-IX 的超级精神药剂的最初临床实验者,并不是纳粹潜艇上的水手们,而是集中营里的囚犯。在柏林以北的萨克斯·豪森集中营,这种药物的测试结果"很诱人":囚犯们服药后,背着将近 20 公斤重的行李毫不休息地行走了 70 公里。这样的效果让将军们非常满意,希望可以尽快将其向全军发放,但诺曼底盟军登陆的炮火摧毁了他们的梦想。

药物虽然可以令战士们精神百倍,但毕竟供应有限,只能在紧急关头用来提神,多数情况下,支持他们挨过战争黑夜的,其实是酒精。

由于德国的成年男人快要被战争给消耗光了，纳粹政府不得不鼓励和征召很多的男孩来充当炮灰，为了尽快抚平这些年轻人对战争的恐惧，除了药物，酒精成了最廉价的"战争药剂"。酒被当成奖励在军中发放，杜松子酒也在德军的军需店中出售，有人认为，赚酒鬼士兵的钱是一种回收军饷的好办法。

德国弗莱堡的历史学家彼得·斯泰恩卡帕认为："对于纵酒，纳粹军官的态度是睁一只眼闭一只眼，只要不引起大范围的聚众醉酒就可以。"1940年7月，法国败在了纳粹德国手中，在这个"喜庆时刻"，希特勒却说了一段非常严厉的话："我希望那些因为屈服于酒精的作用而做出犯罪行为的德军成员，受到最严厉的惩罚。"

但对于前线战壕里的战士来说，酒精的诱惑比元首的话更有吸引力。仅仅距离希特勒痛斥军中纵酒一年以后，纳粹第三号人物——陆军元帅瓦特尔就承认，他的部队"对于道德和纪律的最为严重的违反"，就是纵酒。正是酒精的作用，导致了他的部队发生"内部争斗、意外事故、虐待下属、暴力对抗上司，甚至包括违背人性的性犯罪"，瓦特尔认为"酒让军纪荡然无存"。

为了防止军队掉进酒坛子里无法自拔，纳粹终于向酒精宣战了。根据一份纳粹军医官的自述，一旦士兵被诊断为"酒精上瘾"，那么根据纳粹德国《遗传性疾病防治法》，上瘾者会被开除军籍，重者会被做绝育手术，甚至"安乐死"。但事实上，尽管有元首的"禁酒讲话"和"被绝育、被安乐死"的禁酒命令，只要想到喝上一口便可以暂时缓解一下战争中的紧张、恐惧与绝望情绪，士兵们还是选择了偷偷地拿起酒瓶子。

不灭马灯激励革命信念：毛主席驻军三湾

永新县九陇山山脚下有一个山清水秀、四面环山的小村庄——三湾村。

这里的老百姓至今还保留着一个奇怪的习俗：每当村庄上有人遭遇不幸的事情时，他们总会找出祖辈遗留下来的马灯，然后一脸虔诚地点上，小心翼翼地把它挂在厅堂上。在他们眼里，马灯似乎有股神奇的力量，冥冥之中能够保佑他们安然渡过难关。

一盏普通又残旧的马灯怎么会有如此神奇的力量呢？相传在1927年9月29日，三湾村外开来了一支队伍。从山外回来的人紧急向村民报告："高溪那头好像又来兵了，正朝村子方向赶呢，大伙赶忙收拾家伙上山躲躲！"乡亲们像往常一样，慌慌张张地拿了几样东西，就急忙往深山里奔去，只剩下几个腿脚不便的老人留守村庄。

日头偏西的时候，一支七八百号人的队伍雄赳赳地进村了。老人们躲在家中，从自家门缝里瞧见这些人个个背着枪，挂着水壶，在村子里来回走动。令老人们感到奇怪的是：这支部队不像先前来的部队，他们一没放枪，二没放火，甚至连关在鸡笼里的母鸡也没捉。见村庄上没几个人影，有些战士就朝山上喊话："哎，老表叔，莫要怕，我们是来打土豪劣绅的，不是捉壮丁的。""喂，老表叔，我们在这里歇歇脚就走，毛委员想和你们聊聊天哩，快下山来咯！"

大枫树下的毛泽东塑像

　　藏在山上的人见村子里没有鸡飞狗叫，听到战士喊话后纷纷下了山。百姓们一下山，看到的是这样的情景：战士们没有住到老百姓家里，而是在钟家祠堂里整理地铺打算过夜。毛委员和几个警卫则住在祠堂旁边的协盛和杂货店中间的一间小房里，旁边的两个房间分别住着士兵。真是穷人的军队啊！老表们纷纷劝士兵们到自己家里住，可战士们都按革命军的纪律——谢绝了。老表们见劝不动当兵的人住家里，又担心晚上祠堂黑灯瞎火的，战士们休息不方便，赶忙从各自家中找来十几盏马灯给毛委员和战士们送去，自家照明就用油灯等代替。晚饭过后，大家听说毛委员带着部队来三湾闹革命，解放贫苦大众，心生欢喜，挨家挨户点起了油灯、火把、竹篾火等，仿佛一只只萤火虫照亮了整座村庄。

　　正当老表们聚在一块儿热闹地谈论部队进村时，原本清爽皎洁的夜空突然变得黑压压的一片，乌云从远处滚滚而来，汇集在三湾的上空，仿佛天就要塌下来了。顷刻间天昏地暗，飞沙走石，许多家房顶的瓦片被恶风吹得"砰砰"直掉，老李家门前的大桃树小碗口粗的树枝被疾风拦腰折断。乡亲们心里七上八下的，猜疑着莫非有什么事情要发生。村子里上了年纪的老人见这情形也哆嗦起来，打他们记事起，三湾还从来没有遇上过这么古怪的事。战士们也被这突如其来的狂风惊呆了：从莲花一路过来，部队边打边退，眼下只剩不到千人。原本计划在这好好休整几天再走，没想到刚安顿下来就碰上这档蹊跷事儿。不少战士在心里嘀咕起来，今晚千万别出事啊。战士们你看看我，我看看你，一脸茫然地胡思乱想着。几个小战士一商量，决定找毛委员说说去。

　　小战士没走几步，一股狂风迎面扑来，吹得小战士连连趔趄，一时睁不开眼睛。村子里狂风大作，瞬间吹灭了所有的灯火，村庄霎时漆黑一片，伸手不见五指。就在大伙惊慌失措,还没缓过神来时,只听见钟家小虎子兴奋地嚷嚷:"你们看!毛委员房间里的灯还亮着呢!"老表们循声望去,杂货店中间屋里果然还有一盏灯耀眼地亮着,而它周围却是无边的黑暗。此刻,整个三湾村唯有毛委员房里那盏马灯亮着,而村子里其他所有的油灯、火把都被恶风给吹灭了。

第二天一大早,昨晚发生的那件离奇的事情便在村子里传开了。老表们都说毛委员是"真命天子",得到了上天的特殊庇护。毛委员知道后,便把乡亲们和战士一起集合到枫树坪的百年老樟树下,对大伙说:"听说大伙传我毛泽东昨晚马灯没被山风吹灭是神灵保佑,其实不是这样子的嘛。灯没被吹灭是好事,大家起来闹革命,以后可能还会碰上像昨晚的恶风这样的麻烦。同志哥呀,莫要怕,大家要晓得,只要我们心中信念坚定,即使再大的恶风也吹不灭我们革命的灯火。大伙说对不对呀?"

打这以后,许多老表就铁下心,一心一意地跟着毛委员闹革命,不管遇到什么困难都没有动摇过心中坚定的信念。从此,马灯的传奇也在三湾人民中一代代流传下来,至今三湾人民仍把马灯当成守护神珍藏在家里。

诡诈撒钱激出军心士气:狄青战岭南

北宋仁宗年间,位于南方广源州,也就是今天南宁南部地区境内的一个叫侬智高的首领,攻陷了邕州,自立为"仁惠皇帝",侬智高的部队还横穿广西,一直打到广东,侬智高发动的这场反抗北宋朝廷的武装割据战争,震动了岭南。

宋代,广东广西分别叫广南东路和广南西路,侬智高与北宋朝廷的战争主战场虽然不在桂林,但当时的桂林作为广南西路的中枢城市在这次战争中具有十分重要的战略地位。

侬智高这个人很有谋略,而且也很勇猛,很短的时间就把广南西路就是广西的南部给占领了,而且侬智高的部队还横穿广西一直打到广东,侬智高的部队把广州城团团围住,差不多要给攻破了。

当时岭南有两个大城市,一个是广州,一个是桂林,广州岌岌可危,桂林也非常吃紧。桂林的守将余靖,他守着桂林,他的部队几次和侬智高的部队打,都是连吃败仗,缩在桂林城中不敢出兵。据史料记载,侬智高的军队作战时十分骁勇,手执丈余长的梭镖,全身穿上红色的军服,远远望去,犹如一片熊熊的火焰,士气十分高昂。宋军不但无法匹敌,而且胆战心惊。

败报像雪片一样送到北宋的都城。北宋皇帝宋仁宗十分着急,担心周边的军事形势。当时北方有两个强敌,一个是西北方向的西夏,一个是东北方向的契丹,这两个强敌经常进攻北宋,北宋的部队在抵抗他们的侵扰。

正当宋仁宗心急如焚的时候,北方传来一个好消息:西夏国国主李元昊病故,继任者改变了西夏不停出兵打击北宋的基本国策,不但派来使者与北宋修好,而且还与北宋的另一个劲敌契丹相互攻杀。此时的宋仁宗决定冒险命令狄青率领一支在西北久经战场的精锐骑兵南下,希望能在短时间内讨平侬智高。

狄青塑像

狄青是我国历史上最著名的大将之一,具备十分突出的军事才能。接到宋仁宗的命令,狄青点起三十六员大将连夜起行。侬智高的部队据史书记载非常能打,他的部队穿着红色的衣服,拿着长长的梭镖,舞着盾牌,爬山过水如履平地一样,在南方的山地作战几乎是没有敌手。

皇祐四年十二月,也就是1053年1月,狄青大军经过长途跋涉,进入桂林城中,与桂州城守余靖、陈曙等会合,众人商议之下,认为要想战胜侬智高,必须要解决宋军看见侬军就胆寒的问题。当时作战双方的士气相差极为悬殊。侬智高凭连战连胜的余威,大有荡平两广、吞并荆湖的势态;而宋军一直笼罩在战败的阴影中,有极大的恐惧情绪。为了鼓舞士气,狄青想了一个办法。

桂林的南面当时有座庙,据当地的人讲,庙里的神仙很灵,于是狄青就到庙里面来,他要来求神保佑他打败侬智高,他祷告一番以后,就讲,"我现在有一百个铜钱,一撒下去,如果字面都朝上的话,那就说明神仙保佑我们,否则的话神仙就不保佑我们。"狄青的部下很惊讶,一百个铜钱一撒下去怎么可能一百个字面都在上呢?于是就劝说狄青,不要这样做,你这样做的话,军心更加不稳了。狄青不听,依旧把钱撒了出去,结果怎么样呢?

一把撒下去,一百个铜钱都是字面朝上的,顿时全军欢呼,都感到神仙在保佑他们,要不然的话,怎么会一百个铜钱撒下去字面都朝上呢?狄青就喊士兵拿起大铁钉把这些铜钱全部钉死到地上,然后再拿纱帐盖着这些铜钱,他讲我们现在出兵去打侬智高,等我们打回来以后我们再来把这个钱收回来,然后感谢神仙的保佑。

一百枚铜钱字面无一不朝上,士兵们都认为此次南征有神灵相助,不愁不胜,于是军心士气得到极大鼓舞。其实狄青用的是一种两面都是字的铜钱,只要一撒出去,这些铜钱自然而然肯定是字面都朝上的,狄青这样做无非用诈术来改变士气不振的颓势罢了。他喊人把钱钉起来,就是怕有人来翻看铜钱。

狄青在庙宇撒钱以后,士气大增,惧怕心理一扫而空,剩下的就是与侬智高打仗了。狄青领兵从桂林出发,南下和侬智高作战,打了胜仗,班师回到桂林,宋朝对有功将士论功行赏。在铁峰山和龙隐岩分别有两个石刻,记录了这个战事。

敬而不畏散发领导魅力:电台的公用大衣

长征时期,一直在朱德身边工作的贾守仁说,红四方面军第三次走出草地,腊子口便是他们通往陕北的最后一道难关了。队伍还没到腊子口,毛毛细雨就下个不停,官兵们的衣服都湿透了。这时,大家见到疏疏落落的村庄和隐隐约约闪现在云雾之中的腊子口,便高兴地谈笑开了。

有的说:"又到了有人烟的地方了,翻过这座山,离陕北就近了。"还有的说:"听说腊子口很高,站在山顶,也许就能看到陕北了。"大家说笑着,加快了脚步。

他们来到腊子口山脚下,抬头一看,果然名不虚传:腊子口像一堵高不见顶的巨墙,直插云霄,山势陡峭险峻。只有一条崎岖的山路,像是一条天上挂下来的彩练,蜿蜒曲折,盘旋于群峰之间……好在大家此刻心里充满着对陕北的憧憬,身上的劲头儿很足,一个个奋力向山顶攀登。

翻过山顶,雨下得是不大了,但本来又陡又滑的山路却更难走了,不时有人滑倒。宣传队的同志在路边作鼓动宣传,同志们情绪也很高。有的同志开玩笑说:"老天爷知道我们很辛苦,特为咱们落点雨,好让咱们坐'滑梯'下山。"

从早上开始上山,直到黄昏,整整一天过去,腊子口终于被红军战士们甩到后面去了。半夜时分,他们才找到了一个村庄住了下来……这是他们自进入草地以来第一次住进房子。当时,正值 1936 年 8 月底。走出了腊子口,部队的士气空前高涨。这时,虽然他们白天行军,还要遭受到国民党军阀胡宗南、鲁大昌部队的堵截和敌机的轰炸、骚扰,但是,红军战士们却说:"雪山、草地都阻挡不住我们,胡宗南、鲁大昌算个什么!"

有的战士还风趣地说:"在雪山草地,蒋介石这个'运输大队长'掉了队。现在胡宗南、鲁大昌又来给我们送东西,连收条都不要。"

战士们的话很快得到了应验。部队刚刚经过洮州一带,先头部队就打掉了一股国民党杂牌军,缴获了一批战利品,其中除了枪支弹药、吃穿用品外,还有一件没有来得及做成大衣的皮筒子。

当时,部队的物资供应十分困难,大部分同志身上穿的还是从苏区出发时带的衣服,有的已经烂得不成样子了。朱德也和同志们一样,身上穿的衣服非常单薄。在分配战利品时,同志们考虑到朱德的年纪大了,一致要求把那件皮筒子送给他。朱德说:"这件皮筒子是战利品,应作公用。先放着,待天冷了时,给站岗的同志用。"

转眼已是1936年的秋末时节,部队经过长途行军,来到了甘南的渭水河边。这里,天气变化无常:中午,天气闷热得很,毒毒的日头烤得人头发蒙;忽然一阵狂风吹来,黄色的沙土卷地而起,布满天空,直往人们的脖领、袖口里钻;一到夜里,冷不丁地一股寒风吹来,天上雪花舞,地上结冰凌。一天,朱德到达宿营地,办完公后,已是深夜了,他又习惯地到同志们住的地方走走看看。朱德转了几个地方,又向总部电台的驻地走去。

总部电台,身为总司令的朱德一向十分关心。那时,由于客观环境和物质条件的限制,电台是我们与党中央联系的唯一通信工具。为此,朱德常对电台的同志们讲:"你们的岗位很关键,责任重大呀!你们一定要努力做好工作,保证随时能够联系得上。"朱德不仅关心电台的建设,对于在电台里工作的同志们也特别关怀。在行军路上,他看到电台的同志抬着机器过来,总是热情地同他们打招呼:"同志们辛苦了。"并把自己的马让给他们用,自己和同志们一样步行……

这时,朱德轻手轻脚地走进电台的临时值班室。这是一间老乡的旧房子,墙壁裂了缝,纸裱的窗户透了几个孔,直往屋里灌风。值班的报务员正坐在电台跟前,头戴耳机,聚精会神地倾听着党中央电台的讯源。他身上穿着单薄的衣服,冷风打来,身子微微颤动……朱德目睹了这一情景,双眉不禁紧紧地拧在了一起,显得更加深沉、严肃。他凝视了好一会儿,才轻轻地走到这位同志的身边。值班的同志见朱德来了,连忙站起身来。

朱德一边示意他坐下,一边亲切地问:"和党中央联系过了吗?""报告总司令,一住下就联络通了,我们的电报也发了。""好,好。要注意收听,保持不断联系。"朱德说着又摸了摸这位同志的身上,关切地问:"夜里值班,穿这点衣服受得了吗?"

"不要紧,总司令。现在比在雪山草地那阵强多了,我能坚持。"听了这位战士的回答,朱德的眼眶微微地湿了,他又拍了拍这位战士的肩膀,便离开了报房。

朱德回到自己的屋子,立即问勤务员:"那件皮筒子呢?"勤务员从包袱里取出了那件皮筒子,问:"首长,您现在穿吗?"

"不,给电台的同志送去。他们晚上值班,冷啊!"朱德严肃地说。

"首长,那您也需要啊!"勤务员不情愿地说,"眼看天气一天天冷了,您穿得也不多,夜里又要办公。万一冻坏了身子怎么办?""别光顾我。电台的同志白天行军,晚上还要值班,夜间的天气很冷,他们的工作很辛苦啊,快送去,快送去。"

从此,这件皮筒子就成了总部电台的公用大衣……为此,贾守仁在他的回忆录里有这样的一段感慨:每当报务员同志夜里值班披上它的时候,总司令那亲切、和蔼、慈祥的面容就出现在他们眼前,总司令那深沉、有力、关切的话语就回响在他们耳畔。严寒驱走了，疲劳战胜了。那件皮筒子，就像是总司令那温暖的身体，无微不至地体贴、温暖着他们的心田，和他们一起度过漫长而又寒冷的黑夜，直到迎来霞光万道、温暖如春的明天。

正因为这样，朱德才真正得到了广大指战员对他的敬爱。有一位老同志说："我对朱老总是敬而不畏，内心里充满了对他的热爱。"

亲自示范倡导精实作风：刘伯承探水涉淮河

在强渡汝河的战斗尚未全部结束时，刘伯承就看好了战略跃进征途上的最后一着棋——抢渡淮河。

1947 年 8 月 25 日下午 2 时左右，刘伯承、邓小平风尘仆仆地赶到预先给部队指定的集合点河南息县彭店。天空飘着毛毛雨。在村口，刘伯承见到了肖永银旅长。他笑着问：

"肖永银同志，你的指挥所在哪里呀？"

"在野外。"肖永银回答。

刘伯承还是笑着说："找个房子吧，天还落着雨啊！"

"敌人情况还没摸清，又急着布置警戒，还没有顾上找房子。"肖永银恳切地汇报。

刘伯承又问："今晚你去打息县怎么样？"

"没问题，坚决执行命令。"肖永银立正作答。

正在这时，第十八旅司令部的作战参谋来接刘伯承、邓小平等首长先到一个老乡家里去休息。

刘伯承、邓小平一进屋，看见第六纵队和各旅的领导干部都在，用十分满意的口气表扬汝河战斗"打得好"。接着，刘伯承感叹地说："我们这次能突出敌人的重围，主要靠我们向敌人采取了坚决的进攻，迫使进攻的敌人变成防御，主动变成被动。打仗就是这样，在关键时候只有勇猛才能战胜敌人。"稍停，他又下达了命令：

"同志们，我晓得部队是疲劳的。可是，胜利只能在战胜疲劳之后才能得到！敌人希望疲劳捆住我们的手脚。因此，我们一秒钟都不能停步，必须立即出发，向

刘邓大军徒涉淮河

淮河进军。明天拂晓前要攻下息县,夺下淮河渡口,夺下咱们战略跃进途中的最后一个关口!"听的人都激动得屏住了呼吸。刘伯承又重复他常讲的话:"打仗就是这样,要抓关键。在关键性的地方要勇、要猛,才能战胜敌人。敌人想把我们消灭在汝河岸边,但是在我们的勇士面前,他们的企图完全被粉碎了!现在,敌人肯定是要在汝、淮之间挫我们跃进的锋芒,想使我们功亏一篑,这又是一关啊!大家还是要牢记,决不和敌人纠缠,恋战就正中敌人之计,只能抢先渡过淮河!"

当晚,野战军指挥部和第六纵队进到淮河北岸息县、临河一线。邓小平提出由他指挥阻击尾追之敌,李达参谋长指挥渡河,刘伯承和张际春副政委先行渡河,指挥进入大别山的部队。大家一致同意他的意见。刘伯承说:"政治委员说了就是决定,立即执行。"于是,李达亲率第十八旅赶到淮河渡口。这儿本来可以徒涉,不料,当部队到达时,上游却突然涨水。渡口上的船只,也多被敌人破坏,只剩下十来只小木船。敌情十分紧急,据可靠的情报:敌整编第四十八、第七、第五十八、第十、第三、第六十五、第五十二师,骑兵第一旅等,已经紧追而来,其中整编第六十五师已接近刘邓野战军中路纵队,其先头部队已到彭店,和后卫部队接上了火,离淮河渡口只有 30 多里了。

担任先头的第十八旅,奉命必须在 26 日 12 时之前渡完。

旅指挥员分头在渡口指挥监督十几只木船进行抢渡。但依眼前的实际情况,今明两日渡完一个旅也是困难的,怎么办呢?

屋漏偏遇连阴雨,船破又遭顶头风。淮河上忽地巨风突起,小船在风浪中打旋。困难增加了,摆渡的速度减慢了。

李达参谋长镇定地指挥着部队抢渡。先头旅的领导一面抓紧一分一秒的时间按计划让部队上船,一面和参谋长合计着当夜完成任务的实际困难。这些,刘伯承全都看到了眼里。他比所有的人想得更多,他让旅政委李震留在渡口加紧指挥抢渡,带着李达和肖永银回到他的临时指挥所去,商讨加速渡河的紧急措施。小屋塞得满满的,近 40℃的高温使人几乎窒息。在一阵沉默后,刘伯承向肖永银发问了:

"河水真的不能徒涉吗?"

"河水很深,不能徒涉。"肖永银根据实地了解的情况,作了肯定的回答。

"到处都一样,都不能徒涉吗?"刘伯承又认真地追问道。

"淮河忽涨忽落,现在涨得很深。河边老百姓说,从来没人敢在这样的季节涉水。"肖永银作了进一步的回答。

刘伯承继续细心周密地向肖永银等提出一系列问题:

"你们是不是亲自侦察过?试过徒涉?亲自找向导查了没有?找过几个老乡?他

们怎么说的?能架桥吗?"

肖永银等旅的领导虽一一回答了他的所有提问,但他心里仍然觉得不够踏实,决定要先和野战军指挥部的人员渡过一部分去。

说着,刘伯承拄着一根长过身高的竹竿,带着两个手提马灯的警卫员来到了渡口。他不要人搀扶,登上了一只小舢板。

小船顶风破浪向南划去。岸边的同志都向刘伯承投以敬仰、关怀的目光,默祝他安然、快速地抵达南岸。已经是天将黎明的时刻,下弦月的微光紧紧跟着他的小船,北岸的人们一直看着他高大的身影在船边摆动。忽然,从河心传来了熟悉的声音:

"能架桥呀!我试了许多地方,河水都不太深!"

这时岸边的指战员才明白,刘伯承原来是在亲自测量水的深度。小舢板经过水浅之处,他还让警卫员插上了标杆。

"告诉李参谋长,叫他坚决架桥!"刘伯承的命令继续传到北岸。他怕呼喊听不清楚,又派人送来了亲笔书写的命令:"河水不深,流速甚缓,速告李参谋长可以架桥!"

李达在北岸正按刘伯承的命令布置架桥,忽然,刘伯承又派人送来了信:"我亲眼看见上游有人牵马过河,证明完全可以徒涉,立即转告李参谋长,不要架桥了,叫部队迅速徒涉!"

李达下达了部队徒涉的命令。好多路纵队,成千上万的人马,浩浩荡荡地从淮河上徒涉过去了。8 月 27 日,刘邓大军终于战胜了南征途中最后一个险关,进入了大别山区。人民解放战争的车轮,已经不可逆转地开到蒋介石统治区来了。

凝聚共同信念带出好兵:罗荣桓与第二纵队的复兴

古田会议结束后不久,朱德率红四军第一、三、四纵队从古田出发,进军江西。毛泽东率第二纵队断后,同时改组了这个纵队的领导机构:曾士峨任司令,罗荣桓任政治委员,原二纵队五支队党代表罗瑞卿任纵队政治部主任。

这支部队的骨干力量是原军部的特务营。它是由国民党起义部队编成的。在起义之初,队伍里有不少士兵是既扛步枪又带大烟枪的"双枪"兵。为了将这支队伍改造成为真正的人民军队,前委派去了各级党代表,补充了一批经过革命战争锻炼的战士,建立了党支部和士兵委员会,从组织上完全改变了旧军队的一套,为部队的进一步改造打下了基础。

但是,浓厚的旧军队的思想作风,不是一朝一夕能够清除的。这支队伍里,有不少人还没有认识到红军党代表制度的重要性。对党代表重视与否，完全是看人行事。党代表如果能打仗，他们就伸出大拇指，说一声"兄弟佩服"，十分尊重；否则，就看不起，甚至骂党代表是"卖狗皮膏药的"。也有不少人认为军队的任务就是打仗，群众工作是地方干部的事，顶多也只不过是政治干部的事。他们非常不情愿到闽赣交界的山区来，感到这个地方田少石头多，吃的尽是番薯，生活太苦。他们最高兴的是闽州过府，因为进了城就可以大吃大喝。有少数流氓习气严重的还想乘此去赌钱、逛窑子。在管理教育上，一方面打骂士兵的现象普遍存在，枪毙逃兵的事件时有发生；另一

第二纵队政委罗荣桓

方面又有些由旧军队来的干部对战士的缺点错误姑息迁就，说什么"当兵的能打仗就行，平时马虎点没有关系"。个别人看到士兵赌钱，不仅不制止，反而要赢了钱的请客。

第二纵队之所以会存在这些问题，客观原因是刚起义不久，要改变旧作风旧习气非一日之功，而主观原因则是由于纵队缺乏坚强的领导核心。这个纵队原来的党代表张恨秋刚从上海调来，没有经过实际锻炼。他调到二纵队不久，正赶上打土豪杀猪，便亲自提了灯笼去照明，嘴里还不住地吆喝："猪肝归我，猪肝归我。"在群众中造成了不好的影响。他来不久，部队去打梅县。编进队伍里的一批原卢新铭部的俘虏兵，天天有开小差的。他不是设法加强政治工作去巩固队伍，而是采用枪毙逃兵的办法，部队出发前常常要枪毙逃兵放在大路上示众。但这样做仍然制止不住士兵逃亡。打梅县失利后，二纵队的六七百名从旧军队过来的士兵几乎跑光了。

罗荣桓一到职，就在毛泽东的亲自指导下，向部队传达了古田会议决议，组织大家认真学习和贯彻，以此作为改造这支部队的关键。

按照罗荣桓的指示，各支部逐条对照决议检查了本部队和本支部存在的问题。在检查过程中，有些人有抵触情绪，党员们就以决议为武器，对他们进行说服教育，批评帮助。检查结束后，各支部又把检查的结果向全体党员公布，发动群众讨论。干部和党员自觉的自我批评精神和坚定不移的斗争决心，对全体指战员是很大的鼓舞。这样，就从上到下造成了反不良倾向的气氛，一个轰轰烈烈的群众运动开展起来了。打骂士兵、不尊重党的领导、不愿做群众工作、搜俘房腰包、乱拿群众东西乃至吃喝嫖赌等不良倾向和坏人坏事都被揭发出来，并受到批评纠正。

在运动过程中，罗荣桓经常深入到各支队和大队去，一面了解情况，一面加强

具体指导。他发现,赌钱、抽大烟、逛窑子这些流氓行为已逐渐克服,不过还有少数流氓习气严重的人仍在偷偷摸摸地干。有几个赌鬼赌钱时,派人在门口放哨。他们在自己的腿上拴上绳子,绳头交给放哨的,政委一来,放哨的一拉绳子,里面就赶紧收摊子。

针对这个情况,罗荣桓又及时在全纵队提出"反流氓行为"的口号,发动群众对有严重流氓行为的人开展严肃的思想斗争。这些人大部分在群众的帮助和监督下改邪归正了。个别人屡教不改,混不下去了,就开了小差。不过,这种人走了,反而使部队更加纯洁。

同反流氓行为比较起来,反对打骂士兵、枪毙逃兵就要困难得多了。有些军官认为打骂士兵是带兵之必需,而逃兵就是"反革命",应当枪毙。这两种在古田会议决议中已明确指出是"带有盲动主义性质的"错误行为,在部队内部还颇有市场。

在井冈山时期,罗荣桓曾同打骂士兵这种军阀残余作了长期的、不疲倦的斗争。至于枪毙逃兵的现象,在井冈山上还没有发生过,但下山之后,随着老骨干伤亡、俘虏成分不断补充进来,便时有发生并日益严重了。

为了彻底纠正枪毙逃兵现象,罗荣桓召集了多次会议,对一些思想不通的干部进行说服。他首先指出,枪毙逃兵是封建军阀压迫士兵的办法,革命军队绝对不能采取。

罗荣桓指出,士兵逃跑大多数是因为怕苦、想家。有的请假不准,不辞而别;有的是因为干部管理方法不当……对这些人主要是教育问题。即使是拖枪逃跑,也要具体分析。如果将枪拖到兄弟部队或是赤色区域,也还是没有死罪;只有拖枪投敌才能以反革命论处。

根据前委规定,罗荣桓宣布,今后士兵想回家的,可以先做思想工作,劝他们不要回去。如果劝说无效,可以准假并发给路费,告诉他们做秘密工作的方法,叫他们回去从事农民运动、工人运动乃至白军士兵运动,今后什么时候归队都表示欢迎。罗荣桓指出,之所以要这样做是由红军的性质决定的。红军既然是工人、农民志愿组织的武装,就不能强迫。捆绑不成夫妻,用强制的方法并不能巩固部队。打梅县后,第二纵队几乎天天枪毙逃兵,还是跑掉那么多人,就是一个证明。

在反不良倾向的基础上,罗荣桓又领导全纵队建立了定期检查古田会议决议贯彻执行情况制度和党课教育、士兵教育制度,同时健全了支委会、支委和小组长联席会、支部大会、小组会和党员定期向小组长作汇报等制度。

在工作中,罗荣桓和罗瑞卿密切配合,很快互相熟悉起来。罗荣桓和罗瑞卿在性格上各有特点。罗荣桓沉静、稳重,罗瑞卿爽朗、干脆,但配合十分默契,建立了深厚的友谊。后来,因为他俩都姓罗,又一个任政委,一个任政治部主任,同志们为了区别起见,便称呼罗荣桓为大罗,罗瑞卿为小罗。

1930年2月下旬,红四军在江西吉安以东的水南、施家边歼灭蒋介石的嫡系部队一个旅。部队随即转入赣南分兵发动群众。

三四月间,罗荣桓等率领第二纵队到达赣南的安远、寻乌地区。这时,在毛泽东直接领导下,经过罗荣桓等政治干部不断的实践和总结经验,已形成了一整套比较成熟的群众工作"七步曲",即:第一步分发土豪的谷物给贫雇农以发动群众;第二步进行口头和文字宣传、化装讲演、召开群众大会以宣传群众;第三步建立工会、农会等以组织群众;第四步组织赤卫队以武装群众;第五步建立党的支部或区委以领导群众;第六步举办群众领袖、党的干部训练班以训练群众;第七步分配土地、建立工农民主政权。这七步,每一步都要进行调查研究,使做群众工作的过程同时成为调查研究的过程。

第二纵队经过贯彻古田会议决议,掌握了这"七步曲",群众工作出现了崭新的气象。部队走到哪里,标语就贴到哪里。部队一驻下,战士们主动地向群众宣传打土豪、分田地的革命道理,调查土豪劣绅的罪恶。部队打了土豪,除完成筹款任务外,把全部东西都分给了群众。每次出发前,大街小巷都打扫得干干净净。支部还派人挨家挨户检查群众纪律,看看借了东西还了没有,损坏了东西赔了没有。这样,红军的政治影响扩大了,军民关系也更加密切了。队伍一出发,村里的男女老少都恋恋不舍,齐集村头夹道欢送。

几个月的工夫,第二纵队的面貌发生了显著的变化,引起了前委的重视和注意,罗荣桓等的工作得到了前委的赞扬。1930年5月,赴上海党中央出席全国红军会议的红四军代表熊寿祺在给中央的报告中指出:"二纵队过去没有很好的上级干部,军事政治都无中心,因此战斗力差于一、三纵队。最近上级干部已另换人,二纵队又复兴起来了。"

以带子弟的心肠去带兵:冯玉祥治军有方

冯玉祥是中国近现代史上著名的军事家。他11岁始入行伍,由士兵到将军,出生入死,奋斗了一生。经他训练的军队能征善战,为中外所称许。

每天早上阅操时,冯玉祥发问的第一句话就是:"为何要当兵?"部队答:"保国为民,捍御外侮!"为了对部队进行爱国教育,他亲自编写了《爱国精神》等小册子和《国耻歌》。为了不使官兵忘记国耻,在官兵皮带上嵌以"勿忘国耻"四字。"九一八"事变后,他冲破蒋介石的封锁,率领旧部,联络各方抗日力量,成立察哈尔民众抗日同盟军,打击了日本帝国主义的嚣张气焰,也是对蒋介石"攘外必先安内"反动政策的否定和挑战。"华北事变"后,在中华民族面临亡国灭种的形势面前,冯玉祥旧部的大多数官兵要求抗日,反对内战,表现了高度的爱国主义精神。

他还大力提倡进行爱民教育,为老百姓服务。冯玉祥说:"我的主人是全国的老百姓,他们无论怎样贫苦,还是供给我们衣食住。饮水要思源,自己要问问自己的良心,应当赶快努力去报答主人们!"他把"民既可载舟,也可以覆舟"作为座右铭,向部队提出:军队"以报民为天职,以利人为主义"。他对部队进行爱民教育并不只是停留在口头上,而是落实到行动上。如:令军医为老百姓施诊;令部队帮助驻地老百姓植树造林,修建马路,改善交通;每到春播时将部队的骡马借给农民耕地、拉车,秋收时派官兵帮助农民收割。

1924年,永定河决口,他带领部队抢险救灾,终于战胜洪水,堵住了决口。部队在防洪抢险中有百余人受伤。永定河两岸的老百姓对他的部队十分感激,将堤名改为"冯军堤"。冯玉祥的这些做法不仅教育了广大官兵,而且密切了军民关系。部队驻南苑时,当地老百姓曾编了一首歌谣:"冯玉祥驻南苑,替俺收麦和种田,不喝俺的水,不吃俺的饭,这样的军队真少见。"

冯玉祥具有深厚的救国救民、反帝爱国思想同他的身世和经历有很大关系。冯玉祥出身贫寒,与老百姓有不解之缘。他从小就帮大人干活,艰苦的生活使他深深地体会到了农民的艰辛、劳动者的苦楚,这是他后来视老百姓为主人的思想基础。冯玉祥的爱国主义思想也有其深厚的渊源。1895年,冯玉祥随其父去修大沽炮台,当时日本军舰正在对岸的拦沙岗停泊,他目睹中国百姓被威胁凌辱的情形,受到很大刺激。他发誓:"今后我不当兵则已,要当兵誓死要打日本,尺地寸土决不许由我手里让日本夺了去。"

但是,在五原誓师前,冯玉祥只是凭着对国家、对人民的朴素感情来对部队进行爱国爱民教育。由于没有正确的革命主张和先进的思想,往往又交织着封建宗主思想。五原誓师是冯玉祥治军思想的一个转折点,他认识到救国救民没有主义不行。他说:"我虽然做过几点革命事业,我却没有鲜明的革命旗帜。因为我对于革命,只有笼统的观念,没有明确的立场。革命的主义、革命的方法,在从前我没有考察过,所以只有一、二点改革式的革命,而没有彻底的做法。"从此,他对部队进行三民主义教育,用三民主义相号召,开始注重军队的

演讲中的冯玉祥

思想工作。通过这些教育，使西北军逐渐成为当时的一支劲旅。在北伐战争中，他根据李大钊的建议，率兵打出陕西，支援湖北、进攻河南，为北伐战争的胜利做出了贡献。他的第二集团军出关时兵力不足10万人，子弹每人不足50发，面对装备精良的强敌，却能所向披靡，势如破竹。

他赏罚分明，不徇私情，对军官则要求更严。1921年，在入陕攻打皖系地方实力派陈树藩的战役中，第三营营长谷良友不服从团长李鸣钟的命令，擅自将部队调离原先防地，此事被冯玉祥知道后，冯不顾谷良友是他的知遇恩人，即将其撤职。1928年夏，冯玉祥督师北伐，北路军军长韩复榘在沧州地区对敌作战时，趁机就近窜回老家，他知道后，顿时大怒，命令韩星夜兼程返回部队。

他认为带兵最好的方法就是官兵同甘共苦。他经常对部下说："古今带兵之道，千言万语，一句话概括起来说，要以带子弟的心肠去带兵。"一次，他听到士兵议论说："石友三的鞭子，韩复榘的绳，梁冠英的扁担赛如龙，张自忠扒皮真无情。"他经核实后，召集营以上军官开会，严厉痛斥了他们的带兵作风，最后语重心长地说：你们把士兵当成牲口和木石，实在是最大的错误，对士兵严格要求是对的，要像严父对子女那样，但不能动辄就惩罚。靠打骂是练不出好兵的。

关心和爱护士兵是冯玉祥的一贯作风，在南苑练兵过程中，他曾带头献血抢救一位生命垂危的士兵，使奄奄一息的士兵死里逃生。他规定凡要士兵遵守的制度，长官首先必须做到。开饭时士兵未吃，长官不要先吃；士兵未睡觉前，长官不能睡，提倡长官要"吃苦在前，享乐在后"。冯玉祥一直比较重视解决官兵的具体困难。凡官兵家属受到地方土豪劣绅陷害，或遇到官兵本人婚丧大事时，只要得知，他就积极设法帮助解决。每逢过年过节，常访问官兵家属，送衣送物。他经常找官兵谈话聊天，召开家属座谈会，征求意见。在旧军队里，上级往往借故敛财，因而行贿受贿、钻营利禄成风，下级官兵除少数借此找靠山图升迁的以外，大多数都是咬着牙关忍痛送礼。为了保障中下级军官和士兵的生活收入，冯玉祥规定：只准上级请下级吃饭，不准下级请上级吃饭；只准上级送下级礼物，不准下级送上级礼物。他还举办培德学校和附属小学及幼稚园，解决眷属及子女就学的困难。为了使官兵退伍后能有一技之长，冯玉祥提倡对军人及眷属进行生产技能训练。他对工厂做工的学兵说："送你们钱财，也不如教你们学习手艺，学了手艺可作为终身养生的本领。"在常德时，他要求部队学习竹器生产，驻南苑期间他率部队种菜、植树、种植苗圃，开办工厂（如开办了针织厂、肥皂厂等）。他十分关心官兵的文化学习，不少士兵入伍时目不识丁，不久就能够写信了。老百姓称："冯玉祥的军队不得了，当过三年兵之后，土匪也变成大姑娘了。"

冯玉祥严格治军是其军队以后能够在艰难困苦的条件下得以发展的重要因

素。但是,由于他在治军作风上,存在着专擅独断的封建家长式作风,难免就形成了一人包办、一人指挥的弊端。当部队离开冯独立作战时,各高级将领就各自为战,无所事事,甚至抢夺地盘,互相倾轧。当然,冯玉祥治军无论理论与实践都不能与无产阶级军队相比,他的部队尽管兴旺一时,但最终仍免不了衰落、瓦解和失败。

善用文艺激发高昂士气:贺龙与"战斗剧社"

战斗剧社组建于1936年7月中国工农红军长征途中。前身是1928年贺龙和周逸群创建的湘鄂西苏区的红军宣传队,后因"左"倾路线危害被取消。1934年10月,湘鄂西的红二军团与湘赣的红六军团在贵州会师,红军宣传队重新恢复活动。1936年春,红二军团与红六军团合编为红二方面军,宣传队隶属二方面军政治部。同年7月,红二方面军与红四方面军在西康甘孜会师,由李伯钊率领的红四方面军的工农剧社,从人力、物力上给红二方面军宣传队以大力帮助,使之成为"歌舞剧全能"的文艺团体,红二方面军总指挥贺龙命名其为"战斗剧社"。

"战斗剧社"是以红二方面军的"战斗宣传队"为基础,于抗日战争中成立的八路军一二〇师政治部文艺工作队。它是在贺龙亲自倡导和关心下建立和发展起来的。南下前驻扎在西安。

北平解放后,中央举行了第一届全国文学艺术工作者代表会。"战斗剧社"受命赴北平演出。此时剧社只有50人,但素质很好。贺龙指示剧社借演出之机到北平招兵买马,吸纳人才。

不负贺龙所望,文代会期间,"战斗剧社"演出了歌剧《刘胡兰》、话剧《九股山上的英雄》、秧歌剧《种瓜》等优秀剧目,获得巨大成功,轰动了北平。青年学生纷纷报名参加"战斗剧社"。这一次招收了约500名青年学生。著名诗人高平,曾任《八一电影》主编的舒凡,著名舞蹈家刘英,就是这时加入剧社的。此时剧社才有了一定的规模。

不久,贺龙又派人到东北购置乐器,聘请军乐教员,并从剧社挑选了几十名想学习军乐的年轻人,组建了一支军乐队。

贺龙受命率领十八兵团解放西南,他决定把原来准备开赴西北的"战斗剧社"带到西南。1949年11月,贺龙把全剧社的同志集合在西安《群众日报》礼堂,作了3小时的动员讲话。他说:"祖国的大西南还没有解放。毛主席给我们的任务是配合刘邓大军解放大西南,还要解放西藏。你们跟我到四川去,这是一个很好的用武之地呀。四川是天府之国,文化底蕴很深,那里的艺术也好,特别是川戏,过去我看过,是个艺术水平很高的剧种。你们去了以后，要学会做群众工作和宣传工作。你们还要准备吃苦，从北京来的学生，是不是没有吃过苦啊？要把你们那个学生面貌彻底改换一下。"

贺龙详细讲了"战斗剧社"到西南后的任务，向全体同志提出了殷切的期望。新入伍的北京青年们非常激动，连连高呼："打到西南去！"

战斗剧社在演出

随后，"战斗剧社"组成了一支梯队与贺龙同赴成都，严寄洲担任队长。这支队伍虽然都是演戏的高手，行军时却天天掉队。到达新郑之后，严寄洲向贺龙报告说："我们前梯队跟不上队伍，体力也不行了，怎么办？"

贺龙说："你们找汽车团，让他们想办法捎上你们走。"12月27日，剧社队伍乘运输队的汽车先到达成都。严寄洲和几名演员正碰到检查部队的贺龙。严寄洲上前敬礼。贺龙说："明天要举行成都入城式了。你这个队伍，一定要军容风纪整齐，不能懒懒散散！"

12月30日，严寄洲率领整齐雄壮的军乐队，紧跟在贺龙等首长后面，奏着《解放军进行曲》《解放区的天》《三大纪律八项注意》等乐曲，雄赳赳地进入了古城成都。

部队进城清点战利品时，清出一辆美制宣传车，车身黄色。车上装上银幕，可以放映电影；打开后门，拉开平台，可以站在上面演讲；车两侧还可作售货台；车内有发电设备，车顶上有高音喇叭。贺龙首先想到了"战斗剧社"，对他们说："这条'老黄牛'，就给你们剧社了。你们要马上开展宣传工作，要把最好的节目拿出来演，先到广场演，以后到剧场演。不要怕花钱，要搞得气派。也让成都人民看看，我们解放军不是'土八路'，是一支有文化的队伍。你们可以利用那辆宣传车，在上边广播嘛。你们还要广泛地联系知识分子，到各个大学去宣传。"

于是，"战斗剧社"组织了仪仗队、军乐队、管弦乐队、秧歌队、腰鼓队和宣传队，有数百之众，浩浩荡荡，分赴全城各地和各大学演出、宣传。

为支持剧社的演出，贺龙亲自到公园广场看演出。保卫部门考虑贺龙的安全，请他回去。贺龙考虑，如果他走了，对演员和观众的情绪会有影响；不走，保卫部门又难办，便说："我尊重你们的意见，换个地方。"说着，他把藤椅挪到了一棵大树的后边，风趣地说："这样，不会暴露目标了吧？"贺龙不顾安危，支持剧社的演出，给演员们，特别是新入伍的青年学生们以很大鼓舞，越演劲头越足。这一次，"战斗剧社"

演出了有 300 多人参加的大歌舞:陕北秧歌、延安腰鼓和北方霸王鞭等,轰动了古城人民。不少人说:过去只听说八路军能打仗,不知道戏也演得这么好!

"战斗剧社"在成都连续公演了歌剧《刘胡兰》、话剧《九股山上的英雄》《保卫家乡》《红旗歌》《新旧光景》《牛永贵负伤》等许多拿手戏。在召开欢迎起义军官大会之前,贺龙特地向剧社交代说:"你们把军乐队和最好的节目带到大会上去演,让国民党的军官们看看,我们不是'土八路'!"他还让剧社负责人为起义将领作报告,介绍老解放区的文化工作。不少起义将领看后连说:想不到,老解放区的艺术能达到这么高的水平。

赏罚有据锻造钢军铁纪:杨靖宇率抗联敌后抗战

著名的抗日将领杨靖宇将军,是一位杰出的军事指挥家,他领导的东北抗日联军,以其严格的军风军纪给东北人民留下了深刻的印象。杨靖宇将军带兵的突出特点之一,就是鼓励抗日杀敌,奖罚严明。

1933 年,东北人民革命军第一独立师建立,杨靖宇亲自为部队制定了严格的纪律,其中惩戒条款的规定是:"作战临阵脱逃、拖枪逃跑、勾结敌人、造谣惑众扰乱军心、泄漏军事秘密、偷盗军需物品情节严重、烧杀人民、强奸妇女者枪决。犯有打骂人民、偷抢人民财物、随意开枪、不慎枪械走火、漏岗、偷盗或丢失子弹与军需品、丢失文件、同志间发生武装冲突、秘密行军时吸烟或喧哗等错误者,酌情分别给予开除、警告、留队察看、罚岗等处分。同时还规定了奖励条款:如"对于英勇作战及一切有功之战士,分别给予物资奖励或晋级","如有特别功绩时给予名誉奖励(勋章)并升级"。凡作战缴获武器与军用物资或捕获密探、走狗者,根据情况分别赏洋两元到一百元不等,集体立功者,发给奖金、奖旗或其他奖品。

由于杨靖宇始终坚持严格的军风军纪,所以东北人民革命军一直以纪律严明和作战勇敢,深得人民群众的赞扬。长白山区的人民至今还记得这样两件事:1934 年的一个夜晚,杨靖宇带领队伍来到蒙江县(今靖宇县)东部一个小山村里。村庄东头住着一位姓刘的老太太。他的丈夫被日本侵略者杀害,家里还有两个儿子。因为当时日寇、汉奸、土匪常来抓人抢掠东西,老太太一听说来了队伍就害怕。人民革命军初次来到这里,她心里没有底,便让儿子离家躲藏到山林里,自己把一

抗联领导人杨靖宇

个包袱埋藏在门外的谷草堆中。半夜,村中响起一阵狗叫,接着门外传来低微的说话声和拽谷草的声音。刘老太太心中惦记着谷草堆中埋藏的包袱,急得团团转。好不容易熬到天亮。她轻轻拉开房门往外看,只见屋外空地上睡满了人。她不由得愣住了,有生以来还未见过这样的队伍。这时,一位同志发现了她,很和气地对她说:"老太太,对不起,昨夜我们来到这里,把你家的谷草拉开铺了。"说着,递过一个包袱,"这可能是你家的,拿进去吧!看看东西少了没有?"老太太接过包袱一看,原封不动,心里有种说不出的感激。那位同志又对她说:"我们是杨司令领导的抗日队伍。"

刘老太太急忙迈步出门,热情地请战士们进屋休息。她又是烧水,又是做饭,忙个不停,还托人叫回躲藏的两个儿子。她对战士要求说,很想见见杨司令。过了一会儿,杨靖宇果然来了,刘老太太拉着杨靖宇的双手,眼含热泪说:"杨司令,我可见到了青天了,我要把两个儿子都交给你,让他们跟你去打鬼子。"杨靖宇和她详细交谈,问寒问暖,之后,接收了她的儿子参军。

有一位从南满游击队时就跟杨靖宇转战多年的战士,在一次执行任务时,饥渴难忍,就偷吃了路旁群众菜地里的一根黄瓜。这件事情被杨靖宇知道以后,十分严厉地批评了很久。这位战士承认做了错事,要送钱去赔偿。杨靖宇严肃地说:"赔钱好办,群众影响怎么办?"这位战士为了全军的声誉,不仅专程给群众送去赔偿一根黄瓜的钱,还诚恳地向附近的群众作了认真的道歉。这件事在当时留下了良好的影响,群众感动地说:"头一次见到军纪这样严明的队伍。"

杨靖宇领导的抗日队伍军纪严明,连日寇伪军也无法否认。日伪在《满洲共产匪的研究》第一辑中这样记述过:"他们活动情况和土匪完全两样,行军中在群众家里吃饭,一定要付给饭钱,拿走物品也一定要付款,如果当时无现款,日后也一定送到";"对贫农极为亲切和气,借宿时让群众家中老幼睡在炕上,自己则在地下。派农民差役时也给予相当的报酬"。

在杨靖宇的领导下,东北人民革命军始终是一支军纪严明、作战英勇的抗日武装力量,为中华民族的抗日战争留下了可歌可泣的业绩。

狮子和绵羊带兵的区别:刘志丹受罚挑水

"让一只羊去带领一群狮子,那狮群会变成羊群;让一头狮子带领一群羊,那羊群将变成狮群!"这句话充分体现了军队领导的人格特征与领导行为对部队整体风格和战斗力的巨大影响。正所谓"千金易得,一将难求"。一个优秀的领导者是任何一支军队最需要而又最难得的资源,历史上许多著名战役的成败都是由军队领导者的素质决定的。陕北红军的领导人刘志丹以身作则,维护军纪,为壮大红军做出了突出贡献。

1934年春末夏初的一天,刘志丹率领陕北红军二团去执行一项战斗任务。黄昏时分,部队到达一个村头场院准备宿营。这时,刘志丹把机关干部战士都召集在一起,大家三三五五地围拢他坐下。平时,刘志丹对干部战士像亲兄弟一样,总是谈笑风生,不分彼此,因此,大家亲切地叫他老刘或志丹。

可这天不同,不知为什么,只见他板着面孔,带着一点沉痛的心情,开口就严肃地问大家:"同志们,我们是什么队伍啊?"

"老百姓的队伍呗!"大家齐声回答。

"老百姓的队伍中要是谁违犯红军纪律,损害了群众利益怎么办?"

"那就执行纪律处罚他。"

"要是领导呢?"

"领导咋的,一样处罚。"

"对,爱护群众利益,光荣;损害群众利益,可耻。谁破坏纪律都得受罚!"刘志丹坚定地说。

话说到这儿,大家心里都很纳闷。你看我,我看你,不知发生了什么事,一时气氛有些紧张,场院里鸦雀无声,多少双眼睛注看着刘志丹那张清瘦的脸。

刘志丹来回踱了几步,痛心地说:"违反纪律的不是别人,正是我。今天在看地形的时候,我的马吃了群众的麦子。大家讨论讨论,该怎么处理?"

一听这话,大家先是一愣,接着场院里像开了锅,七嘴八舌地议论开了。马夫急忙站起来解释:"这件事不怪志丹,那马是我没看住,应该处分我。"不知是谁大声嚷道:"说是老刘的马,我看是大家的马,行军打仗他骑过几回?咱凭良心说,要处分,大家都有份。"

红军将领刘志丹

刘志丹噙着旱烟袋,一边听,一边"吧嗒吧嗒"地抽着,越听越觉得大家的发言不对劲。他深深吐出一口烟,把烟袋锅往鞋底上狠磕两下,猛地站起来说:"马给大家骑是应该的。问题不在谁骑,而在谁管,我的马我负责,谁也不能顶罪,处分我还不应该?"停了片刻,他又接着说:"我是领导,违反了军纪,就更应该严格处罚!"

会场静了下来,只听见春风吹动着庄稼"唰唰"作响。大家琢磨着,沉思着,都感到刘志丹的话入情在理,有的点头同意,有的表示:"处分就处分吧。这都是为了红军好。"看到这情景,刘志丹满意地诚恳地说:"现在请大家说,给我个什么处分。"话题一拉开,同志们又争论起来,有的说:"向群众赔礼道歉,赔偿损失。"有的说:"就吃了十几棵麦子,检讨一下吧。""那可不行!"有人不同意。这时有人提议罚老刘给老乡挑水。大家都说:"对,对,这个办法好,就这么办。"认识统一了,刘志丹愉快地接受了罚他挑水的处分,为了执行好纪律,他还要求派两名战士监督执行。

部队进了村,人人都忙着做群众工作。刘志丹便挑着水桶,一担担不停地挑,出了这家进那家,头上的汗水顺着脸庞往下淌,一连挑了十多家。按说,挑水扫院子是刘志丹常做的事,这次不同,他是在自觉地执行纪律呀!

万里挑一跨过层层门槛:选拔空军首批女歼击机飞行员

空军首批歼击机女飞行学员,是 2005 年 9 月空军从 12 个省 20 余万应届女高中毕业生中选取的,当时共选拔了 35 名,经过空军航空大学 2 年半基础教育训练、沈空某飞行学院半年初教机训练和一年的歼击机高教机训练后,她们将在思想、技术、身体等方面,迎接更加严峻的挑战和考验。

这些天之骄子要完成蓝天梦想,要经过很多闯关过坎的经历。仅身体检查就有116 项,身高不足 160 厘米的"出列",体形不匀称的"稍息",牙齿稍有磨损的"淘汰"……大到五脏六腑,小到 1 秒钟能背记多少个数字,甚至一个细微的环节不过关,都意味着难圆"飞天梦"。坐在上下左右高速大角度旋转的转椅上,检测抗眩晕的能力,几分钟下来,个个脸色煞白,天旋地转,有的甚至呕吐不止。尽管这样,还要求在 2 秒钟内准确地辨认自己上椅子时的位置。还有每天的 3000 米长跑、大强度的滚轮旋转。战机座舱内有 10 多块仪表,参数、功能、位置必须烂熟于心;5 分钟的起落飞行中,有近千个操纵动作和程序,必须丝毫不差地完成;机场周围所有地标、地物,近百个空中特情处置方法,必须倒背如流……

既要练体能,更要强技能,一次次爬坡过坎。起初,姑娘们难以适应,没有一个不哭鼻子的。但她们一次次擦干眼泪,一次次从头再来。湖北姑娘小潘,录取时,达到了名牌大学的提档线,但小潘只报了飞行学院一个志愿。然而,当她上飞机后发现,不管地面准备多好,到了空中大脑就会一片空白。停飞离学院的那天,小潘眼含热泪恳请大队长,别

空军首批歼击机女飞行学员

将"淘汰"二字记在队史上,让在场的每一个人为之动容。

飞行员选拔培养标准有8大关口、几十项条条杠杠,理论不过关淘汰、技能不过关淘汰、反应速度慢淘汰等等。在飞行学院每个官兵都知道,"淘汰"一词在姑娘心中是那样敏感,因为那词儿太"硬",容易击碎姑娘们美丽的梦想,学院因此严格禁用。但姑娘们已经深深懂得:飞行不是潇洒、威风的代名词,它是诸多细节的叠加,是大量付出的积累。

从认识飞机外表到进入座舱熟悉每一块仪表,从第一次启动试车到第一次地面滑行,从第一次感受飞行到教员首次带飞上天,每一步都让女飞行学员感受到了飞行的艰难。面对艰难,姑娘们敛起笑容、扛起自信,以顽强的毅力和超人的胆识,在飞天路上艰难跋涉。

早上集合站队,姑娘们觉得"我们够快了",但教员告诫她们,空中作战胜负在秒。经过一段时间的锻炼,姑娘们走路由"丫鬟步"到"一阵风",达到了一分钟起床、二分钟离房、三分钟列队完毕的要求。

在飞初教机地面训练时,正逢东北的冬季,机场-30℃。有飞行任务时,凌晨三四点钟姑娘们就要进场。一练就是一整天,穿着厚重的飞行服,不一会儿就冻透。每天飞行结束后,大队、中队、小组逐一讲评,每次讲评,姑娘们的心都要提到嗓子眼,担心"飞行缺点"不可克服而停飞。精神紧张,睡眠不足,使姑娘们个个都变成了"熊猫眼"。

爱美是女人的天性,姑娘们在训练场上不怕流血流汗,就怕委屈了娇嫩的皮肤。为了抵抗紫外线照射,每天进场前,无论多忙,她们也忘不了往脸上涂一层厚厚的防晒霜。随着户外训练时间增加,防晒霜依旧挡不住紫外线照射。不到一个月,白嫩的肤色由白变红、由红变黑,有的甚至暴皮。起初,从外场归来,姑娘们总爱对着镜子,把一张脸由远及近、从左到右照个遍。后来,每看见自己日渐"成熟"的脸,免不了声声惋惜和流下行行热泪。再后来,她们索性扔掉防晒霜,甘愿接受烈日的"馈赠"。最后,她们戴上飞行帽,外不露一丝秀发,显得更加飒爽俊美。

对姑娘们来说终身难忘的是她们第一次驾驶初教机、歼击机高教机亲吻蓝天。带飞时,教员总在后舱喊"注意航向、注意速度……",左一个注意,右一个注意,一旦没有注意到,就要挨训。她们天天盼着早日单飞,可真正单飞时,回头一看后舱没有了教员,心里真叫紧张。一个起落后,紧张的心理消失了。第二次飞翔在蓝天与白云之间,鸟瞰大地,心旷神怡,感到自己是多么的崇高和伟大。

可以用惊险、刺激形容初教机首飞。从初教机到高教机,是两种机种的飞行速度、灵敏度,犹如拖拉机与小汽车之别。歼击机起飞加速,犹如惊雷阵阵;转弯俯冲,犹如飞燕掠过。特别是在云中学习仪表课目,没有地标地物参照时,不管是做盘旋、上升、下滑动作,还是俯冲跃升、上升转弯,必须按动作要领操作,才能特别顺畅自然。后来,飞行学员在圆满完成初教机验飞、起落、航线、仪表、编队、特技等课目训练的基础上,逐步加大难度,在新型歼击机高教机上,健骨丰翼,一领风骚。

歼击机超音速飞行,机动性能强,技术难度大,特别是俯冲跃升、快速急转、减速盘旋时,最大载荷达 6~9G,常人难以想象。与男性相比,飞歼击机对女性身体、心理素质和操作技能等方面提出了更加严峻的挑战。因此,空军招收的前 7 批女飞行员都是飞运输机种,对选拔歼击机女飞行员非常慎重。据资料记载,到目前为止,美英等发达国家也只是培养了极少的歼击机女飞行员,而我军还是一项空白。

面对挑战与压力,沈空某飞行学院举全院之力,聚全院之智。带飞教员优中选优,自身素质硬,带飞能力强;管理干部精挑细选,既有管理经验,又精卫勤知识。

尽管他们进行了周密的准备和部署,但训练中还是遇到了不少难题。歼击机飞行员飞行训练大纲、体能训练大纲等,都是以男性为标准,是经过多年的探索与实践凝练而成的。而对于女性,其生理、体能特征的区别,决定了训法、教法、学法,以及考核标准也应该有所不同。特别是女同志生理周期的“那几天”,能不能飞行?训练强度应该有多大?体能训练大纲中的所有项目,特别是高难度、大体力项目,要不要都做?标准定多高?都在实践中摸索规律、总结经验、稳步推进。按照“适应期练基础、过渡期上强度、稳健期补偏差、成熟期促提高”的方法,科学施训。

不难看出,承训单位从零起步,同样面临考验和挑战。学院还专门成立了课题论证小组,围绕歼击机女飞行员教育训练、日常管理、生理卫生、心理防护等方方面面,收集整理了上万条第一手数据,目前已初步形成了论证报告。

民族大义打通思想弯子:我们是白皮红心萝卜

卢沟桥事变和“八一三”事变爆发后,国共两党就红军改编一事迅速达成协议。1937 年 8 月 22 日,中共洛川会议召开的当天,国民政府军事委员会正式宣布红军主力改编为国民革命军第八路军。

红军改编,在部队中引起很大震动。许多干部、战士想不通,对改编不理解,尤其是对“红军改名”和“穿国民党军服”“戴国民党帽徽”意见最大。不能容忍红军的红五星换成“白军”的青天白日十二角星。他们说,过去我们戴着红帽徽为穷人闹翻身,国民党军队打了我们多少年,如今却要摘下红五星,换上他们的帽徽,想不通!有人甚至留条“干地方”去了。在建国后出版的许多将帅回忆录中,都提到了那次“换帽子”,足见此事对红军将士的影响之大。

面对这些问题,朱德、贺龙、刘伯承、罗荣桓、左权等高级将领带头做干部、战士的思想工作。9月2日,贺龙在一二○师誓师大会上说:"现在国难当头,为了国家与民族的生存,共同对付日本帝国主义,我愿带头穿国民政府发的衣服,戴青天白日帽徽,和国民党部队统一番号。这样,看起来我们的外表是白的,但是我们的心却是红的,永远是红的!"

八路军副参谋长左权到八路军随营学校的各个部队,给官兵们讲换红星的道理:我们取下红星,不是要丢掉它,这里有烈士的鲜血和我们的理想;要往远处看,为了抗日救国,可以把红星保存起来,把它放在心坎里;红星在我们心里,就不会迷失方向。

9月4日,刘伯承在一二九师师部主持召开了全师连以上干部会议,宣布改编后的部队编制序列及各级干部名单。一名干部忍不住站起来问道:"改编后我们不是成了蒋介石的队伍?"另一个干部也说:"战士们想不通怎么办?"

刘伯承耐心地做着大家的思想工作:"现在大敌当前,日本帝国主义是我们的主要敌人。大敌当前之时,我们同意改编为国民革命军,表明了我们党实行国共合作,坚持进行抗日的诚意,这对促成全国的抗日统一战线,推动全面抗战,有很重要的意义。大家都要从这个大局出发。部队改编了,只是改了个番号,改了个形式,我们人民军队的本质没有变,我们的红心没有变。我们名义上叫八路军,但仍是共产党的队伍,蒋介石是指挥不动我们的,这一点没有半点妥协,毛主席和蒋介石已经达成了协议。""对于现在还没有想通的战士和干部,就要靠在座的同志们去做思想政治工作,但是,在6日前必须把弯子转过来,这一点也毫不含糊,9月6日全师召开誓师大会。"

1937年9月6日,一二九师在陕西省泾阳县石桥镇冒雨举行抗日誓师大会。师长刘伯承宣读了对一二九师各旅干部的任命书。

宣布完任命书后,刘伯承将头上的红军帽摘了下来,他缓缓地抚摸了一下红五星,说道:"不管戴什么帽子,不管穿什么衣服,我们的心永远是鲜红的。同志们,我们永远是共产党领导的人民军队。我们现在穿的是当年大革命时期北伐军穿的衣服,戴的是当年北伐军的帽徽。我们要保持红军的本质,也要发扬北伐军的革命精神,而且要比北伐军更好。同志们,为了救中国,暂时和红军帽告别吧!"说罢,他将缀有国民党党徽的军帽迅速戴在头上,然后发出命令:"下面,我宣布:换帽子!"随着刘伯承一声令下,全师指

红军改编誓师大会

战员一起戴上了准备好的灰色军帽。换完军帽,刘伯承带领全师13000名官兵宣誓:"我宣誓:为了民族解放,为了国家富强,为了同胞幸福,为了子孙后代,我们一定要抗战到底,把侵略者赶出去!"

誓师大会总指挥、三八六旅旅长陈赓在当天的日记中激动地写道:"……此时大雨如倾,人人精神焕发,口号震天,没有畏雨者。我们红军永远是红军,是中国共产党领导的队伍,任凭换个什么名义,戴上什么帽子,我们始终为了共产党的光荣而奋斗!"

9月11日,国民政府军事委员会按全国陆海空军战斗序列,将八路军改称第十八集团军,八路军总部改称第十八集团军总司令部。朱德改任总司令,彭德怀改任副总司令。9月14日,朱德、彭德怀发布八路军改为第十八集团军的通令。但此后仍沿用八路军的番号。

红军改编后,一一五师、一二〇师、一二九师分别在泾阳县云阳镇、富平县庄里镇、泾阳县石桥镇举行抗日誓师大会,之后即开赴山西抗日前线。

第三章　军事训练心理

　　无论是冷兵器时代的面对面厮杀,还是热兵器时代的从堑壕向堑壕进攻;无论是古老的骑兵马队驰骋疆场,还是现代坦克战车千里"闪击",军人的心理无不随战场硝烟起起落落。

　　众所周知,不同时代的战争具有不同的特点,而不同的战场客观刺激物作用于军人主体,引起的心理反应也是不同的。因此,军人心理无不深深地打上战争的时代烙印。20世纪90年代发生的海湾战争,标志着人类战争已进入高技术时代。随着信息技术、隐形武器、精确制导武器和夜视器材等武器装备运用于战场,现代高技术局部战争与以往任何战争相比,其战争观念、作战样式、作战手段和作战进程都发生了划时代的变化,由此引起的军人的心理反应也具有新的表现形式和特点。

　　科学研究表明,人类的心理适应性是有限的,面对未来战争复杂的作战环境和条件,必须重视军人的心理训练。心理训练旨在培养官兵在未来高技术局部战争中所需要的心理素质,通过有意识、有目地采用一定的方法和手段进行训练,使之学会控制和调节自己的心理状态,保持心理稳定性,顺利地完成各种作战任务。这是提高部队作战能力的重要途径。

身先士卒契合从众心理:军政委吴焕先一马当先

　　1934年11月16日,中国工农红军二十五军约3000名指战员,高举"中国工农红军北上抗日第二先遣队"的旗帜,从河南省罗山县何家冲出发,开始了长征。红二十五军离开鄂豫皖苏区时,开始是先向西挺进。当时,国民党军5个师和"鄂豫皖三省追剿队"已聚集在鄂东北,正准备对鄂豫皖苏区进行大规模"围剿",但尚未完全形成合围。我军适时而主动地实施转移,打破了敌人的"围剿"计划。蒋介石急忙调动3个团的兵力追击堵截,先后在湖北、河南境内的几个地区布置了封锁线,企图将脱离根据地孤军远征的红二十五军围歼于途中。

11月17日,我军在一个叫朱堂店的地方突破敌人阻拦,当晚连夜从信阳以南越过平汉铁路,进入豫鄂交界的桐柏、枣阳一带,实现了战略转移的初步目标。鉴于该地区距平汉铁路和汉水较近,机动范围狭小,加之敌重兵压境,难以立足发展,我军遂决定掉头北上,向豫西的伏牛山区转移。

红二十五军政委吴焕先

从桐柏山到伏牛山,须越过许(昌)南(阳)公路。而许(昌)南(阳)公路两侧是一个地域辽阔的丘陵和平原地带。此时已是11月下旬,寒流南下,气温骤降,而红军指战员却衣着单薄,粮秣不给。但部队仍保持着高昂的斗志,顶风冒雪,向北突进。

26日下午,我军正准备从方城独树镇附近越过许南公路时,突然遭到预先抵达在该地区的敌人一个旅和一个骑兵团的阻击。同时敌"追剿纵队"5个支队和1个师又随后紧追,形势相当严峻。而那天的气候条件又极为恶劣,我军发现敌人较迟,一时陷入被动。衣服被雨雪浸透,饥寒交加的战士们手指都冻僵了,有的枪栓也被冻住了。敌军乘机发起冲击,并分兵从两翼包抄,情况异常险恶。就在这时,有个外号叫"大金牙"的参谋主任贪生怕死,突然大叫:"我们被敌人包围了,公路过不去了,快逃命啊!"说着骑着一头大黑骡子,抢先仓皇逃跑。刹那之间,先头部队乱了阵脚,大都惊慌失措地掉头后退,部队面临着覆灭的危险。在此危急时刻,军政委吴焕先冲到最前线,发出"坚决顶住敌人,决不后退"的命令,使我军很快稳住了阵脚。随后,他从通信员身上抽出一把大刀,振臂高呼:"共产党员跟我来!"在他的率领下,指战员们奋不顾身冲上前去,与敌军展开白刃格斗。随后副军长徐海东带领后梯队也跑步赶到,立即投入了战斗。经过一番恶战,我军终于打退了敌人的进攻。天黑以后,风雪大作,接着转为大雨,部队行动极为困难。但数倍于我军的敌军仍在附近,天亮后必将发动新的进攻。因此,军领导果断决定,就是有天大的困难,也要带领部队迅速脱离危险区。吴焕先政委向部队进行了紧急动员。他号召全体指战员在此危急时机要不畏强敌,英勇战斗,发扬吃苦耐劳和连续作战精神,突出敌人的包围圈。在他有力的动员鼓舞下,部队情绪高昂,斗志旺盛。当晚,全军即以极其快的速度,在地下党同志的引导下,从敌人封锁线之间隙穿插而过,穿越许南公路,直指伏牛山区。途中,敌人第四十军骑兵第六师、步兵第一一五旅和骑兵团又尾追而来。28日拂晓,我军又在拐河镇东北接连打退了敌人多次进攻,终于胜利进入伏牛山区。

在突围过程中,全军上下团结一致,奋勇作战,没有一个动摇、退却和掉队的。

后来红二十五军迅速开辟了豫陕边革命根据地,使这支从大别山走出的红军长征部队得以发展壮大,进而又主动挺进甘陕,成为第一支到达陕北的红军长征部队,并因此被誉为"北上先锋",为迎接党中央和中央红军,把中国革命的大本营放在陕北,做出了卓越的贡献。

生死大义启发普通士卒:戚继光练兵传奇

"南倭北虏"是明朝的两大边患。"南倭"是指长期侵扰东南沿海一带的日本海盗,"北虏"是指与明中央政府敌对的北方蒙古族。"两患"的性质全然不同,但都极大地影响了明朝的内政外交。嘉靖末年至万历初年,"南倭"与"北虏"之祸相继解除,都要归功于一位杰出的军事家——戚继光。

戚继光,祖籍河南,嘉靖七年生于山东鲁桥(今济宁市东南)的一个军人世家。戚继光的父亲熟读兵书,精通武艺,治军有方。戚继光从小就受到良好的家庭熏染,怀抱忠心报国之志。当时,倭寇对中国东南沿海的侵扰越来越甚。日本武士、浪人、海盗等,在日本官府的支持和怂恿下,与中国沿海的地方官僚、土豪、奸商沆瀣一气、狼狈为奸,在中国万里海疆人肆烧杀抢掠、为害百姓。长期生活在沿海的戚继光对此十分痛心。

嘉靖二十三年,17岁的戚继光承袭父职,担任登州(今山东蓬莱)卫指挥佥事,负责山东一带的沿海防守,从此开始戎马生涯。上任伊始,戚继光面临的首要问题就是"南倭",他立下雄心壮志:"封侯非我愿,但愿海波平"。

嘉靖三十一年,戚继光参加了山东的武举考试,在数百名考生中脱颖而出,一举考中。第二年夏天,戚继光被提拔为山东都指挥佥事,开始全面参与防海抗倭。此后的十余年间,从山东、江苏、浙江、福建、再到广东的万里海疆,哪里有倭患出现,哪里就有戚继光的威武身影,就有"戚家军"的猎猎旌旗。

戚继光率军之初,同僚和敌人都不把他放在眼里。一次,一支800余人的倭寇窜到浙江慈溪一带沿海,将数倍于自身兵力的明军打得大败。戚继光率军救援,他跳到一个高处,弯弓搭箭,一

戚继光画像

连三箭,把三路倭酋一一射倒。贼首束手就擒,敌人作鸟兽散,明朝将士连连称赞。

戚继光虽然以三箭退敌,但他深感明军存在严重问题,整肃军纪、加强装备、提高战斗力才是致胜的关键。原先世袭的旗军战斗力太差,戚继光多次上书请求招募新军。他说:"现在的官军,平时不训练,行军不带粮,打仗时没有统一号令,驻扎时不会安营扎寨,这样的军队,绝不可能抵挡身经百战、有必死之心的倭寇!"

1557 年,戚继光深入浙江义乌招募新军,挑选的都是痛恨倭寇而又朴实的农民,市井无赖一概弃之不用,很快就招募了满手老茧、皮肤黝黑的青壮年劳动者4000 人。新军组建之后,戚继光谆谆告诫他们:"凡你们当兵之日虽刮风下雨,袖手高坐,每日可得三分银子。这银子都是官府征派地方百姓缴纳来的。你们在家时哪个不是从事耕种的百姓?你们若肯思量在家种田时备办纳粮的苦楚艰难,就应思量今日得银的容易。百姓又不用你们耕种劳作,养你们一年,不过是望你们能在阵前杀敌取胜。你们若不肯杀贼保他,百姓养你们又有何用?如今倭寇大举进犯,奸淫我们的姐妹,掳掠我们的父兄,我们必须保卫百姓的安宁,才对得起他们!"一席话说得士卒们深为感动,纷纷流泪表示誓死杀敌,追随戚继光灭倭保国。不仅如此,戚继光还严整军纪,严格赏罚,做到有功必奖,有过必罚,亲仇不避。戚继光本人更是以身作则,他曾以临阵脱逃之罪挥泪斩杀了自己的长子。他在练兵的过程中,始终把"不扰民"的精神贯穿于军纪之中,与精神训导相呼应。他严格规定:"凡砍伐百姓树木,践踏百姓田产,烧毁百姓房屋,奸淫作盗,割取逃兵的头颅,杀死被掳的男子,奸污被掳的妇女,甚至妄杀平民假称敌人首级以邀功者,天理不容,王法难饶。若有违犯的,要以军法论处。"他还专门为士卒们编了本《练卒册》,能背诵者有奖。触犯了一般性的军规,若能背出 5 条条规以上,免打一棍。这样下来,肯下苦功且记性好的人,便少受了许多皮肉之苦。戚继光还鼓励士卒们将《练卒册》的条规改编成俚曲传唱,以使人人均可耳熟能详。戚继光常常对士卒们讲做人的道理,告诫将士们一定要好好做人,讲求操守,万不可逞一时之性,投敌屈膝,否则更会落得千载骂名。他还语重心长地告诉士卒,生死是相对的事,死得其所,流芳百世,虽死犹生,而默默无闻一辈子,纵然是活着,也等于是死了,做坏事者,不但坏了自己的名声,也会让父老乡亲们抬不起头来。经过一段时间的练兵,戚继光的这支新军面貌大改,纪律严明,作战勇敢,令倭寇闻风丧胆,人称"戚家军"。戚继光还创造了"鸳鸯阵"战术,统一编组、统一口号、严肃军纪,大大提高了作战能力。

鸳鸯阵是戚继光在抗倭战争中独创的一种阵法,此阵法以十一人为一队,居首一人为队长,旁二人夹长盾,又次二人持狼筅,复次四人夹长矛、长枪,再次二人夹短兵。阵法可随机应变,变纵队为横队即称两仪阵,两仪阵又可变为三才阵。

戚继光对属下士兵要求极其严格。一次,有官员到前线视察军队,突然间大雨如注，其他官兵一阵骚乱，有的甚至离队避雨，只有戚继光的军队纹丝不动，军容整齐。戚继光对军队严格要求，自己同样以身作则。有一次，戚继光率军到浙江乐清，恰逢天降大雨。当地的士绅百姓邀他入室避雨，戚继光说："士兵们都在外面淋雨，统帅怎么可以独自进屋避雨呢？"戚继光治军有方，培养了严明的军纪。

嘉靖四十年，戚继光率军在浙江台州迎击来犯之敌，救出上万名被俘百姓，打出了戚家军的威风。浙江倭寇被消灭后，戚继光又转向福建，成功地捣毁了倭寇的老巢。凶残的倭寇心惊胆寒，畏之如虎，他们称戚继光为"戚老虎"。此后几年，戚家军驰骋海疆，所向无敌。嘉靖四十五年，在中国沿海横行 200 年的倭患终被肃清。

隆庆元年，刚刚平定"南倭"的戚继光奉命北上抵御"北虏"。他先被任命为京军神机营副将，后被任命为蓟镇总兵，负责从山海关到京师的军政事务。这一时期，戚继光做了两件大事：练兵、修长城。

戚继光在抗击倭寇时，已经摸索出一套练兵的成功经验，但在关系复杂、积弊尤重的京畿地区，推行这套经验却实属不易。戚继光认为，要建立一支勇敢善战的军队，必须从三个方面入手，一是把普通百姓训练成有纪律、听指挥、技艺精、战术强的士兵；二是把军人培养成卫国保民、爱卒恶敌、谙韬略、习武艺的良将；三是改善武器装备，充分发挥其威力和作用。

在戚继光任蓟镇总兵不到三年的时间里，明朝北部最强劲的敌人、蒙古贵族俺答汗就放弃了敌对态度，接受明王朝的封贡，并表示永远不再南下骚扰。戚继光知道，俺答汗放弃对抗愿意合作，原因之一就是蓟镇的强大军事压力。所以，他一刻也没有放松对军队的操练。

隆庆六年，兵部官员汪道昆到蓟镇巡视。戚继光组织了一次由数万士兵参加的军事演习，步兵、车兵、炮兵等多兵种联合参与，既有基本技能的表演训练，也有各兵种之间的协同作战。规模之大，气势之伟，令观看演习的汪道昆都深受感动，相信"边事真有可为"。

戚继光在蓟镇做的第二件大事就是修筑、加固长城。明代长城是中国历史上费时最久、工程最大、防御体系最完善，也是保存最好的长城，而戚继光所修的蓟镇长城则是整个长城的精华。

长城的修筑大大增强了京畿重地的防御能力。隆庆和议后，对明朝北边构成较大威胁的只有蒙古族土蛮部。万历二年，朵颜酋长董狐狸和他的侄子长昂企图入京骚扰，被戚继光打退。第二年，董狐狸又率部南下，戚继光俘虏了他的弟弟长秃。董狐狸等人见戚继光兵强马壮，长城防线固若金汤，就率部属亲族 300 人叩关请降，"北虏"问题最终解决。明代北部边境，出现了少有的太平景象。

戚继光在北边巡防驻镇 16 年，修边垣、筑关塞，整训马、步、车三军，有效地保护了京畿和华北地区的平安。

乐观主义战胜恶劣环境:歌声飞越大雪山

红军过雪山

　　红军飞夺泸定桥,渡过大渡河之后,进入了川西。这里,敌人的碉堡体系还没有完成,主动权基本操在红军自己的手里。但是,红军前进道路上的困难更加严重了,他们遇到了征途中的更大的障碍——大雪山。这里描述的是一个老红军战士经历的动人的故事。

　　红军飞越浊浪滔天的大渡河之后,又巧妙地甩开了尾随的敌人,以迅雷不及掩耳之势来到了长征途中的第一座大雪山——夹金山脚下。

　　夹金山属于邛崃山脉,位于四川宝兴之北,懋功之南,海拔四五千米。放眼望去,雪山耸立,不见云天,皑皑积雪,银光耀眼。当地百姓有种传说,称它是座"神山",有许多"怪"地方,连鸟也飞不过去。

　　红军一到这里,就到当地的百姓家去拜访,听取爬大雪山的经验。当地群众告诉红军,上山下山有七八十里路,要通过雪山必须在上午9时以后,下午3时之前;山上大雪纷飞,寒气袭人,必须多穿衣服,喝些白酒、辣椒汤来暖和身体;山高路陡,雪深路滑,手上必须拿根拐棍;爬雪山时,必须走"之"字形,这样不易滑下来,也省力气。

　　曾经有个好心的白胡子老汉,神秘地跷起指头对红军战士说:"你们在爬山的时候,千万不要大声讲话,更不要有意喧闹,就是累了也不要讲累,不要讲难爬呀,山高呀,雪大呀!否则,山神就会发怒,卷起奇风怪雪,把人抛下山坞!"红军战士听了这话,都暗暗发笑,但大家还是认为,老人的话虽然有迷信色彩,却提供了很重要的情况,雪山确实又高又陡,不可大意。

　　按群众的说法,要多穿衣服,这根本无法办到,棉衣早在途中天气炎热的时候就送给了穷苦百姓,现在战士穿的都是单衣,要喝白酒,这也办不到,因为这一带人烟稀少,而且都是穷苦百姓,哪有那么多白酒卖?唯一能办到的就是木棍,在当地群众的大力协助下,每个人很快就找到了一根拐杖。

　　一切准备就序之后,红军队伍浩浩荡荡地沿着小路向大雪山挺进了。在红军队伍中,大部分是南方人。他们从来没有见过这样的高山,更没见过这样的大雪。一开始都很兴奋,东瞧瞧,西望望,觉得又新奇又有趣。谁知越往上爬地势越陡,风雪也越来越大,刺骨的寒风卷着铜钱般大的雪片儿在空中狂飞乱舞。身穿单衣的红军战士不停地颤抖,脸上、手上、身上如同针扎似的难受。

就在这艰难的时刻,突然传来嘹亮的歌声:"哎呀嘞,大雾围山山重山哟,红军队伍过雪山。千难万险都不怕呀,同志哥,为了抗日救中华。"

大家抬头一望,是文艺兵小战士赵兴国。他生在兴国,唱兴国歌是他的拿手好戏。歌声刚落,战士们就齐声要求再唱。这时小赵的兴国同乡加入过来,唱起了对歌:"哎呀嘞,六月里来天气热呀,夹金山上飘白雪。天不怕来地不怕哟,同志哥,千难万险踩脚下。"

高亢、动听的兴国山歌,把战士们的思绪带回到赣南根据地的斗争岁月。他们一边爬山,口里也禁不住跟着唱了起来:"哎呀嘞,山歌要唱俺红军,红军战士真英勇。浩浩荡荡过雪山呀,同志哥,红军英名天下扬。"在赵兴国的带领下,合唱的战士越来越多,歌声越来越嘹亮,在对面山上激起了回音,在山谷里产生了共鸣,在大雪山上空久久回响,盖过了狂风呼啸声。

傍晚,经过艰苦的行军,这支红军队伍全部到达山下。夕阳斜照着这座被征服的大雪山,泛出悠悠的光芒。

在仿真中锤炼心理素质:美军模拟训练营透视

很多士兵在高度激烈的战斗中都可能经历剧烈的战斗应激反应。战斗应激反应最明显的表现往往就是极度的恐惧和紧张,甚至严重到连枪也无法握住。逼真的战前训练可以缓解这一情况,美军的战前模拟训练就说明了这是缓解心理应激的重要途径。

联合备战训练中心(以下简称"训练中心"),位于美国南部路易斯安那州波克军营,是美军士兵被派到阿富汗之前的最后一道关。联合备战训练中心所在的军营地域广阔,放眼望去一马平川。训练区内除了一些松树林外,大部分路段都是模拟的沙土路,车行其间,飞沙走石,仿佛腾云驾雾,石子打在车身上噼啪作响。

训练中心有 3 大片模拟城镇,分别具有伊拉克、阿富汗和东欧风格。据介绍,这些模拟城镇是请好莱坞的资深道具专家设计建造的。在训练中心,你会看到美军单兵野战训练的快餐口粮。这是一种在缺乏厨房设施的情况下,完全自足的"即食"作战口粮。打开一包牛排蘑菇,除了主食之外,里面还有奶粉、咖啡等饮料,以及小面包、太妃糖、口香糖和各种调料。食品袋里有真空压缩的化学物质,只要加入少许凉水立即发热。

　　城镇里商铺、邮局、诊所、电台、饭馆一应俱全,店铺门前挂着塑料做的干肉,水果摊上摆着石膏做的苹果、香蕉,细致入微,足以乱真。美军士兵的适应性训练就是在这些模拟村镇中进行的。有人报告村里发现了一名可疑的陌生人,两名20出头的美军士兵进屋,去向消息提供者了解情况。咖啡馆里坐着3名阿富汗人。"店主"问他们要不要茶、加不加糖。美军士兵通过翻译了解一番情况之后,表示将立即前去搜查。一场摸底任务就这么完成了。美军教官点评说:"你们完成得还可以,但策略有点问题,应该先到其他地方巡逻一下再去盘查,这样可以保证消息提供者的安全。"扮演消息提供者的阿富汗人建议,士兵应该有更好的眼神交流,而且应该再关注一下村民的其他需求,这样可以拉近与当地人的距离。

　　咖啡馆旁边是个社区活动中心,两名士兵正在与一名阿富汗"族长"和他的弟弟谈当地治安情况。士兵们以寒暄开场,他们询问"族长"有什么其他要求,并许诺将尽快解决。"族长"点评说,不应该对事情的解决给出明确的承诺,否则一旦无法实现将失信于人。"族长弟弟"则说,整个交谈过程中忽略了他,这样容易为今后的沟通造成障碍。

　　在一个村庄内,"村民们"正三五成群地聊天,还有人在放羊。忽然,"村民们"开始设置路障,把几名士兵团团围住,并指手画脚地争吵着。原来,"村民们"认为,被美军扣押的不是恐怖分子。几名士兵请出"族长"到屋内商谈,局面平息后,人们才渐渐散去。这一教程考验的是士兵的危机处理能力。

美军士兵模拟训练与阿富汗百姓交流

　　据说,村边的树林里设置了好多爆破点,专门模拟汽车炸弹爆炸的情景。一名扮演恐怖分子的阿富汗人在树林里蹲守。这样的训练,美军士兵们每天都在重复。他们一般早上5点半开始训练,每天训练10到14小时。他们一般4人一组,由一个教官带领,按当天教程参与各种情景演练,完成后由教官和阿富汗人担任的"文化顾问"进行点评。

　　在美国宣布了伊拉克撤军计划之后,美国的海外战场重心转向阿富汗。这种训练的目的是让美军提高对阿富汗战场的适应性,最大限度地减少伤亡。士兵们在训练中心接受为期21天的针对性训练,内容包括突击、巡逻、警戒、搜查,以及与当地头面人物打交道、和当地老百姓沟通等等。这样的训练中心在美国有两个,另一个是位于加州的"国家训练中心"。

　　训练中心的模拟场景和阿富汗实地的差别有多大?虽然美军力求真实,但和阿富汗的差距还是很大。一名曾扮演阿富汗居民的人介绍说:"阿富汗没有那么多树林和池塘,地形主要是山地。"他认为,美军士兵到阿富汗会发现非常不一样。

美军士兵也有类似的感受。士兵菲利普斯说,他第一次到阿富汗时感受到了强烈的文化冲击。曾在阿富汗服役的教官查尔斯意味深长地说:"去之前我以为自己对阿富汗已经相当了解了,但到了那里才领会到'了解'的含义。"

无独有偶,在新墨西哥州的沙漠美军也在进行综合环境训练。十几名美军士兵小心翼翼地穿过灌木丛,向一座建筑物推进,手持激光步枪不断向敌军开火。50英里外的得克萨斯州西部,其他士兵通过直升机和坦克模拟器给陆军的演习提供空中和地面支援。而在布利斯堡指挥中心,一位陆军主管在电脑屏幕前监视着这一切。美报称,演习的真正目的是以高科技的方式全面评估士兵的战术能力。

美国《华盛顿时报》网站指出,这次演习是美军新虚拟程序的一部分,该程序能记录陆军训练任务的每一个环节,这样士兵可以像电脑游戏回看那样研究地面和空中部队互动的效果。此前的平台无法完全实现坦克与直升机的整合,而该系统是对此前平台的重大升级,它将在美国国内外的军事驻地推广。

报道指出,美军的"综合训练环境"系统旨在降低成本、锻炼士兵与各种部队的互动能力并对越来越多结束海外部署的士兵进行更为便捷的训练。然而,该系统不是要取代实弹训练,而是让士兵为实际演习做好充分准备。在演习中操作坦克模拟器的军士长唐纳德·琼斯说:"(训练让士兵)通过重复形成肌肉记忆……所以当我们在伊朗、叙利亚、非洲时,它将发挥作用。"

在指挥中心,几十台电脑运行模拟系统,能够在一个巨大屏幕上重新回放整个演习。现实和虚拟部队在回放中无缝对接,就像电脑游戏让玩家能够旋转画面,从任意角度观看任务进程。演习结束时,步兵部队发射了数百枚炮弹,扫清了几栋建筑,寻求了炮兵支援,所有这些都被"综合训练环境"记录下来。指挥官能在回放中看到地面部队如何在电脑模拟的炮火下作战,而坦克在几英里外相互开战。

报道称,一些士兵对该系统的新装备赞不绝口,他们的头盔中装有更加轻便的激光传感器。演习后,维克托·科隆长官询问了他所在部队的演习情况。他说:"刚过去的演习就好像我的脑袋后面装了一个电视屏幕。"

琼斯和他的3人工作组在演习训练前检查了坦克模拟器,他们走进面包车大小的棕色盒子里,看到其内部完全符合坦克实际的内部情况。监视器上显示其他坦克、直升机的数字图像,还有电脑制造的参与演习的敌人。几英里外,直升机飞行员在两辆并排停靠的拖车里测试他们的模拟器。驾驶员座舱里复制了普通直升机的全部控制系统,并首次让飞行员能够与没有预装系统的坦克进行互动。

练兵练心需要统筹兼顾:"七仙女"医护宣传一肩挑

1934 年 11 月 16 日,中共鄂豫皖省委和红二十五军近 3000 名指战员,高举"中国工农红军北上抗日第二先遣队"的旗帜,告别了大别山区的河南罗山县何家冲,开始了长征。在这支浩浩荡荡的红军队伍里,有 7 名女战士格外显眼,她们就是被称为"七仙女"的红军医院女看护:周东屏、戴觉敏、余国清、田喜兰、曾纪兰、张桂香和曹宗楷。

红二十五军进入陕南后,蒋介石调兵遣将,从 1935 年 1 月起,连续两次派重兵对鄂豫陕地区进行疯狂围剿,企图把红二十五军消灭在这里。红二十五军奋力反击,在反"围剿"斗争中连战皆捷。战斗的胜利,为建立和巩固根据地创造了条件。部队一面作战,一面派遣部分干部和战斗连队到地方发动群众,建立地方武装和基层政权。医院随部队行动,7 名女战士的任务相当繁重,她们既要抢救和看护伤病员,又要当宣传员。她们在庆祝解放大会上演出节目,向群众宣传党的政策和主张,宣传红军是穷人的队伍,动员群众起来打土豪分田地,建立苏维埃政权,号召青年踊跃参加红军等。军政治部根据这些内容编排节目,有时她们还自己编些新词配上老调,连夜进行排练,然后登台演出。唱歌、跳舞、演新戏,她们并不擅长,都是现学现演,但每次演出,总是人山人海,老百姓特别喜欢看。群众渴望听到共产党和红军的声音,群众的情绪鼓舞着每一个红军战士,也激励着她们自己。

她们的宣传收到了很好的效果,很快便打破了国民党反动派和地方豪绅的造谣欺骗。在红军没有到达之前,地主们时常散布谣言,说共产党"共产共妻",要杀所有的人,掠夺一切财产,并且强迫所有的人跟着他们逃跑。因此,红军每到一个地方,当地的人非常稀少,但经过三四天的宣传之后,大批的群众就回来了。

1935 年 8 月 15 日,红二十五军进入甘肃静宁县回民聚居的兴隆镇。为尊重回族人民的宗教信仰和风俗习惯,部队在进入兴隆镇之前,进行了党的民族政策教育。红二十五军的民族政策得到回族同胞的拥护,回族群众像迎接亲人一样欢迎红军的到来。尤其是这几位女战士,更受到了回、汉族妇女的特殊优待。她们怀着无比羡慕和敬仰的心情,热情地将女战士们拉到家里去,请她们吃饭,像对待亲姐妹一样。

女战士们还在医院院长钱信忠的带领下,深入到群众家里,热心为病人治病。她们的实际行动,使当地回族人民深受感动,连声夸赞"红军好"。3 天后,部队离开兴隆镇时,男女老幼站满街道两旁,敲锣打鼓,鸣放鞭炮,端着点心油果,为红军送行。在战斗频繁、工作紧张、宣传任务繁重的情况下,曾纪兰、曹宗楷倒下了。她们默默地长眠在漫漫征途上,像大别山一样朴实无华。山风吹拂着她们,绿水环绕着她们,草木和四季陪伴着她们。曾纪兰、曹宗楷的倒下,没有吓倒其他的几个人,她们继续走在长征路上。道路坎坷,征途漫漫。红二十五军转战到达陕甘边境的黄土高原时,发生了严重的粮荒。没有粮食,战士们经常挨饿,只得向当地群众购买一些土豆和作马料用的黑豆来充饥。当地缺水,土豆就连皮带泥蒸熟吃。部队翻山越岭走了几天,许多战士饿得甚至昏倒在路上。5名女战士以坚强的意志战胜了艰难困苦,于1935年9月15日,随着大部队来到陕北延川县永坪镇,同刘志丹率领的红二十六、二十七军胜利会师。

虚拟训练也有真实体验:电脑游戏练兵

利用电脑游戏练兵的做法引起了各国军队越来越大的兴趣,除美国外,不少国家的军队也相继开发了专门用于本国军事人员培训的军用版电脑游戏。虽然电脑游戏不是战争,战争也绝不是游戏,但电脑游戏在很大程度上推动了战争艺术的变革。

《使命召唤4:现在战争》游戏截图

海湾战争爆发前,有两位年轻的美国军官突发奇想:能否先设计战争再打?靠什么设计?电脑游戏就可以。这一方案真的被采纳了。美军用RDA公司开发的军团战斗作战电脑模拟系统,对地面作战行动计划进行了模拟分析,获得了俗称"4天计划"或"100小时战争"的作战方案。实践证明,海湾战争最后决战的一幕"沙漠军刀"行动,与传统战争不同,地面作战行动一切都在掌握之中。后来"沙漠军刀"行动的结果证明,电脑模拟精确地描绘了实战,而实战又忠实地体现了电脑模拟。

美军电脑游戏集声光电于一体,模拟战场逼真,实战氛围浓烈,用于部队训练有着天然优势。如红色风暴娱乐公司、互动魔力公司、时间线公司等"挖"来大批业内专家和高手,短短几年就推出多款用于部队训练的电脑游戏。

据了解,美国陆军开发了号称"史上最真实的军事模拟游戏"(简称DSTS),项目总投资5700万美元。这套模拟系统允许美国陆军在一个虚拟的视频游戏环境内训练士兵对真实的天气和环境的适应能力,以及对小队控制和行动感应器的熟悉程度。DSTS可模拟出士兵前往伊拉克、阿富汗等地投入实战的相关画面,让士兵在虚拟的视频游戏环境内训练对真实的天气和环境的适应能力,以及对小队控制和行动感应器的熟悉程度。美国计划截至2012年1月在全球范围内部署102个这样的模拟系统。

与美军所用的电脑游戏相比,俄军中所用的训练游戏不光追求逼真,还竭力提高对抗难度,有些虚拟的战场环境几乎恶劣到了"蛮不讲理"的地步。

2003年10月,为确保成功营救被恐怖分子困在莫斯科轴承厂文化宫的人质,俄"阿尔法"特种部队运用电脑游戏技术,将文化宫的设计蓝图转换成三维布局图。通过游戏界面,特战队员先"进入"虚拟的文化宫,"摸索"路线,"熟悉"环境,并多次模拟演练了释放化学气体,掌握可靠方法和可能产生的后果。借助高度仿真的电脑游戏,俄特种部队制订了营救方案。事后俄军有关负责人表示,电脑游戏对此次行动的顺利实施起到了极为重要的作用。

目前,俄罗斯利用电脑游戏练兵现已形成惯例,而且特别强调电脑游戏对抗训练,在"虚拟战场"中培养官兵灵活机动战术。俄军认为,运用电脑进行新兵入伍军事模拟训练,是一种可以最大限度贴近实战的训练方式。随着越来越多的游戏迷士兵入伍以及电脑技术的发展,俄军越来越多地将电脑游戏应用到军事训练当中,游戏在他们眼前已经不仅仅是"纸上谈兵",而是能够身临其境让他们真的产生"心跳"感觉的实兵作战。

英军认为,运用电脑游戏进行军事训练,是一种可以最大限度贴近实战的训练方式,因为受训人员可以随时"进入"高山、丛林、沙漠、城市等地域展开"对敌作战",实现战术与技术、技能与智能的有机结合。

2003年伊拉克战争爆发以后,英军有不少官兵前往当地作战,其中接受过电脑游戏训练的达到90%。英军实践证明:利用电脑游戏训练士兵,作战生存率明显提高。利用电脑游戏练兵引起了英国军队的兴趣,也相继开发出了专门用于本国军事人员培训的军用版电脑游戏。此外,英国皇家空军还将"旋风"和"台风"战机模拟器,与英国空军作战训练中心联网,飞行员驾驶模拟器展开较量,训练结束后则将模拟器上的数据输到真正的战机里,最终达到与实际空战相类似的效果。

电脑游戏通常可支持多位玩家同时联网操作,从而突出了联合战斗意识和协同作战观念。玩家在游戏中想打败敌方,就必须学会与盟国合作,士兵们可在虚拟战场空间里进行仿真的"协同作战"。

我国有句俗语:"打虎亲兄弟,上阵父子兵。"为什么有血缘关系的人在一起作战会有超强的战斗力呢?这是因为,每个成员更多地考虑现实团队的利益,而不是自身利益。只有大家齐心协力,才能保证父子兄弟的安全,才能完成共同的目标。而要提高团队协作的能力,在部队的日常训练中设置此类训练项目不是不可能,但是成本和效率方面存在着瓶颈。在虚拟世界中,这些问题迎刃而解,不同的上网玩家可以组成战队,互相掩护,互相协调配合,弥补对方的缺陷,以最少的伤亡赢得最大的胜利。

刺激自尊激发战斗精神：拿破仑巧用心理因素激士气

拿破仑作为一位著名的军事战略家，同时也是善于运用心理作战的战术高手。每当作战时，他总是能最大限度地发挥部队的精神因素。一旦遇到重大作战行动，他往往亲自率领近卫军主力决战。在激烈的战场上，他经常策马高岗，观察战况，一到时机成熟，即乘白马率部驰骋而至，大呼"陛下在此！"近卫军随之向主要方向猛攻，并高唱《马赛曲》，昂扬士气，其他部队随之相机疾进，敌人往往被其精神压制。

在其作战史上，有许多反映了拿破仑巧妙运用心理因素激发士气的经典战例。一次，拿破仑远征意大利，因装备和补给差，部队士气低落。为此，他发表了一篇著名的激励军心的文告："各位同胞！你们以敝衣劣食作战，政府乃不能对君等略有赐予，政府为此深感负疚。你们坚韧不拔的精神以及在此山区所表现出的勇敢，实可赞叹！然而你们却未能因此而享有赏赐和荣誉。今天我要率领你们向最丰沃的平原、最富庶之省份和人口众多的大城市进军。到时这一切将处于你们的权力之下，荣誉和威名、官位与财帛，将任诸位尽情取舍。法兰西的同胞们，难道你们竟缺乏勇气和忍耐，舍此而不为吗？"在他的激励下，部队终于克服了重重困难，取得了胜利。

在拿破仑征服意大利的曼图亚战役初期，法军因奥军取得最初的成功而被迫停止进攻。此时，有两个团的法军军心动摇，出现严重的畏敌心理，并在恐慌之中放弃了他们坚固的阵地。拿破仑得知此事后，带着沉重的心情来到这两个法军部队的驻地。他以悲伤和愤怒的声调斥责士兵们作为优秀的法兰西军队不该这样畏敌，更不该丢掉自己的阵地。然后，他命令参谋长立即在这两个团的团旗上写上"我们不再属于法兰西军队了"。

拿破仑指挥作战场景

士兵们面对斥责与耻辱，羞愧难当，哭着恳求拿破仑给一次考验他们勇气的机会，而不要立刻让他们蒙受这一终身耻辱。其实拿破仑早已料到，对法国士兵讲这番话必然会产生这样的效果。于是他答应了士兵们的要求。果然在后来的战斗中,这两个团的士兵英勇杀敌,为整个战役的胜利做出了贡献,从而把一切污点都从他们的团旗上洗刷干净。

在拿破仑东征埃及以最终征服印度的战争中,部队一连数日行进在浩瀚的沙漠之中。因为阿拉伯人事先把为数甚少的水井都掩埋了,所以法军在行军中干渴难忍。有时士兵们花好大的劲才找到一口只有一点水的井,他们就蜂拥而上,常为一点水而大打出手。部队士气处于极度低落的状态,士兵们几乎是在挣扎着向前迈步。连那些英勇的军官们,也不由得忽而狂怒,忽而绝望,精神极度沮丧。

拿破仑发现这种情况,就来到士兵中间。有的在人群中大胆地说:"好哇,将军,你就这样把我们带到印度去吗?"拿破仑立即反驳说:"不,我才不愿意带你这样的士兵去执行那个任务呢。"这句话深深地刺激了法国士兵的自尊心,说那话的人和他的伙伴们不由得感到十分羞愧。于是他们又重新振作起精神,顽强地战胜干渴带来的痛苦,终于顺利地到达了尼罗河边。

率先垂范士兵受到鼓舞:周恩来率众搓米

1934年12月,中央红军长征到达了贵州。一天,夜幕降临,百鸟归林,部队宿营在一个小县城。这个小县城平常很寂静,很难见到人影,许多居民的房子里没有光亮,连鸡狗的叫声也很稀少。

炊事班的战士们背包一放下,就挑着箩筐采购食物。他们走东街串西巷,见着有灯光的房子就敲敲门,可是老百姓一看见他们就急忙把门关上,再也不肯打开。结果炊事员们一点粮食也没弄到。这到底是怎么一回事呢?原来国民党造谣说红军是"红匪",烧杀抢掠,无恶不作。当地许多居民在国民党的欺骗和威逼下带着粮食和生活用品逃到深山里去了,即使有留下来的,一见到红军也就赶紧躲藏起来。

好在红军有前卫部队,他们个个都是钢铸铁打的汉子,每次都走在前面,不但扫清了红军前进道路上的障碍,而且获得了很多情报和物资。这一次也不例外,他们千方百计地搞到了一些粮食,炊事员们可有米下锅了。当他们兴高采烈地到供给部领取时,却都傻了眼。原来领到的不是米,而是没有脱壳的稻谷,这可怎么办?于是,大家又不得不去找脱米的工具,但令人失望的是,什么水磨呀,石臼呀,一样也没找到。难道这里的群众都是吃谷的吗?不是,这些脱米的工具能搬的都

长征中的周恩来

收藏起来,不能搬的都破坏了。敌人企图用这种方法来饿死、困死红军。

大家眼巴巴地望着稻谷不能脱粒成米,心里又气又急,总不能把谷子放到锅里煮着吃呀!本来已经行军了一天的战士,见早餐无望了,"饱吃不如饿困",都把裤带勒紧,索性倒头睡觉。炊事班的战士们见了这种情况,心里很不好受,急得团团转。

这件事很快被周恩来副主席知道了,便立即召集干部们开了个会。在听取大家发言之后,周副主席用坚定的语气对大家说:"一定不能让同志们饿肚子,我们要想办法让大家吃上饭!没有工具磨稻谷,就动员大家用石头、用瓦片搓,就是用手也要把米搓出来!"

周副主席这一席话,把大家的心里说得顿时亮堂起来,人们纷纷议论开了:"对,红军没有克服不了的困难,我们没有磨米工具,但还有石头、瓦片,我们还有这一双手呢!"一位同志高高举起自己紧握的双拳坚定地说:"对!众人拾柴火焰高,大家齐动手,一定能克服这个困难!"又一位同志长长的胳膊在空中画了个大大的弧。

大家情绪高涨起来,一致决定:人人动手,每个干部、战士都要搓出够吃三顿的米来!散会后,战士们都到炊事班领取了稻谷,又到外面拾来石头、瓦片,紧张地搓起来。顿时,在营房内外,响起了"叽咔、叽咔"的搓谷声,汇成了一支艰苦奋斗、自力更生的乐曲。

周副主席也从外面捡了两块瓦片,并且亲自去领了稻谷,坐在一个小凳子上,"叽咔、叽咔"地搓了起来。他左手在上,右手在下,既省力又均匀,一下一下地搓着,搓着,只见那黄黄的谷壳慢慢地脱去了,露出了白白的米粒。接着,他又用脸盆装着,站起来看了看风向,轻轻地簸动了几下后,又轻轻地吹去了糠皮,把白米装进碗里……

周副主席那样认真地、不停地搓谷,早被他的警卫员小魏发现了,小魏看见首长搓好了一碗,又搓一碗,便走到周副主席面前抢着装稻谷的盆子说:"首长,您不要搓了,我们保证按组织规定,搓够每人吃三顿的米。"

周副主席头也没抬,一边搓一边反问道:"为什么?"

小魏觉得满有道理地说:"您是首长,时间宝贵,还有更重要的工作!"

"正因为我是首长,才更应当搓哩。"说着,周副主席抬头看了看小魏为难的样子,换了比较温和的口气说:"我提出让大家动手搓米,自己怎么能不搓呢?在我们红军队伍里,战士能吃苦,干部就更应该能吃苦!"

一席语重心长的话,使小魏默默无言,他一声也没吭,走回自己的位置,拿起瓦片又埋头搓着,仿佛手上的劲又大了许多。

在周副主席的号召和领导下,部队的每个指战员都投入了搓谷的战斗,从街头到街尾,从场外到屋内,到处都响起了搓稻谷的声音。有瓦片对瓦片搓的,有石头对石头搓的,还有的干脆直接用手掌搓。

高个儿战士大吴,少年时曾经给地主当过长工,每天起早贪黑地干活,双手磨出了厚厚的硬茧。平时,如果他用手拍谁一下,谁就疼得直咧嘴。可现在,他那长满厚茧的双手已经磨起了好几个血泡。自己的任务完成了,又帮别人搓。大家都劝他休息,他只是头也不抬地拼命搓,快速地搓着,搓着……

突然,"呀"的一声传来,大家不禁抬头一看,原来是大吴身边的一个战士由于用力过急过猛,两块石头硬是把手掌挤掉一大块皮,滴滴鲜血淌在了米碗里,将雪白的米浸成了一片红色。年轻的女卫生员赶紧跑过来给他包扎,边包扎边心疼地掉眼泪。大家都去抢他的稻谷,不让他搓了,可他仍执拗地用受伤的手搓着,搓着,偶尔还不时冲大家咧咧嘴,发出带有疼痛的笑声……

远处,除了偶尔传来几声狗叫,在这寂静的小县城里就是战士们的搓谷声了,这"叽咔、叽咔"的声音在小城的上空激荡着,回响着,仿佛赞叹着红军战士不畏艰难困苦的精神……

经过两个多小时的紧张劳动,每个人都超额完成了任务,解决了当前最紧迫的吃饭问题。大家看着自己搓出来的稻谷,心里有说不出的高兴,都感到甜滋滋的。有一个爱好文艺的小战士还把搓稻谷的瓦片当竹板儿敲起来,边敲边顺口编出一段快板:"打竹板呀搓稻谷,叽咔叽咔受鼓舞。搓得敌人干气鼓,搓得红军好威武!你问战士苦不苦?"

"不苦!"全体战士异口同声地回答!可爱的红军战士就是以这种不怕苦的、乐观的精神渡过了一个个难关。

超越心理极限的北极熊:俄罗斯特种部队训练

随着以信息技术为核心的高新技术在军事领域的广泛应用,高精度、大威力的制导武器大量装备部队,使得战斗的突然性、残酷性大幅度提高,突如其来的危险和意料之外的重大事变,容易使参战官兵猝不及防,失去心理平衡。加之敌对双方均注重通过威胁宣传、制造恐惧等手段实施心理战,参战官兵又容易产生紧张、恐惧、悲观和消沉等不良心理状态。

为应对各种严峻挑战,适应复杂恶劣的战场环境需要,必须强化军人的心理训练。俄军特种部队在强化特战队员极限训练和心理训练方面有一些做法及成功经验,值得学习和借鉴。

俄罗斯有两把打击恐怖主义活动的"尖兵利剑",一个是闻名遐迩的"阿尔法"

特种部队，另一个就是联邦安全局下属的"信号旗"特种支队，二者的最大区别是前者主要在国内从事反恐怖活动，后者则在国外专门进行反颠覆和警戒俄罗斯驻外目标。由于"阿尔法"近年来多有披露，其行动也受到众人关注，因而许多人对它耳熟能详。但对"信号旗"特种支队却少有所闻，原因是自组建之日起，它就是一支神秘的超级特种部队，很少公开露面，加之大多在俄罗斯境外行动，所以"信号旗"支队始终披着一层神秘的面纱。近日来，俄罗斯许多报刊杂志相继介绍了有关这支神秘部队的行动资料，才使得"信号旗"的神秘面纱渐渐撩开。

俄罗斯特种部队在训练

20世纪七八十年代，苏联"阿尔法"特种部队在国内反恐怖战场上屡立奇功，令猖獗一时的恐怖分子闻风丧胆，这也令苏联领导人很受鼓舞。尤其是"阿尔法"特种部队勇夺阿富汗首府阿明宫的成功，使苏联领导人更加觉得，建立一支专门执行境外特种作战任务的部队是十分必要的。以后不久，随着国际斗争形势的发展，苏联领导人决定正式建立一支专门用于境外的特种部队，这支特种部队就是现在的"信号旗"特种部队。1981年8月19日，苏联部长会议和苏共中央政治局举行秘密会议，商讨在克格勃系统内秘密组建一支"绝密支队"，专门用于在境外从事秘密特工活动。苏联最高领导人的决定得到了与会代表的一致同意，并委托克格勃"C"局具体负责组建特种部队。新的特种部队取名为"信号旗"，由攻打阿明宫的英雄，海军少将埃瓦尔德·科兹洛夫负责指挥。在组织编制上，"信号旗"列入克格勃"C"局，即境外秘密谍报局。

除少数人外，没有人知道"信号旗"特种部队的存在。它的名称是"苏联克格勃独立训练中心"，部队番号为35690，后来改为5555。"信号旗"特种部队通常以班为单位进行活动，在战斗时，以小组为单位行动。每个班的人数从10人到30人不等。情况紧急或需要时，几个班就可迅速联合在一起，组成一支较大规模的部队。

"信号旗"队员的选拔十分严格，不仅政治上要合格，绝对忠于祖国，效忠国内最高领导人的指示，而且要具有优秀的业务素质、身体素质和心理素质，熟悉某国的风土人情。对于候选人员首先是调查他的档案，然后进行面谈。条件符合要求的候选人报克格勃领导审批。之后是为期两个月的试训和考试。考试合格后，这些候选人被正式录用，成为"信号旗"特种部队的一员。到1991年年初，"信号旗"特种部队已发展到 1200 多人,其中 90% 的队员是军官,士兵和准尉只能在保障分队里服役。由于时间紧张,"信号旗"首批队员首先从"天顶"和"瀑布"特种部队中挑选。以后主要从国家安全机关、空降兵、边防军、中级军事院校优秀毕业学员中遴选。年龄限制在 22~27 岁,一般为 15~20 个候选人才能选中一个,到 35 岁退役,前后只有 10 年服役时间,而且前 5 年主要用于训练。

挑选"信号旗"特种部队队员的另一个重要的条件是外语知识。一般候选人要懂两门外语。其中,一门外语要精通,第二门外语应能借助词典翻译书面材料。

如同"阿尔法"特种部队一样,"信号旗"特种部队的队员都是"超人",个个骁勇善战,人人身怀绝技,这主要是严格训练的结果。入选"信号旗"之后,所有队员都要重新进行基础教育培训、特种教育培训和专业技能培训。虽然"信号旗"所有队员都受到了高等教育,但还必须花费很长的时间训练,才能成为"秘密战的职业队员"。

训练科目包括一般体能训练、徒手格斗、射击训练、驾驶、地雷爆破、使用电台、小分队战术、侦察、空降、攀岩、游泳、医疗救护等。以上各种技能只有通过号称"炼狱"般的 4 个训练阶段才能完全掌握。

第一阶段为基础训练阶段,队员全副武装地进行 10~15 公里的越野和急行军,穿越茫茫原始森林和沼泽地带,要求队员在充满腐烂尸体、水蛇、尖桩和陷阱的泥水中匍匐前进。此时,要求队员克服极度恐惧心理,处处小心,以防掉进预先设置的陷阱,从而失去继续参训的机会。

第二阶段为生存和耐力训练。队员在漫无边际的荒野里就地取食谋生,与此同时还要在有敌人追击的情况下巧妙地隐蔽自己。

第三阶段为特殊条件下的行动训练。某特种训练中心,完全按照某些国家的地形地貌和主要城镇,以及风土人情等进行设计,就连街名等也与那个国家一模一样。要求"信号旗"队员针对不同"国家"进行针对性训练。队员身临其境,好像真的到了该国。此时,队员被要求讲该国语言,还要讲地方土语,同时还要执行诸如到某处去送秘密情报等特殊任务。

第四阶段为实战训练。包括徒手格斗、射击训练、驾驶训练、地雷爆破训练和电台训练。如果说"信号旗"特种部队在国内主要是训练的话,那么在国外就是真刀实枪的战斗,那时队员们凭借的绝对是平时练就的基本功和潜能。通常情况下,"信号旗"队员在国外执行任务的时间大都为半年,有时会稍长一点。

"信号旗"队员被派往国外都是秘密进行的。在那里,他们迅速且仔细地熟悉和了解某个日后将要消灭、炸毁或保护的使馆、领馆、核电站和通信枢纽等设施。这时,他们所用的不是地图,也不是看录像,而是实地勘察。有时,"信号旗"队员被派到古巴、尼加拉瓜、越南等国，与其侦察破坏部队进行联合演习，而在安哥拉和莫桑比克则充当军事顾问，在原东德和罗马尼亚与同行搞反恐怖演习。如同"阿尔法"特种部队一样，"信号旗"特种部队接受的首次严峻考验是在阿富汗。

在阿富汗战争中，"信号旗"特种部队的主要任务是进行秘密破坏行动和搜集情报。为此，参战的"信号旗"特种部队的队员多次深入敌后，对阿富汗游击队进行分化瓦解，散布假情报，以及解救人质，多次出色地完成了任务。

锻造军人钢铁般的神经：良好心理素质助飞行员敌后逃生

军事心理学研究表明：军人的心理素质在作战中极大地影响着其技术、战术水平的发挥，是部队战斗力的重要组成部分。1995 年 6 月 2 日，北约飞行员奥格雷迪所驾驶的飞机被波黑塞族地空导弹击中，他在弃机潜伏 6 昼夜之后死里逃生。他之所以得以生还，除了北约完备的救生设备和他本人过硬的军事素质外，良好的心理素质是重要原因。军人心理素质训练是指有意识、有计划、有步骤地对军人心理施加某种特定的影响，以提高其心理活动水平的一种训练活动。心理素质的优劣决定情绪活动的稳定性，通过心理素质训练，可以改变军人的认知结构，使其形成良好情绪反应模式，从而保持情绪活动的稳定性。

2003 年 4 月美联社报道了美军飞行员敌后逃生故事，也验证了心理素质训练的重要性。美军"小鹰号"航空母舰上——两名美军飞行员在其驾驶的 F-14"雄猫"战斗机发生机械故障后，在伊拉克境内沙漠里跳伞。当救援直升机赶来并询问他们是否还能走路时，他们马上给予了肯定的回答。

"我能走，只要你告诉我正确方向就行。"其中一名外号戈多的空军少校机组人员回答道。戈多，这架飞机的雷达截获官和飞行员文尼上尉在敌后度过了一个令人恐惧的夜晚，经过一次戏剧性的营救行动之后，于周三回到了"小鹰号"航母上。

他们所驾驶的 F-14"雄猫"战斗机，是一种于 20 世纪 60 年代研发并投入使用的超音速飞机，是美国海军最老的飞机型号之一。当戈多和文尼在早上 1 点 50 分执行一次轰炸任务时，他们驾驶的飞机发生了机械故障，导致左边的发动机引擎熄火。在右边的发动机耗尽燃油之后，这架"雄猫"战斗机最后在伊拉克南部沙漠里坠毁。

这是伊拉克战争开始以来，美军首次承认其战机在伊拉克境内坠毁，这也是24 小时内美海军因事故或机械故障而损失的第三架飞机。另两架飞机的飞行员也成功获救。"小鹰号"航母战斗群的司令官马修·G·莫菲特少将表示战机的坠毁并不会影响 F-14 战斗机在伊拉克战争中的继续使用。

　　文尼和戈多,并不是这两名飞行员的真名,而是他们无线电联系中的代号,他们不愿透露自己的真名,因为他们不愿被更多的人知道在执行一项伊拉克常规轰炸中的任务时他们差点被俘的事实。

　　当投下炸弹之后,文尼和戈多向空中加油机定下的集结点进发。在该集结点,空中加油机将给他们的飞机提供足够的返航油料。就在这时,文尼发现左边发动机出了问题。

　　正如计算机重启一样,文尼关闭了发动机引擎,然后试图通过再次打火将它发动起来,但是失败了。于是,文尼和戈多对机上的设施进行了调整,以将供给左发动机的油料转向右发动机,这样他们就能撑到与空中加油机定下的集结地,然后成功返航。

　　但是油料传输系统也出了故障,数字不断下降。文尼和戈多眼睁睁地看着右发动机的燃油指示盘的指针慢慢地向零靠近。

　　"我们感觉到了有些不妙,该来的时候终于来了。"来自弗吉尼亚 32 岁的文尼说。坐在飞机前部驾驶员位子上的文尼给坐在后面无线电和雷达控制系统位子上的戈多读出了不断缩小的油料数字。

　　"我只是想让他知道我们的油料不断下降的状况。"文尼说,"在油料数字下降到 200 磅的时候,我们的右发动机也熄火了,而发动机启动按钮似乎卡住了。"

　　这时他们知道他们该做什么了。"该行动了。"文尼说,"戈多对我喊了三次'弹射',然后就拉下了弹射杆。"飞机座舱顶开了,他们两个被抛向了空中。

　　"这真是一个超越现实的体验。我们从温暖舒适的驾驶舱被弹到了外边强烈的寒冷气流中,然后降落伞开了,我们开始在伊拉克上空飘荡。"来自佐治亚州 39 岁的戈多说。

　　头上顶着降落伞飘行的戈多和文尼亲眼看着他们驾驶的价值数百万美元的飞机坠毁在地面上并发生了爆炸。令他们两人欣慰的是没有看到空中出现别的亮光——这意味着敌人的防空炮火。

　　戈多说,他被迫决定弹射时的第一感觉是愤怒和怀疑交加。"你无法相信这一切发生在了你的身上。"但是他随后的感觉就变成了恐惧。"当我着陆时,我开始发抖。"戈多说,"因为我们着陆的地方不是一个安全友好的地方。"按照常规,"雄猫"战斗机都是两个一对执行任务或者由 F/A-18"大黄蜂"战斗机护航。在周三,另一架与他们一同执行任务的"雄猫"战斗机看到了他们飞机故障并坠毁的情况,并马上通知了在科威特待命的直升飞机中队他们的位置。"小鹰号"航母战斗群司令莫菲特少将说,援救队以"相当快"的速度到达了跳伞飞行员的位置。但是对戈多来说,速度还不够快。当问及他们在伊拉克境内待了多久时,戈多说:"我不知道。看起来时间好像没有尽头。这就是我的感觉。"戈多表示,当救援队找到他们并扶他们上飞机之前,还跟他们开了个小玩笑。除了左手擦破了点皮之外,戈多说他和文尼没有受伤。戈多和文尼说他们会进行几天医疗休养,但是一旦需要,他们将马上重返作战岗位。"如果他们允许的话,我们明天就走,"戈多说,"我们还好,但是良好的判断是英勇的另一面,所以我们在回来战斗之前还要小小休养一下。"

以苦为乐砺出高昂士气:红军长征中的趣味运动会

高原运动会。红军在炉霍期间,为了活跃长征途中的部队生活,鼓舞士气,朱德总司令倡议举行一场别开生面的运动会。在这次运动会上,最别出心裁的项目要数朱总司令提议增设的烧牛粪比赛了。这次运动会内容十分丰富,有球赛、赛跑、跳高、跳远、跨越障碍,有刺杀、投弹、骑兵表演,也有识图、测距、识别和利用地形地物。整个比赛场上,掌声、笑语、刺杀的吼声、战马的嘶鸣声交织在一起,其势犹如云水翻卷,风雷激荡。运动会从1936年5月1日开始一直到5月3日。5月3日下午,进行了最后一个项目:烧牛粪比赛。这是朱总司令建议增设的一个项目。因为部队不久就要进入草地了,朱老总根据自己的经验,得知茫茫草地不但无粮可补,有时连柴火也难找到,只能用牛马粪作燃料,用来烧水作饭。他对大家说:"别小看这烧牛粪,不懂门道还真烧不好。"

这个项目的比赛规则是,看谁先点着升起火苗。比赛开始了,随着点火的信号声响起,数千名红军战士几乎在同一时间划着了火柴。一会儿,宽阔的平地上到处冒起了青烟。青烟越拉越长,越滚越大。数千条烟龙汇合在一起,翻动飞腾,直上青天。一直在观看比赛的朱总司令和徐向前总指挥,不时发出爽朗的笑声。他们高兴的是,广大红军指战员又掌握了一项草地生存的本领。

织毛线活比赛。1935年4月27日,贺龙、任弼时等率领红二、六军团胜利渡过金沙江。朱总司令闻讯,立刻发去贺电。喜讯传开,炉霍顿时成了一片欢乐的海洋。高兴之余,大家心里又犯难了,战友就要到了,他们历尽艰辛,远道而来,总该有份礼物表表心意吧!可当时四方面军的同志,在川康一带的雪山草地转战数月,除了身上褴褛的衣衫外,哪里还能拿出一件像样的东西?

又过了3天,总供给部传来一个通知:让各单位派人去领羊毛。原来,自从得到即将和二、六军团在甘孜会师的消息后,朱总司令和总部其他首长一起就怎样做好迎接二、六军团的工作作了具体、周密的安排。朱总司令考虑到二、六军团的同志从南方过来,不久就要进入人烟稀少、气候多变的草地,迫切需要御寒的衣物。他指示供给部门,迅速把以往缴获的羊毛分到每个指战员手中,动员大家织袜子、手套、毛衣、毛裤,作为会师的见面礼。

在朱总司令的倡导和带动下,红四方面军从上到下开展起一个热火朝天的织毛线活比赛。经过一段时间的摸索实践,一件件成品从官兵们手中源源不断地产生并交了上来。朱总司令看后十分高兴,经常表扬一些织得快、技术好的同志,还组织各单位推荐一些质量较高的毛线织品,让大家互相传着学习。红二、六军团转战湘、鄂、黔、滇、康5省后,于6月抵达甘孜。会师那天,当红军总部和四方面军的指战员郑重地献上早已准备好的两万余件羊毛织品时,红二、六军团的同志们深受感动,眼里含满了难以抑制的喜悦泪水。

担架上拔河。1935年2月,为掩护中央纵队渡过湘江,红三军团五师十五团团长白志文不幸被敌人的子弹击中了右肺,进入中央纵队休养连的伤员班被担架抬着随队前进。

除了白志文外,当时的伤员班有5个人:被炸伤了左胸的团长李寿轩,被炸断了一条腿的师政委钟赤兵,被炸伤了一只脚的师长张宗逊,被炸伤了腰椎的团长文年生,在一次战斗中伤了左腿的团长姚品,他们都是伤势很重的重伤员。

部队渡过金沙江后,彻底把敌人甩在了金沙江的对岸,行军途中歌声笑声也多了起来。虽说伤员班的人员都是团以上干部了,但也都是20多岁的小伙子,躺着几天不说话,憋得实在难受。

"白团长,唱支歌子吧,躺得心烦……"李寿轩团长侧躺在担架上对白志文说。听了李团长的话,白志文扯开嗓子唱了起来:"十月里来秋风凉,红军准备远征忙,星夜渡过于都河,新田、古破打胜仗!"

白志文一唱完,立刻就喊:"姚团长的江西民歌唱得好!"钟政委、李团长马上响应,逼得姚团长唱了起来:"送得哥哥前线去,做双鞋子送给你,鞋上绣了7个字,红军哥哥万万岁!"

听他们这么一闹,伤员班的同志们都扯开喉咙唱了起来。直到大家唱得都没了词,姚团长提议道:"能搞点体育活动就好喽!躺着不动,全身酸疼。"

白志文灵机一动,顺手把一只拐杖伸到他的担架上说:"咱俩拔河比赛!"姚团长抓住了白志文的拐杖,双方较上了劲。白志文因为肩上有伤,不敢用劲,被姚团长一下子拽下了担架。担架员急忙把白志文扶上去说:"首长摔坏了,我们可负不起责任。"白志文说:"为了不使担架员同志为难,到了宿营地,咱俩再拔,三局二胜!"

第二天,部队到了一个村子里宿营后,他俩又赛上了,最终还是姚团长把拐杖夺了过去。

第四章 谋略心理战

　　谋略心理战是指以谋略手段实施的心理战。针对敌人的心理状态,采用诡诈、示形、诱骗等手段与敌斗智,造成敌错觉和不意,使敌不自觉地按照心理战实施者的意志行动,从而以小的代价换取大的胜利。

　　谋略心理战的核心是斗将,即以对方指挥官为主要目标,瞄准敌指挥官的心理弱点,施计用诈,引导和控制其心理活动,使其判断失误,决策失措。为此,谋略心理战的实施者必须在智力上胜敌一筹,具备准确迅速的感知能力,精辟透彻的分析能力,创造性的思维能力,以及无畏的胆魄和坚强的意志等良好的心理素质。谋略心理战的基本手段是示形用诈,如用而示之不用,能而示之不能;强示弱,弱示强;实示虚,虚示实;怯示勇,勇示怯;有示无,无示有;退示进,进示退;声东击西;暗度陈仓;金蝉脱壳等。谋略心理战的基本原则是合意性和合理性。所谓合意性,即谋略的运用必须反映作战动机,与动机相一致,为总的作战意图服务。所谓合理性,就是谋略活动要符合作战对象的心理活动特点,使其感到合理可信。合意性中的意是主体作战意愿的一种表现,而合理性中的理是作战对象的心理活动规律。指挥员只有善于从主观动机出发,针对作战对象的各方面情况,恰当地设计谋略活动方案,使合意性与合理性辩证地统一起来,才能取得谋略心理战的成功。

　　在组织实施上,需要重点解决下面两个环节:第一,设谋。就是通过周密侦察了解,尽可能准确地掌握敌心理特征,尤其是心理需求,而后根据实战需要设计计谋。如海湾战争地面战中美军对伊实施的"左勾拳"计划,就是准确判断敌方心理需求而采取的心理战计谋。第二,用谋。"左勾拳"计划实施之前,美军第四心理战大队模仿其主力第七军,作出萨达姆所希望的仍在科威特边境活动的假象,而实际上,真正的第七军早已悄然挥师西进,神不知鬼不觉地转移到伊拉克南部,地面战刚一展开,就如利剑穿心般地从伊拉克南部直插伊本土纵深。这表明,提出谋略的一方,依谋而行的前提必须是与所施计谋相关的方方面面的因素,都要经过精心组织策划,做到天衣无缝,使敌难以找到破绽,借以支持所设计谋顺利达成实战效果。

冲破定式错觉重叠设伏:八路军七亘村连环伏击

"重叠设伏",这是一种前无古人的战法。三天之内,在同一地点连续两次成功伏击同一强敌,它的发明人是刘伯承元帅。这种战法,兵法中无记载,它打破了"用兵不复"的原则。

1937 年 10 月,日军占领石家庄后,沿正太铁路西犯。妄图一举攻取太原,掠夺山西的煤炭资源,瓦解国共两党的晋北抗日联盟。国民党军队作战失利,仓皇溃退,八路军一二九师在师长刘伯承率领下,挥戈东进。国民党第二战区副司令官卫立煌上将(1955 年从海外回归祖国),顿感惊诧和内疚。在与刘伯承将军通话时,卫立煌说:"国民党正规军装备好,熟谙阵地战术,尚不能阻遏日军侵晋,且竞相后退。八路军兵微械弱,缺医少粮,施行的游击战能跟日军相匹敌乎?盼将军谨慎行事……"刘伯承凛然答道:"国家兴亡,匹夫有责。反击日寇侵略,甘捐血肉之躯!"

抗日时期的刘伯承

经过缜密的侦察,八路军获悉日军劲旅第二十师团的迂回部队,在向山西平定开进,前锋直指太原。其辎重部队约千余人在测鱼镇驻屯,负责向前方供应弹药粮食。刘伯承判断:日军为了切实控制正太路南的平行大道,必然加紧从井陉至平定的小路运兵运粮。刘伯承判定日军将于 10 月 26 日经七亘村向平定运输军需品,即令部队利用七亘村、南峪之间的有利地形埋伏,计划在七亘村打一仗,钳制日军的迂回进攻,掩护娘子关友军。

七亘村是一个理想的伏击战场,它是井(陉)平(定)小道的必经之地,从七亘村往东到石门,正好是 10 里峡谷,谷深数十米,底宽不足 3 米,地势十分险峻。刘伯承经过实地侦察,选中了这个伏击阵地,随即命令八路军一二九师第七七二团第三营进至七亘村附近待机。

果不出所料,26 日拂晓,测鱼镇庞大的辎重部队,在步兵 200 余人掩护下向西开进,上午 9 时许,日军进入伏击区。一二九师第七七二团第三营的战士们放过敌人的前卫部队,向它的本队突然发起火力袭击。地形选得实在太便利了,陡坡顶上八路军的机枪、步枪"哗哗"地往日军的人堆里倾泻着子弹,手榴弹只消打开保险盖垂直往下扔。日军顿时像炸了窝的马蜂似的乱碰乱撞,死的死,伤的伤,有不少被挤下了深沟。在一阵短促猛烈的火力袭击后,战士们随着一片喊杀声,奋勇杀入敌群,跟日军展开了白刃战。有几名日军被战士们逼到了断崖边,战士们边喊边示意他们缴枪投降。日军竟毫不理睬,端着刺刀反扑上来。战士们毫不留情地击毙了他们。两个多小时后,枪声、喊杀声渐渐沉寂下来,日军除少数逃回测鱼镇外,其余全部被歼。此战八路军共毙敌300多人,缴获骡马300多匹和大量军用物资,八路军伤亡10余人。

当天,刘伯承得到情报:正太路西段的日军正向东运动,娘子关右翼的日军也正继续向旧关抄袭。他很清楚日军的意图是急于要打通正太路,从背后威胁太原。据此,他判断前方需要弹药和粮食急如星火,日军必然尽快再向平定运输军需品。七亘村仍然会是日军进军的必由之路,因为除此别无通道。再从日军目前的作战特点来分析,他们屡胜之后骄横得很,通常会发一股牛劲,向预定的目标执拗地突进,毫不理会一些小的损失。况且根据"用兵不复"的原则,他们万万想不到八路军会在同一地点重复设伏。于是,刘伯承断然决定还在七亘村再给日军一个突然打击。

于是,刘伯承便一面制造假象,佯装撤离远去,一面果断地在隔了一天后,于同一地点再次设伏。

为了迷惑日军,当27日日军派兵到七亘村来收尸时,刘伯承让一二九师第七七二团主力当着日军的面佯装撤退,造成七亘村无兵把守的假象。实际上第七七二团第三营绕了一圈又返了回来,集结在七亘村西改道庙公路南侧山地里。

28日晨,敌人的辎重部队果然循原路过来了,前后有100余名骑兵和300余名步兵掩护辎重西进。他们毕竟吃过亏,一路上加强了搜索警戒,遇到有可疑处便发炮轰击。到了七亘村附近,他们更加小心翼翼,朝村里村外进行了反复的炮击。第七七二团第三营的指战员们隐蔽在灌木、草丛和石洞里,沉着镇定,不发一枪。

11时许,日军进入了伏击地域。一二九师第七七二团第三营的机枪、步枪一齐响了起来,组成了严密的火网。这次日军已有精心准备,一遇打击便就地组织抵抗。第三营的战士们在兵力不占优势的情况下,仍英勇出击,将日军截成两段。负责增援的第二营因雨天路滑,未能按时赶到,因此第三营没能将敌人全歼。战至黄昏,敌人乘夜色朦胧,突围而出,一部向西逃往平定,大部向东退回测鱼镇。

这次伏击,击毙日军百余名,八路军又缴获一大批军需品和骡马。牵制了敌人,使困在旧关以南的国民党军曾万钟部1000余人,从敌人的包围中撤了出来。

刘伯承把缴获的战马、军刀、大衣、罐头、香烟等战利品,送给卫立煌一部分。卫立煌赞叹不已,称此战为"战史上的奇迹",誉刘伯承为"当之无愧的名将"。

第一二九师的两个团毕竟无法挡住数万日军的强大攻势,他们的积极战斗只能最大限度地起到牵制、迟滞敌人的作用。就在七亘村第一次伏击战同一天,日军攻占柏井，威胁娘子关与旧关国民党守军的侧背。娘子关防线上的国民党部队怕后路被切断，争相撤退。

刘伯承将七亘村连环伏击战，命名为"重叠设伏"。后来，不少国家的军事教科书增添了这一前无古人的战法。

灵活战术出其不意：罗炳辉歼灭顽军

1941年冬，国民党军桂系部队为策应汤恩伯集团东犯新四军苏北抗日根据地，于10月11日以第一七一师、第八、第十游击纵队各一部，先后侵占了淮南津浦路西新四军抗日根据地之广兴集、周家岗、大桥镇等地。该敌在占领上述地区后，又以五一一团主力驻广兴集，一部驻界牌集，一营（欠一连）、第八游击纵队一个大队以及伪定远县政府驻大桥，妄图向淮南津浦路西新四军抗日中心区蚕食进攻，逼新四军全部退出路西地区。

为了保卫津浦路西抗日根据地，稳定当地抗日局面，新四军二师罗炳辉师长经过认真分析研究和现场勘察，鉴于大桥守敌较为孤立突出，又是敌前哨据点的实际情况，决心从大桥守敌开刀，给敌以歼灭性的打击。罗师长同时考虑到，待我发起大桥战斗后，敌人势必拼死增援，据此，决定采取围点打援的手段，在攻点的同时，准备歼灭援敌一部。其任务区分是：令十一团歼灭大桥守敌；令十六团、十二团于大桥东南之新张家、庙后代附近地域，截歼由界牌集、广兴集方向来援之敌。

十六团首长根据罗师长围点打援的总意图，首先对敌情作了分析：认为桂顽均系广西人，具有乡土整体观念，战斗中均比较顽固，且装备较好，战斗动作比较熟练，战术也比较狡猾，而且善于村落防御。针对这些特点，决定以伏击手段歼敌于运动之中。接着团首长率领全团连以上干部到新张家附近进行现场勘察，查明了新张家附近的地形情况。新张家位于安徽定远县南部，西北距大桥镇约5公里，东南距界牌集7公里，是两地来往的必经之路。新张家东北侧地形起伏，西南侧平缓，东北2公里处有个小山包，山包上有个土围子，当地人把这个土围子称为"普益公司"，它的四周有深约两米的干沟环绕，南边地形较开阔。

根据这样的地形，到底该把伏击区选在哪里？有的同志说，土围子本身就是理想的设伏区。有的则说，那太孤立，还是设在起伏地段较合适。团首长权衡了各种

抗日名将罗炳辉

意见和各种地形的利弊之后,决定把伏击区选在敌人增援必经之路的开阔地段上。并指出,开阔地上打伏击,这在表面看来,是兵家禁忌,但是在复杂多变的战场上,我们绝不能机械呆板,墨守成规。我们对任何战术原则都必须灵活运用,如果把战术原则当作千古不变的教条,必然要打败仗。把伏击区选在土围子上,看起来有了依托,可是,那无疑是敌人首先注意的地方。把伏击区选在起伏地,地形虽不错,可那里离敌必经之路较远,战斗是以神速多变取胜的,否则就会贻误战机。把伏击区选在敌人增援必经之路的开阔地段,虽对隐蔽部队有一定的困难,但这也是敌人容易疏忽大意的地方,只要我们严密伪装,隐蔽企图,就会出其不意,攻其不备,同时敌人在毫无依托的情况下与我交战,便会丧失其优势和主动,更有利于我歼敌于运动之中。全团连以上干部在理解团首长的意图后,团长对部队作了具体部署:一营配置于"普益公司"以东约一里处的开阔地段上,以一连负责断尾。二、三连拦腰截断敌人;三营配置于"普益公司"周围的干沟内,待敌进入伏击区后,迎头痛击,然后协同一营围歼敌人;四连配置于南杨家附近待命,六连前出至新张家南街,随时准备占领村子里有利地形,以阻敌进村。团特务连于南侧开阔地段,协同一营战斗。团侦察排化装前出界牌集及时查明敌人动态。

为了打好这一仗,全团还严密封锁消息,规定部队携带熟食,进入阵地后除指定人员外,一律就地隐蔽,并对周围村庄封锁。

16日晚,十六团即按预定计划,由集结地秘密进到伏击地区。由于严密伪装,隐蔽企图,致使部队埋伏了13个小时,消息丝毫未漏,仅距6公里的敌人全然不知。

17日1时,十一团等对大桥镇守敌发起猛烈攻击。16时许,据团侦察排报告,援敌一个营自广兴集出发,正沿大路向新张家方向运动。团首长即令各分队准备战斗。17时敌进入我伏击区。当其先头距三营阵地约50余米时,三营集中火力突然猛射敌群,并乘势发起冲击。在三营打响的同时,一营和团特务连也从敌后卫之侧翼立即发起攻击,二连首先冲入敌群,将敌拦腰截断,与敌展开白刃格斗。紧接着一、三连和特务连也迅速向敌人猛冲狠杀,经半小时的激战,毙敌一部,俘敌百余名,残敌向新张家村内逃窜。这时,六连已跑步抢占了新张家北街,阻敌进村。四连迅速占领了新张家西南的有利地形,一营也抢占了村西南和村东的有利地形。残敌仅占领了北街十余间民房进行顽抗。一营立即在机枪火力掩护下,指定一名投弹较远的战士,先投出硫黄弹,敌据守的草房立即着火燃烧,很快在房顶上烧开一个大洞,接着大家又接二连三地投掷手榴弹,70多名残敌措手不及,被迫缴械投降。20时许,桂顽五一一团二营被我全歼。此战,共毙伤敌近百人,俘敌营长以下300余人,缴获八一迫击炮1门、重机枪2挺、轻机枪12挺、步手枪120余支以及其他战利品。战后，2师首长和领导机关授予该团"铁锤子团"的荣誉称号。

逗敌激将凋谢名将之花：黄土岭之战击毙阿部规秀

1939年冬，在华北某地，新立了一块不小的石碑，石碑旁石柱上有一副挽词："名将之花，凋谢在太行山上。"落款是多田骏，他当时是侵华日军华北派遣军的总司令。挽词上写的所谓"名将之花"，是指1939年11月7日我晋察冀军民在黄土岭战斗中打死的日寇"蒙疆驻守屯军"最高司令兼混成第二旅团长阿部规秀中将。这块石碑是日本军国主义侵华的铁证，也是我国军民抗击日本侵略者的胜利纪念品。

1939年10月底，阿部规秀为了巩固其察南占领区，派其大队长过村大佐率领一千余人由张家口进驻涞源，准备兵分三路，向我晋察冀军区一分区所属的银坊镇、走马蜂、灰堡等地区进行"扫荡"。

正在军区参加组织工作会议的一分区杨成武司令员得知这一情报后，立即向军区聂荣臻司令员报告，准备利用白石口至雁宿崖的峡谷，打过村的埋伏。聂司令员同意打这一仗。杨成武立即返回一分区司令部布置作战任务。11月2日，过村亲率日军两个步兵中队，一个炮兵中队和部分伪军共600余人，由涞源向南进犯，3日晨，在雁宿崖遭我一分区主力伏击，全部被我歼灭，过村重伤被俘，拒医而死。同日寇交战两年多，我们摸到了他们的脾气：不服输。他们凡是打了败仗，吃了亏，总要重振军力，进行报复性的"扫荡"，以挽回面子。所以在雁宿崖战斗结束后，聂司令员立即指示杨成武同志，将部队撤离战场，隐蔽于适当的位置，待机再战。

日军旅团长，一般由少将充任。第二混成旅团在日军中号称劲旅，故由所谓"山地战专家""名将之花"阿部规秀中将兼任。当阿部听到过村大队履没的战报后，认为有辱他"名将""专家"的盛名，气得他七孔生烟，暴跳如雷，决心要挽回"皇军"的体面，亲自率队"讨伐"。于是他倾张家口1500余人之兵力，乘着上百辆汽车，急驰涞源。其战斗方案是：走过村的老路，用小部兵力在雁宿崖诱我伏击，而后用主力进行反伏击，企图诱我入圈套。

经过长期征战的聂、杨司令员哪能看不出敌人葫芦里装的什么药？针对阿部规秀骄狂的企图，聂司令员决

黄土岭之战

定用一逗二让三围攻的计策,给他一个下马威。他指示杨成武用游击队将敌人引至银坊,让他扑空,而主力则隐蔽在黄土岭附近,准备在该处围歼敌人。为了集中优势兵力,他还把二十团团长陈宗坤、政委宋振声、二十五团团长宋学飞、政委张如三以及炮兵营长杨九秤叫来,命令他们率部急赴一分区参加战斗。正在军区做客的一二〇师贺龙师长、关向应政委知道这一情况后,也主动把一二〇师特务团交由杨成武指挥。

11月5日,阿部规秀拉开大战的架子,心里打着如意算盘,率队向南越过内长城,翻过白石口,向雁宿崖杀奔而来。他的前队刚过白石口,曾雍雅同志指挥的3支队的游击健儿立即迎了上去,向敌开火,随后节节引诱,向银坊而去。从战斗一开始,阿部规秀脑瓜子里打反伏击的弦就绷得很紧,他的参谋、护兵时刻不离左右,只要前面一打响,他就停下来判断,是否有被伏击的征象。一路上打打停停,停停打打,直到银坊,既没遇到八路军的主力,又未被伏击。这时为了发泄过村被歼的仇恨,他命令鬼子兵大烧民房。只见银坊上空浓烟滚滚,火光冲天。我们虽然付出了代价,但这第一步"逗",即诱敌,是完全成功的。11月6日拂晓,我三支队在银坊北面对敌袭扰,阿部规秀不敢怠慢,立即率队向黄土岭方向追击前进。可是他一上路,游击队一反昨天的战法,不再袭扰,这使阿部规秀的神经更加紧张,虽然很平安,但像在茫茫大海中行船,周围什么都不那么清楚。直到傍晚,他感到疲乏极了,他的士兵,穿着大皮鞋,经过一天的"爬山游行",也累得不行了,于是他下令在黄土岭、司各庄一带宿营。

这是聂司令员有意"让"的,目的是挫其锐气,疲其官兵,放长线,钓大鱼。就在这时,根据聂司令的指示,杨成武同志正在紧张部署兵力。他令一团、二十五团在寨坨、煤斗店一带占领阵地,卡住敌人向东的去路;令三团、特务团占领黄土岭、司各庄以南高地;二团则绕至黄土岭西北,尾敌前进。当阿部规秀晚间做着消灭八路军的美梦时,他已成了瓮中之鳖。

11月7日,黄土岭上阴雨连绵,群峰中白雾环绕。拂晓,阿部规秀又驱队向东前进了。15时,当他的先头部队进抵寨坨,后尾刚离开黄土岭之时,杨司令员下达了攻击令,我抗日健儿像神兵从天而降。首先,我一团、二十五团迎头拦击,二、三团和特务团从南、西、北三个方向进行合击,很快将敌人压迫到山沟里。轻重机枪清脆的"哒哒"声和迫击炮"咚咚"的爆炸声响成一片,打得山沟里的敌人人仰马翻,尸横遍地。

阿部规秀出发前本有一套遭伏击后的反伏击措施,此时面临八路军四面包围,这位"山地战术专家"却慌了手脚,唯一的办法是收拢残部,抢占附近高地,再作打算。

此时,阿部规秀像关在笼子里的老鼠,逃跑无门。他心里明白,他那套打反伏击计划已全然无用了,剩下的只有突围一条道路。他令前队,集中力量,向寨坨方向猛烈冲击,企图向东杀出一条生路。哪知我一团、二十五团像泰山一样,屹立不动。无奈,他令后卫,向黄土岭方向突破一个缺口,以便西逃涞源。谁知我二、三团及特务团像几把铁钳牢牢地钳住袋口。两次突围,均告失败。下一步死棋如何走法呢?他急忙召集官佐在黄土岭至上庄子之间的一个小庙前研究逃生的办法,被我军发现,炮兵营长杨九秤立即指挥炮兵集中射击,一颗带着中国人民复仇的炮弹,射向小庙,破片击中阿部的腹部及两腿,他当即呜呼哀哉。随同他毙命的还有他的 900 多名士兵。

故施骗局干扰指挥心理:拿破仑围歼奥军

1805 年 8 月,拿破仑率领法军对奥军将领麦克和斐迪南大公占领的乌耳姆形成了包围之势。这时,由库图佐夫率领的俄军先头部队已到达莱茵河边。拿破仑为使自己集中精力于莱茵河方向, 决定由老将缪拉指挥几支部队完成对乌耳姆的最后攻击。缪拉是一员猛将,作战勇敢,但在战术上却缺乏头脑。他命令在多瑙河北岸进攻乌耳姆的第六军越过多瑙河,进至南岸。这就使法军对乌耳姆的包围在北面出现了漏洞。这个错误,几乎葬送掉拿破仑即将到手的胜利。麦克发现法军防守上的漏洞,立即决定突围。这天,他正在和斐迪南大公商议突围路线,卫兵报告有一个法国人求见。来人叫舒尔迈斯特,是法国著名间谍。原来,拿破仑及时发现了缪拉的错误,他估计麦克会考虑突围,立即将舒尔迈斯特派往奥军,再一次实施他那层出不穷的骗局。

卫兵把来人带进来,麦克满腹狐疑地打量着,突然问道:"你是什么人?到这儿来干什么?"舒尔迈斯特谦恭地鞠了一躬,回答说:"大人,我叫蒙代尔,是法国人。我有个好消息要告诉大人。"麦克急忙问道:"什么好消息?"舒尔迈斯特看了看周围,趋前一步,压低声音说:"英国的军队在布伦港登陆了,已向巴黎进发。法国现在是一片混乱,元老院有人公开反对拿破仑,号召人民起来推翻他。"

麦克听了半信半疑,紧紧地盯着舒尔迈斯特慢吞吞地说:"哦!是真的吗?"舒尔迈斯特忙装出一脸虔诚的样子,说道:"千真万确,我亲眼所见。"斐迪南大公对舒尔迈斯特抱有戒心,突然问:"可是你为什么要告诉我们呢?你为什么不帮助你们法国人呢?"舒尔迈斯特挥舞着拳头,恶狠狠地喊道:"我恨那个科西嘉恶魔!他使我的古老而高贵的姓氏蒙受屈辱。我希望你们打败他。瞧着吧,不久,拿破仑就会撤兵滚回巴黎去。您只要再坚守一会儿,形势很快就会变的。到那时,您就可以趁机追击打败他们。"麦克似乎有点相信了,他和斐迪南大公交换了眼色,然后对舒尔迈斯特说:"好吧,您的建议我们考虑考虑,请先去休息。"来人走后,麦克问斐迪南大公道:"您对这个消息有什么想法?"斐迪南大公耸耸肩,做了一个怪相:"我很怀疑,说不定他是拿破仑派来的。我们上拿破仑这个老狐狸的当还少吗?我看我们还是抓紧时间突围吧!"麦克皱着眉头考虑了一会儿,犹豫不决地说:"我也不太相信,不过万一是真的呢?这可是打败拿破仑的好机会啊!"

当麦克举棋不定的时候,一张法国的报纸打消了他的疑虑。这张巴黎出版的报纸是奥军在反击时,从攻占的法军阵地上拾到的。报纸上刊登着巴黎爆发革命,反对拿破仑的消息。麦克放心了,决定固守乌耳姆,等法军撤退时趁机出击。麦克又一次上当了。原来,拿破仑料到麦克不会轻易相信间谍的话,早就准备好了推波助澜的花招。他命令军中印刷厂赶印了一批假报纸,并故意让这些报纸落到奥军手里。这一招,居然把麦克给迷惑住了,他放弃了向北突围的最后机会,结果被法军围歼。

节节败退智胜湘西军阀:贺龙指挥十万坪大捷

1934 年 10 月 24 日,红六军团在任弼时、萧克、王震等同志的率领下,转战千里,冲破国民党军队的重重封锁,克服无数艰难险阻,进入贵州印江木黄地区,与贺龙、关向应率领的红三军(会师后恢复为红二军团)胜利会师。形成了以贺龙、任弼时、关向应为首的领导核心。党中央也及时发来贺电,指示两军团的领导人迅速开辟新的根据地,以便钳制更多的敌人,策应中央红军长征。当时,两军团处境都非常困难。六军团由于长期转战,极度疲劳,部队减员很大,只剩下 3000 多名红军战士,而且有 300 多名伤病员。战士们的衣服补了又补,甚至无法打补丁,鞋子烂得连脚掌都露了出来,有的还是赤脚行军。二军团也由于立足未稳,长期在夏曦肃反扩大化的思想影响下,部队严重挫伤元气,只有 4000 多名战士,连党组织都没有恢复。两军团会师后加起来不足 8000 人,急需休整和补充。在这种情况下,开辟根据地是当务之急。贺龙还这样说道:"野鸡要有个山头,白鹤要有个滩头,干革命没有个歇脚的地方是不行的。"尝够了没有立足点苦头的红二、红六军团战士,都积极响应。贺龙分析了敌情、地理、民情等因素,提出了到湘西开辟根据地的主张,得到了任弼时、关向应、萧克、王震等领导同志的一致赞同。那时,湘西经济落后。居住在这里的土家、苗、汉各族人民生活非常艰苦,有首山歌唱道:"蓑衣当棉袄,蕨根当粮草,松膏当灯盏,赤脚当鞋跑。"这里的人民求翻身解放的愿望极为迫切。这里过去还是贺龙领导部队活动的地区,群众关系很好。而且湘西的敌人力量相对薄弱,向湘西进军,有利于红二、红六军团开展战略攻势,牵制、调动湘鄂两省敌人,策应中央红军的转移。

1934 年 10 月 28 日,红二、红六军团从川黔交界的南腰界出发,迅速向湘西的永顺、保靖、龙山、桑植地区开进。11 月 7 日,红二、红六军团抵近永顺县城,驻守在那里的地方保安团没有打上几枪,就弃城而逃,红二、红六军团轻松地占领了湘西的咽喉——永顺县城。

十万坪大捷

红二、红六军团占领永顺县城后，一边抓紧休整队伍，一边抓紧筹集物资，准备打好进军湘西后的第一场至关重要的战斗，为开辟新的革命根据地奠定基础。红二、红六军团进入湘西，国民党驻湘部队大为震惊，湖南军阀头子何键严令驻湘西新编三十四师师长陈渠珍出兵"围剿"红二、红六军团。"湘西王"陈渠珍在接到何键的命令后，立即纠集周燮卿、龚仁杰两个旅和贵州皮德培、杨齐昌旅的1万余兵力向永顺扑来，妄图趁红二、红六军团立足未稳之际一口吃掉。红二、红六军团面临严峻的考验，能不能在湘西把根据地建立起来，站稳脚跟，关键就在于能否打败"湘西王"陈渠珍，消灭他的军队。贺龙、任弼时、关向应等总指挥部的同志经过慎重考虑，认为敌我兵力悬殊，装备差距很大，在县城不利于我方作战，决定诱敌深入，在离县城百余里外的龙家寨十万坪对敌军实行歼灭战。

11月13日，陈渠珍纠集的兵力进逼永顺县城。红二、红六军团在贺龙的部署下立即主动撤退，并烧毁了由小西门入城的必经之道利济桥，佯装仓皇逃跑。敌人看见这种情形，以为红军怯战，立即紧紧尾追。两军团很快就撤到了离县城30多里的吊井岩。吊井岩地势险要，贺龙让部队在此处短暂停留，并派出侦察兵，密切注视敌人的动向。敌人满以为红二、红六军团会在吊井岩凭险据守，准备集中力量猛攻吊井岩，把贺龙及红军歼灭在吊井岩。可是，大部队进至吊井岩，贺龙率领红军又走了。

随后两天，红二、红六军团又在颗砂、塔卧等地部署一部分兵力，假战诱战。敌军连日追击，没有遇到抵抗，以为红二、红六军团没有战斗力了，真的"不日即可获得全胜"。敌军的先头部队是周燮卿旅，周燮卿外号周矮子，这人个子不高，人说他被贪心坠住了身子，只盼升官发财。见此情景，不由心花怒放，在马背上就号叫开了："弟兄们，共军不堪一击，快给我追！"于是，敌人大队人马前拥后挤地追赶红军来了。红二、红六军团一些战士由于不了解总指挥部的意图，对于这样的"节节败退"也很是纳闷，还说："怕！怕个屁！战斗不是人打的吗？"贺龙看见敌军完全被迷惑了，如同咬了钓钩的大鱼，慢慢地被拉往龙家寨的十万坪，心中甚是欢喜。

龙家寨的十万坪是个天然的好战场。坪中间都是水田，道路都从水田中间穿过。坪两侧是茂密的森林和坡度不大的山冈，既便于隐蔽，又便于多路出击，是一个理想的伏击战场。

11月16日凌晨,两军团在总指挥部的部署下进行了埋伏。二军团埋伏在西边的山上,六军团埋伏在东边的山上,两军团司令部设在毛坝。这样就布下了一个口袋形战场。贺龙严格规定,埋伏的时候,必须用树枝掩护好,任何人不准讲话,不准开枪走火。他还对埋伏的战士说:"我贺龙撤一,周矮子怀疑;我贺龙撤二,周矮子胆壮,非死追红军不可,同志们等着好戏看吧。"整个阵地静得似一摊不起丝毫风浪的死水,连当地的土豪劣绅都毫无知觉,以为红二、红六军团早经过十万坪去桑植县了,一些急着想讨好陈渠珍"围剿"部队的土豪劣绅忙着报告,说这里平安无事,快去追贺龙。

黄昏时分,龚仁杰旅、周燮卿旅以及皮德培和杨齐昌旅均在十万坪集结,钻入贺龙精心设计的"口袋",还来不及休息一下,便遭到了"从天而降"的攻击。六军团的第十七师四十九团首先侧面向周燮卿旅发起猛烈的攻击。二军团第五师第十二团则从正面猛冲龚仁杰旅。一时间,号声四起,杀声震天。没有思想准备的敌人,在这突然的打击下,大乱阵脚,全部陷入烂泥中,在水田里连滚带爬,就像一群赶惊了的鸭子到处乱扑。有许多敌兵甚至还没有拉开机枪,就被红军打死打伤或当了红军的俘虏。在观察所里拿着望远镜观察战况的贺龙,嘴里含着烟斗,摸着他的八字胡须,得意地大笑说:"陈渠珍啊,陈渠珍啊,你不是说我贺龙是一个熊包吗?今天让你尝尝我贺龙铁拳的厉害!"

经过两个小时的激烈战斗,骄横跋扈、不可一世的龚仁杰、周矮子两人早已吓破了胆,他们的兵力大部分被消灭。而"活捉周矮子,打死龚仁杰"的喊声也越来越响亮,越来越近,他们只得带着残兵败将往龙家寨方向逃命。贺龙随即命令各部追击,不给他们喘息之机。在龙家寨北四里地的把总河加紧构筑工事的皮德培和杨齐昌旅,意图抵抗,阻止红军追击龚仁杰、周矮子两旅的残部,但越战越勇的红二、红六军团不给敌人丝毫的反攻机会。在嘹亮的冲锋号声中,战士个个犹如猛虎出山,直扑敌人。不到一小时的光景,皮德培和杨齐昌旅的大部分兵力也被歼灭。

奉命前来"围剿"红二、红六军团的龚仁杰、周燮卿、皮德培和杨齐昌等头目见大势已去,带着残兵败将,杀出一条血路,往永顺县城逃去。贺龙亲自率部分人马早已抄小路抢先占领了县城。

敌人以为逃出了龙家寨,进了永顺城,就能保小命。可他们万万没有料到,刚进至县城,便遭到了红军的袭击。他们来不及想"贺龙是飞来的还是跑来的",便掉头寻找出路。敌头目慌忙中察看地图,便令残兵败将从永顺桥上撤走。但敌人又岂能知道,那座永顺木桥早已被贺龙烧掉了。

此时的敌人,面临汹涌的猛洞河水,走投无路,见追击他们的红军已步步紧逼,山上到处红旗飘飘，无可奈何，只能纷纷举手投降。这一战，歼灭敌军 1000 余人，俘虏敌军 2000 多人，缴枪 2000 多支，给"湘西王"陈渠珍以致命性的打击，成为红二、红六军团扭转困难的转折点，也为红二、红六军团创建湘鄂川黔革命根据地打开了胜利的局面，史称"十万坪大捷"。

迷信攻心机智过关卡：地下党巧运枪

1927 年 8 月下旬，江西省莲花县发生了右派政变，大好革命形势骤然逆转，白色恐怖遍布城区。由于当时贺国庆带着一支"俄国造"，在坊楼一带已站不住脚了，便动员好友刘秋生，将这支枪拆散分别藏在茶篓里，然后两人扮成茶叶商人，准备将这支枪带出莲花，前往湖南攸县的石桥。

8 月底，贺国庆与刘秋生挑着担子，往湖南攸县的石桥赶去。关卡上，十来个白军正在严密地检查过路人，那一副凶神恶煞的样子，让人痛恨至极。看着走来的贺国庆、刘秋生，两个白军手提着枪，向他俩大摇大摆地走来，斥喝道："哎哎哎，干什么的，哪儿来的？到哪儿去？"

贺国庆放下担子向前迈了一步，弯着腰回道："长官，我们是从莲花来的，到攸县去。"刘秋生在一旁也边点头边附和着："是，是，是。"

一个白军用枪杆敲了敲两担茶篓，又用脚踢了踢，趾高气扬地问："这篓子里装的是什么呀？干什么用的？""回长官，是攸县一个张老爷在我们茶铺定的两担茶叶，说是用作祭祀的。这不，我们正在赶时间送去呢！"贺国庆笑脸相迎，顺手从衣兜里掏出几块大洋，塞进两个白军的口袋里。"上头有规定，不论什么都得检查，我们也是按章办事。"也许是看在几个大洋的分儿上，一个白军的语气较为缓和些。说完，两个白军便朝茶篓走去。

刘秋生见情况不妙，双手握住扁担。贺国庆按住了刘秋生的手，并使了一个眼色，暗示他别冲动，似乎一切都在贺国庆的掌握之中。

"快点，老子的枪子儿可是不长眼的。"另一个白军没好气地说道。

贺国庆"遵命"把茶篓盖子一个接一个地打开，只见篓口都被封条封着。两白军一愣，刘秋生更是有些摸不着头脑了。

"这是怎么一回事？"

"回长官，这两担茶叶上的封条是一位道长专门施法为祭祀人家所做的，说可以给祭祀人家祛邪避灾，但外人是不能撕封条、动里面的茶叶的。否则，摸者手立即有痒痛之感，出红肿之症；喝者便肚痛，全身麻木而死。"贺国庆泰然自若的样子让刘秋生好生迷惑。

"什么狗屁,老子不信这一套。"说着,一个白军用力推开身旁的贺国庆,撕下封条,把手伸了进去。

"使不得呀,使不得……"贺国庆急忙说。

贺国庆话音未了,那白军纵身一跃,大声叫道:"哎呀,我的妈呀,我的手,我的手……"此时,他的手已红肿起来,而且红肿的范围越来越大。另一个白军吓得退了几步,以为真的是中邪了。此时,贺国庆连忙从口袋里掏出一个瓶子,取出一粒丸子给"中邪"的白军服下,说道:"长官,我就说这东西碰不得嘛,您就是不听,幸好道长给了我解药以防万一,想不到还真用上了。长官,您真是福大命大呀!"这丸子还真是解药,白军手上的红肿也在慢慢地退去。那"中邪"的白军气呼呼地说:"老子今天倒什么霉了啊?竟会遇到这种事,看来那东西不能惹,你们走吧。"为了避免再次"中邪",匪军便让贺国庆和刘秋生通过了。此时的刘秋生还是一头的雾水。

贺国庆叫上还没回过神的刘秋生,挑起担子快速地走出了关卡。刚出关卡十几米,只听一声枪响,后面有人叫道:"前面两个给我站住,我就不信这个邪,把茶篓打开,老子是玉帝的干儿子,我不但要摸,还要喝。"贺国庆与刘秋生面面相觑,转过身来,只见一个南瓜头、金鱼眼、蛤蟆嘴、冬瓜肚的军官踉踉跄跄地走了过来。

贺国庆忙从口袋里掏出一包烟递给军官,劝道:"大长官,刚才那位小长官不听劝,中了邪,万一您……"那军官用他的金鱼眼瞪着贺国庆和刘秋生,刘秋生心想这下子是真的完了。贺国庆知道不能说服那军官,便很自觉地又打开了盖子。军官挽了挽衣袖,耸了耸肩膀,得意地把手伸了进去。

说怪也真怪了,军官也像中了邪似的出现了与刚才那个白军一样的症状,大声惨叫起来,顿时,所有的人一片哗然。那些白军有的两腿战战兢兢,吓得手中的枪也握不住了,有的吓得目瞪口呆,不敢再往前靠近一步,更谈不上伸手去摸了,都离得远远的。贺国庆却走上前去,也给军官服下一粒丸子,军官手上的红肿也明显好转。围观的群众更是议论纷纷。

经历了两次的"以身示范",那封条、那茶篓、那茶叶以及那两个人在敌人的眼中都神了,那军官边作揖边哆嗦着说:"两位大仙,我们有眼不识泰山,得罪了,我……我马上让你们过去。"就这样,一传十,十传百,这个故事就被传得人人皆知,神乎其神。

贺国庆脱离危险后,放声大笑,把事情的缘由向刘秋生娓娓道来。其实,他事先在茶叶上撒了一层药粉,只要皮肤一触及这药粉便会又痛又痒,出现红肿;关于两担茶叶被道士施过法术,封条也不能被外人撕掉,否则会中邪的话,也是他编出来的,这才有了那离奇的一幕。

贺国庆和刘秋生到了攸县石桥后,便找熟人家住下,同时还买了一群鸭子,在田垄里一边放鸭,一边看护这支枪。

正是有了这支枪,才使得残存在灰烬里的火星未被扑灭,莲花的革命烈火才得以重新熊熊燃烧。

拿破仑讲和诱惑破联军:奥斯特里茨战役中的心理战术

拿破仑是一代杰出的军事家,他用兵如神,令敌人不寒而栗。他指挥过50多个大的战役,尤以奥斯特里茨战役堪称典范。

当时的情况是法军乘胜追击,俄军和奥地利军队撤退到奥斯特里茨。年轻的沙皇亚历山大调来了精锐的警卫军和其他增援部队,自以为实力超过拿破仑,是取胜的好机会。

拿破仑在战场上的兵力是6.5万人,奥俄联军8.2万人,其中俄军5.2万人,奥军3万人,分别由俄皇亚历山大和奥皇弗朗西斯亲自指挥。

60岁的库图佐夫在名义上是俄、奥联军的总指挥,但根据协议书,他必须执行俄、奥两国皇帝所制订的计划。俄、奥皇帝经过会晤,一致接受库图佐夫的参谋长奥地利将军魏罗特尔提出的计划,该计划的依据是相信拿破仑已成强弩之末,因而即将退回维也纳。

当时拿破仑的兵力部署是:法军沿一条叫作戈尔德巴赫的沼泽小河右岸向东展开,其正面宽6英里。该阵地位于布尔诺以东6英里,在布尔诺和奥斯特里茨的中途。法军阵地左翼有一个叫桑屯的圆丘可为依托。右翼有一连串冰冻的湖泊和戈尔德巴赫河流注入沼泽地可为护卫。法军的中部正在一个地形起伏的高地上。俄奥联军正占据着这个高地,名称叫作普拉岑高地,是一个至关重要的制高点。

魏罗特尔的计划是牵引着法军的左翼,而俄奥联军的主力向西南,直下利塔瓦河谷,迂回拿破仑右翼,并切断法军通往维也纳的交通线。

总指挥库图佐夫和其他俄军将领认为,俄军仍处在全军覆没的境地,应立即撤退,这样在联军司令部形成了两种不同意见。

拿破仑估计年轻气盛的亚历山大不肯服输,而库图佐夫由于富有经验而

奥斯特里茨战役油画

沉稳。为了进一步引导亚历山大犯错误,拿破仑才派特使向沙皇亚历山大递交了伪善的国书。亚历山大看到拿破仑要求讲和,武断地认为拿破仑已经害怕,现在正是歼灭拿破仑的好时机,库图佐夫虽然竭力反对,亚历山大却不予理睬。虽然,亚历山大派自己的侍卫长道戈路柯夫公爵进行回访,但只是象征性的谈判,同时也嘱咐这位心腹,注意观察拿破仑的动静虚实。

拿破仑首先表现出自己十分疲劳,一副精疲力竭的样子,同时,他又故意摆出大国皇帝的架子,以示不能丢失威严。他巧妙地回绝了沙皇使者的要求,坚持不能放弃意大利和其他一些占领地的立场,而在一些枝节问题上表现一定的妥协。

会谈之后,沙皇使者认为拿破仑外强中干,外表虽然故作威严,但实际上心中有虚,他把这一印象报告沙皇,加强了沙皇进攻的决心。

1805 年 12 月 1 日,天黑以后,拿破仑骑马沿着整个前线巡视了野营部队,他注意到了敌军的营区集中于普拉岑高地后面和利塔瓦河谷。这进一步证实了他的预测,即敌人将试图迂回其右翼。

当他从士兵行列中穿过时,士兵们用铺草做成的火炬为他照明,并呐喊"皇帝万岁!"来欢迎他。敌军却把这一举动看成是法军为掩护退却而采取的一种欺骗行动。12 月 2 日拂晓前,奥、俄联军开始进攻,法军采取守势,亚历山大落入拿破仑的圈套。

俄、奥联军分成 6 个纵队向法军阵地发起猛攻,拿破仑在防守的时候,随时观察战场形势,以便及时将积极防守转为进攻,这是拿破仑用兵的独特之处。

与拿破仑相反,俄、奥联军的将领们却认为拿破仑在俄、奥联军的大规模的攻击下,不能在短时间内进行反击,根本不可能攻击到联军阵中,因此,联军没有控制普拉岑高地,库图佐夫的司令部随军进攻法军的中部。

上午 7 时 30 分左右,拿破仑从他的指挥所观察到普拉岑高地现在完全无人占领,就立即命令法军名将苏尔特带两个师攻占了这一高地。这样,法军就在联军的两翼之间打进了一个楔子,并可向两边发展。

柯罗华特纵队在行进时,遭到法军侧击,溃不成军。库图佐夫、亚历山大以及参谋人员都在这个纵队中,因此联军的指挥一时土崩瓦解。

苏尔特在普拉岑高地一站住脚,拿破仑就带领法军的左翼向前发动大规模反攻,北段联军受到苏尔特和达武的夹击。俄军企图越过特尔坎尼的冰冻的湖泊和沼泽地逃跑,但由于湖面上的冰被法军炮兵轰炸,许多人溺水而死。

这次战役,法军以 6.5 万人参战,伤亡 8800 人,俄、奥联军参战人数达 8.2 万人,结果伤亡 1.22 万人,另有 1.5 万人被俘,133 门火枪为法军掳获。次日清晨,奥皇向拿破仑请求休战。12 月 27 日,法奥签订了《普莱斯堡和约》,奥地利把威尼斯割让给法国,法国将其并入意大利王国。

巧用电台布施心理错觉:聂荣臻粉碎"百万大战"

1941年5月,日寇华北派遣军总司令冈村宁次一上任,便集中兵力约7万余人,首先对我抗日根据地进行空前规模的大"扫荡",他把这次战役称为"百万大战",意思是要报"百团大战"之仇。为了达到这个目的,冈村宁次采取的第一个"锦囊妙计"是采取所谓"分进合击"的办法,妄图将我晋察冀军区领导机关和主力部队合围于长城两侧加以歼灭。

晋察冀军区司令员聂荣臻,根据中央军委的指示,看出了冈村宁次组织这次大"扫荡"的企图是消灭晋察冀军区和各分区党政军领导机关和主力部队。于是,聂司令员等军区领导针对日军来势凶猛的态势,采取了柔中有刚的对策,巧妙地指挥部队转移和机关疏散的办法,让冈村宁次到处扑空。结果,冈寸宁次指挥的7万之众,疯狂"扫荡",除了人困马乏之外,什么也没有捞到。

冈村宁次一计不成又生一计,决定对北岳区采取全面的"分区扫荡",妄图将军区领导机关和主力部队,一块一块地分割吃掉。聂荣臻司令员将计就计,决定"投其所好",采取"诱敌分兵"战术,果敢地令军区领导机关牵住敌人,以此来吸引冈村宁次。同时,秘密地指挥主力部队和各军区的部队,跳到外线自由地打击敌人。冈村宁次指挥的日伪军在聂司令员指挥的外线部队与内线部队的夹击下,伤亡惨重,大"扫荡"又一次惨遭失败。冈村宁次恼羞成怒,再次集中了包括空军在内的7万余人,决心采取以重兵向边区的中心区"分进合击"的战术,一方面暗暗在沙河以南一线设下了层层包围圈,封锁了大大小小的道路;另一方面又虚张声势搞什么"伪装撤退"和"空投假命令"等鬼把戏,企图迷惑我军。

殊不知"道高一尺,魔高一丈"。当聂司令员发现冈村宁次率领重兵杀气腾腾向边区中心区袭来时,不慌不忙地来了个"金蝉脱壳"之计。聂司令指示各部队,要采取走而示之不走,保存阵地原形,造成还在原地进攻或防守的态势,稳住敌人,脱离险境,跳出敌人的包围圈。他说:"在敌人合击的时候,跳出合击圈的时机要恰到好处,不能早,也不能迟。过早了,敌人会改变计划,向我们新的活动地域合击,等于没有摆脱敌人的合围;过迟了,会被敌人包围住,脱不了身。一般情况是,选择敌人合击圈已经形成而未合拢的时机,恰好跳出去。这时,敌人改变部署已经来不及,我们却能插向敌后,袭扰敌人的交通线,重新展开攻势。"8月下旬,当冈村宁次率敌组成的包围圈已经形成又未合拢的时候,聂司令员已亲率军区机关近万人的队伍,不早不迟,恰到好处地跳出敌人的层层包围。

一天，我军走到阜平以北 30 里的雷堡村，突遭敌机轰炸，与此同时，侦察员报告，四面都发现了敌人，情况显得非常危急。这时，聂司令员冷静地分析：马驹石第一次被炸，雷堡第二次被炸，为什么敌人的飞机跟踪得这样紧？突然，"嘀嘀嗒嗒"的电台呼叫声，引起了他的警觉。原来，司令部的几部电台，始终同各分区保持联系，特别是有一部电台，是专门同延安联络的。聂司令员猛然想起，敌人很可能熟悉我们的呼号，知道这是军区首脑机关的电台，测定了我电台之方位，准确地找到了我们的位置，然后就派飞机来轰炸，部队来尾随合击。想到这些，聂司令员立刻把司令部侦察科长罗文坊找来，对他交代说："敌人很可能通过无线电测向，找到了我们的位置。我们就给它来一个将计就计。军区电台立即停止对外联系，由你带一个小分队和一部电台，到雷堡东边的台峪把电台架起来，仍用军区的呼号，不断和各方面联系。"

罗文坊立刻明白了司令员的意图。他说："司令员，我明白你的意思，就是要我们给敌人继续留个空中目标，造成敌人的错觉，把他们拖住。"

聂司令员说："正是这样。这是个很艰巨的任务，你们一定要做到既要使敌人向你们合击，又要叫他的合击扑空；既要使敌人跟着你们走，又不叫他追上你们。"罗文坊受领任务后，率领一个由 50 人组成的小分队，带着一部电台出发了。

这一行动，果然奏效了。接着，冈村宁次便派飞机轮番轰炸台峪，并指挥各路敌军以进攻作战队形向台峪逼近。3 天后，敌人的北平电台还吹嘘说："聂荣臻总部的电台已被英武的皇军炸毁了。"在敌人以为摧毁了军区机关的电台时，聂司令员率领这支近万人的队伍，在离敌人不到一里路的地方，以夜行 80 里的速度，悄悄地从敌人的眼皮子底下秘密迅速向西运动，安全地跳出了最后一道封锁线。

在聂荣臻司令员等首长的领导下，华北军民在冈村宁次发动的"百万大战"的作战中，同敌人进行大小战斗 800 多次，共击毙击伤敌人 5500 多名，彻底粉碎了冈村宁次策划的所谓秋季大"扫荡"。

求生心理有时不能求生：硫黄岛歼残敌

1945 年初，第二次世界大战已接近尾声，发动太平洋战争的日本军队成为惊弓之鸟。其中，在太平洋上的火山岛——硫黄岛一带，盘踞着 1700 余名日军，依托该岛南端的折钵山之有利地形，巧妙地利用天然岩洞，构筑了坚固的防御阵地，企图负隅顽抗。

2 月 19 日，美国海军陆战队第五师在硫黄岛成功登陆，登陆之前，美军以轰炸机向折钵山投下了成千吨炸弹，发射了近万发炮弹。暴露在表面阵地上的日军，遭

硫黄岛战役

到严重杀伤,而躲藏在坑道和岩洞里的日军却安然无恙。但美军很快切断了折钵山上的日本守军与该岛日军主力部队的联系。第二天,美军第五师师长罗基命令所属第二十八团攻占折钵山。

准备充分的美军第二十八团接到命令,向折钵山发起猛烈进攻。战斗异常激烈, 日军的火力点伪装得特别巧妙,有时美军卧倒在地,正好卧在日军的射击孔前,结果自来送死;有时,成群的美军趴在一个看起来十分隐蔽的地方,这个地方却正好是日军的暗火力点,日军突然开火,成群的美军瞬间变成了血泊中的尸体。而美军一旦发现日军的火力点,就用强大的火力予以摧毁。战斗进行两天后,双方都付出了巨大的代价。最后,日军的残余兵力被逼进了很深的坑道里,而坑道口被美军的坦克封锁了。

但美军前进十分缓慢,有时一天只能前进四五米,伤亡也越来越重,却久攻不进,向里面喷火也不能解决问题。美军指挥官为此很伤脑筋。当日下午,第二十八团团长召集参谋人员研究攻克坑道的方案。大家提出了许多设想,大都是些死拼硬打之法,并无破敌良策,这时有人突发奇想说:"被困的日军,孤立无援,每时每刻都有被我歼灭的危险。求生的本能使他们会设法突围与营村方向的主力部队会合。如果我们先故意放松对洞口的封锁,让出一条生路,引诱他们出来,同时在他们去与主力部队会合的必经路上设一下埋伏,必能全歼这些突围的日军。"

这个计谋博得了罗基师长和第二十八团团长的称赞。于是,部队按此计行动,当夜就放松了对日军坑道的封锁,并在折钵山至营村的路上设下了埋伏。

当时,被封锁在坑道里的 300 多名日军,想起自己的命运都不寒而栗。他们都十分清楚:美军可以在不受威胁的情况下, 采用一切手段攻进坑道结束他们的生命。大家觉得,与其守着坑道等死,还不如冲出去,这样或许还有一线生存的希望。于是,他们决定趁黑夜悄悄突围。

到了深夜,日军见美军封锁洞口的火力大大减弱,就从洞口扔出罐头盒和炮弹壳,故意发出声响,试探一下美军的动静。可是,美军一动也不动。日军以为美军连日苦战,可能极度疲乏已失去警惕。23 点,他们除留下少数人坚守坑道迷惑美军外,其余 300 多人都钻出了坑道,一出坑道,就拼命向营村方向逃窜。然而,在前方等待他们的却是美军设下的伏击圈。日军抱头鼠窜到一个小山坡后,以为与死神告别了。突然,天空中升起了雪亮的照明弹,密集的弹雨随即向他们倾泻而来,不少日军还未来得及做出反应,就成了死鬼。

战斗很快就结束了,除了25名日军突出了重围外,其余全部被歼。留在坑道里的35名日军,也被美军全歼。

这一故事告诉我们,越是最危急的时刻,生死存亡的紧急关头,人的求生心理就越表现得急不可耐。能谋善战的指挥员常常能够把握战场的变化,洞察人们的内心世界,适时进行心理诱导,创造战场上的胜利。特别是在敌军节节退败、垂死挣扎的时候,适当地利用敌人的求生心理,在开展心理攻势的同时,制定良策对其诱而歼之或诱而降之,这对于加速敌人的瓦解,具有重要意义。

故意示弱致敌过度自信:粟裕孝丰败李觉

1945年5月中旬,国民党第三战区司令长官顾祝同、副司令长官上官云相秉承蒋介石的指令,将第二十五集团军总司令李觉从福建调来,接替陶广任敌前总指挥,纠集主力14个师,分三路对粟裕指挥的新四军发起了第三次进攻。李觉采用步步为营、齐头缓进的战术,企图用优势兵力,迫粟裕决战。

面对数倍于我军的敌军,粟裕决定采用"牵着敌人的鼻子绕圈儿"的办法,意在不让敌军明显看出是在诱其深入。为此,粟裕先是命令部队主动出击,攻占新登城,尔后又在打退敌人援军的8次反扑之后,主动撤退。当时正值梅雨季节,阴雨连绵,大路小径到处都是杂乱的脚印,破军帽、破军衣、米袋子、烂草鞋丢得遍地皆是。为了装得更像一些,粟裕指示让许多人抬着大红棺材招摇过市,并派出后勤人员四处买粮,以示粮食恐慌。这一招,骗了敌军中的许多人。

一时间,捷报像雪片一样飞到李觉面前,不是得意扬扬地吹嘘占领了多少多少地方,就是神气活现地报告击溃了多少多少共军。可是,谨小慎微的李觉还是提心吊胆,一再告诫部下不要受骗上当,丛林深谷,容易埋伏,务必秘密搜索残敌。并要求各部应立即固守阵地,做周到之准备后,再做进剿。李觉虽然胆小怕事,顾祝同却命令他"迅以有力兵团先行肃清东西天目山,筑碉固守之,主力组成左右进剿两兵团,依天目山支撑,分由临安、宁国两地向孝丰之匪分进合击,务必一举以取孝丰,求匪主力而歼灭之"。为此,李觉纠集12个师42个团共6.5万余人,对天门山区的新四军部队进行"围剿",矛头直指孝丰城。

为了在运动中歼灭敌人,粟裕决定放弃天目山,命令天目山地区的军械厂、被服厂、医疗队、仓库和其他后方机关陆续撤退,分赴苏南、皖南、浙西敌后地区,主力也全部集中于孝丰地区。有的武装部队还参加了撤退运输工作。有些俘虏将伤病员丢在公路上跑回国民党部队去报信。凡此种种,都似乎证实新四军真的要作战略撤退。于是，第三战区的长官们个个都想来捏一把"溃逃"的"共军"这个"软柿子"。尤其是李觉，6月初，顾祝同催促向孝丰进兵时，他还有点迟疑，现在，他也大胆地命令左、右两翼兵团放开胆子往前闯了。粟裕的"诈败"之术，把敌军的各级指挥官的心挠得痒痒的。他们贪心难耐，一个个迫不及待地跳进粟裕为他们设计的陷阱。6月19日，粟裕一个"回马枪"，一举歼灭了正在追赶"溃逃共军"的顽敌第五十二师。6月21日，粟裕在孝丰城附近把国民党七十九师和突击总队的1.2万余人全部歼灭。

以弱示敌实施战术欺诈：刘邓大军擒获国军师长

1946年夏，为牵制国民党军对突围中的李先念部的追击，刘伯承和邓小平率第二、第三、第六、第七纵队和晋冀鲁豫军区部队共5万人，向敌守备相对薄弱的陇海路开封至徐州段出击。蒋介石急忙改变作战计划，调集14个整编师、32个旅共30余万人到冀鲁豫战场，对晋冀鲁豫野战军形成两面合围之势。蒋介石、刘峙要逼刘邓大军与之决战！

在国民党军钳击之势的西线集团，敌整编第三师是进攻的主力，该师师长赵锡田是国民党军陆军总司令顾祝同的外甥。赵自恃是中央军，装备远远强过对手，根本不把刘邓大军放在眼里，吹嘘"不用两星期就占领鲁西南"。而此时，刘伯承和邓小平也把目光盯向了整编第三师，一个战斗构想正在酝酿。

战斗打响后，因受到刘邓的特别"关照"，整编第三师攻到哪里都是我军刚刚撤离的痕迹。战斗进展之顺利令赵锡田十分得意。他的参谋人员提醒说，刘伯承是打仗的好手，如此顺利有些异样，小心中了埋伏。赵锡田来到我军阻击阵地上，看到残留了不少武器和装备，甚至还有来不及运走的粮车，他很自信地说："共军很少丢弃武器和粮食，说明刘伯承已经溃不成军了！"

每占领一个村庄，赵锡田都要向刘峙报捷。吃过刘邓大军苦头的刘峙对赵锡田的乐观不敢相信，但急于打败刘邓的蒋介石却深信不疑，并特地从庐山发来嘉奖令，并令刘峙和国民党军陆军副总司令从郑州赶到前线视察和慰劳有功人员。最后，刘峙也被胜利的前景冲昏了头，竟然临时改变作战部署，由整编四十七师单独攻击定陶，整编第三师前去攻

定陶战役

击菏泽,加大了整编第三师与四十七师之间的间隔。

战事的发展大大出乎赵锡田的意料,一路顺利的整编第三师一头钻进了我军的包围圈。短短一天,赵锡田的几个团就被消灭。赵见状急忙呼叫刘峙和友邻部队支援,然而一切都晚了,他的右边是四十七师,左边是四十一师,最近的虽不足10里,可就是靠不过来。各个部队都在叫苦:"我们遇到共军顽强阻击,无法前进。"

绝望的赵锡田躲到一辆汽车下面企图继续抵抗,却发现身前身后全是指向他的枪口。被带到刘伯承面前后,赵锡田不解地问:"你们从开始就一路撤退,辎重丢得遍地都是,难道是在骗我?"刘伯承说:"你应该读过兵书,应该知道孙膑减灶赚庞涓的故事!"一句话说得赵锡田满脸通红,羞愧难当。

定陶一战,刘邓部歼敌4个旅计1.7万余人,粉碎了西路之敌的进攻,打破了敌人钳击我军的计划。从此,刘邓大军在晋冀鲁豫战场上完全取得了战略主动权。次年6月,刘邓大军挥戈南进,千里跃进大别山,揭开了战略大反攻的序幕。

虚假宣传迷离对手心智:英美离间敌同盟

1943年,希特勒为了阻止英美联军从意大利登陆,制订了一项地中海作战计划。于是德国和意大利进行了秘密谈判,德国要意大利协同作战,特别是意大利的海军必须与德国的海军步调一致,做到统一指挥,相互支持。希特勒认为只有这样,才能确保意大利的安全,稳定阵势,以利发展。

意大利与德国是盟友,但是德国的许多将领看不起意大利人,而意大利人既害怕德国人,又得依靠德国人,对于德国人的自命不凡虽然很反感,但又无可奈何。因为意大利的海军在作战中往往失利,自己腰杆不硬,不听德国的又能怎么办呢?所以,德国与意大利的团结并非"亲密无间"的。他们的同盟是种互相依赖,又互相矛盾的关系。英国海军上将坎宁安知道,如果德、意之间的秘密协议得以执行,由德国人统一指挥德、意的海军,那么,意大利海军也许会改变面貌的,到时更不好对付了。他决定用离间计来破坏这一同盟,为此专门研究了一个周密的计划,运用对外广播,发动宣传攻势,挑拨德、意的关系,使他们离心离德,互相猜疑,产生矛盾。

方针确定后,一场出色的政治宣传战便开始了。英、美用大功率的电台,向意大利进行了长达17个月的"电波轰炸":"德国人认为意大利的海军指挥不当,士气低落,不堪一击。"这使意大利人既难堪又不服气。难堪的是,意大利海军的弱点很多,在二战初期就连连受挫,这是事实。意大利侵略希腊没能成功,他们的地中海舰队遭到英国飞机的袭击,被炸得溃不成军。后来在德国的参与下,才在进攻希腊时得手。不服气的是意大利跟随德国人一起干,但"甜头"却往往被德国人捞走,留给意大利的只有"苦头"。"据可靠消息:隆美尔对意大利萨布拉塔师的战斗失利,提出了尖锐批评,骂意军为'废物'。"墨索里尼对此大为不满,说:"隆美尔诬蔑神圣的意大利军队就是等于诬蔑了我,并声称要给希特勒写信澄清这件事。"英、美广播的消息确凿有据,连墨索里尼也感惊异。他早已有切身感受。一次,他去利比亚逗留几周,隆美尔就没拜访过他,这使他的领袖尊严大受刺激,甚至连德国士兵也都傲慢无礼。他乘坐格拉齐亚尼的汽车出外巡视时,碰上一队德国士兵,司机再三鸣喇叭示意,德国兵看见是意大利人,还是若无其事地在路中间晃悠,根本不让道。墨索里尼按捺不住心头愤怒,一把抢过方向盘:"照直开过去,让我教训这些目中无人的德国佬。"横冲直撞的汽车迫使德国人躲开了,那群德国兵却对汽车里的人扔来许多诅咒的脏话。

英、美广播的评论员的声音:"德国人只是拿意大利人当炮灰,并不将他们看成盟友。现在,大批意大利商船被征用后交给德国人,德国人将用这些商船去接从北非撤退的隆美尔的部队,却把意大利人扔在沙漠里,任由盟军宰割。"

英、美这些执意离间德、意同盟的广播的内容,有真有假,但中心便是宣传意大利人如何受歧视,如何被利用,如何仰承德国人的鼻息处于可怜的地位等等。天天广播,月月广播,一播便是 17 个月,500 多天。而且许多事实还是意大利人遭到封锁,连自己也没听说过的。既新鲜,又及时。这长年累月的电波轰炸,弄得意大利人不能不听,听后又生气。那本来就貌合神离的德、意两军便越来越多地产生了摩擦。意军懒得替德国人卖命,甚至还希望德国人失败,好在一旁看笑话。当英、美海军攻占直布罗陀时,意大利海军也不全力阻挡,听任德国人失败。英、美的离间计终于收到了效果。

第五章　特种心理战

特种心理战是指运用特种设备和手段,刺激和压制敌方军民的心理,扰乱其正常思维,诱使其被动地施谋运势,从而达到摧毁敌方意志、瓦解敌方士气的一种心理战样式。特种心理战手段包括政治心理战、经济心理战、外交心理战、宗教心理战和文化心理战等。

比如,利用宗教进行精神麻醉、心理劝导、感觉刺激,可以使人们因惧怕神灵上帝而削弱人们对于死亡的大然恐惧而忘于所以,直至达到狂热的地步。在一些资本主义国家的军队里,向士兵进行宗教灌输,已成为树立信心、激励士气的主要手段。金田起义后,太平军每逢行军、打仗、破关、突围和奖惩等重大行动或关键时刻,往往借助于"传言"的作用进行心理劝导和情感煽动,使部属在绝对服从的情况下实施组织指挥,以达成军事、政治目的。

从一般意义上来讲,特种心理战是对情绪和心理的操控。注意掌握人的情绪,善于迎合和利用群众的心理,这是将帅指挥艺术的显著标志,也是实施心理战的重要原则。资产阶级军事家拿破仑曾说过:"因为我变成了一个天主教徒,才平定芬蒂之乱;因为我变成了一个回教徒,才在埃及赢得胜利;假使我统治犹太人,必定重建所罗门大庙。"这一番生动的自我表白,正是拿破仑利用宗教进行心理战的要诀。实施特种心理战,就是善于利用风俗民情、民族习惯和宗教信仰等,从整体上营造出对敌方心理产生不利影响的态势,为战争创造有利条件。

恐吓加欺骗击垮敌士气：英军重占马岛

英军在作战中还积极采用了恐吓心理战,针对阿根廷200多年未经过战争,参战部队大多数为新兵,以及阿根廷全部武器装备依靠西方出售的情况,英国故意夸大自己武器装备的性能、数量和军队的作战能力,给阿根廷官兵造成战争恐怖的心理气氛。早在英阿双方交手前,英国便开始试图加剧阿根廷新兵害怕被训练有素的英国军队所杀的恐怖感。由于在参战的英军中有骁勇善战的尼泊尔廓尔喀人,所以,当被征用的"伊丽莎白二世女王"号豪华客轮从索斯安普敦启程时,英国舆论便广为报道说,船上运载的部队包括英国第六步兵旅所属的廓尔喀步兵营。报上还刊登了这些为英帝国服役悠久的尼泊尔士兵们手持锋利的廓尔喀弯刀的大幅照片。这些新

廓尔喀步兵

闻照片使阿军士气受到很大影响,战斗刚一打响,阿军中便广泛流传起有关廓尔喀人的种种神奇传说。一些在斯坦利西南的威廉山与廓尔喀步兵营遭遇过的士兵神色恐慌地声称:廓尔喀雇佣兵生性勇猛,不惧危险,一刀便能砍下一颗人头。一些人甚至不停地念叨着廓尔喀步兵营营长摩根上校的话:"谁要和廓尔喀人对阵,就叫谁加倍流血。"英国在马岛参战中担任舰队空中掩护任务的"鹞式"战斗机,是20世纪80年代第一流的战斗机,性能超过阿军飞机,但数量仅有20架,远不足以胜任庞大舰队的保护任务。然而,英国国防部却利用报纸、电台和电视台有意散布假消息,吹嘘有60架"鹞式"飞机在马岛上空逞威,并还若有其事地宣称英"大西洋运送者"号集装箱货船正运载20架"鹞式"战斗机赶赴战场(实际只有5架)。这种夸大武器实力的心理攻势,无形中给阿根廷空军部队造成了心理压力。而这种心理压力,又严重影响了本来打得不错的阿根廷空军作战技能的发挥。比如,在这次作战中,英国把仅有的两艘航空母舰全部开赴马岛战场,庞大笨拙的航母既是整个舰队的指挥中枢,也是其空军在战区的作战基地。如果它们被打掉,英国就会失去进占马岛的依托,因此,阿根廷曾多次寻找英国的航空母舰作战。阿军派出侦察飞机四处搜索,一次突然发现了其中的一艘,但正当准备实施攻击时,担任攻击的飞机编队却遇到了"鹞式"飞机拦截。由于阿军飞行员怀有惧怕"鹞式"飞机的心理,技术明显失常,结果领队飞机被"鹞式"飞机击落,其他飞机不敢恋战,纷纷掉头返航。阿军不仅失去了一次攻击的机会,而且白白搭上了自家的性命。除了通过宣传来实施心理威吓之外,英军还通过实际作战行动来表明军事实力。在战争第一阶段的海战中,阿方巨型巡洋舰"贝尔格拉诺将军"号虽然不在英国宣布的200海里封锁区之内,但是出于战略威慑的需要,英军还是于1982年5月2日16时以核动力潜艇"征服者"号将其击沉。此举震撼和慑服了整个阿根廷海军,使之从此怯战龟

缩,无所作为,再也没有露面出战。而英国海军则耀武扬威,横行无忌,占据了军事和心理的双重优势。

英军在对阿军进行恐吓心理战的同时,还自始至终实施了欺骗心理战。当时,英国能否重占马岛,关键在于能否尽快登陆。否则,庞大的舰队,远离后方补给基地,在茫茫的南大西洋上是漂泊不了多久的。英军为了在位于马岛首府斯坦利港后侧的圣卡洛斯港登陆,运用示形战术,对阿根廷进行心理诱骗。5月20日,英国国防部发言人库泊在新闻发布会上宣布说:"我们的小伙子们今晚将在军舰上睡个好觉",以此来麻痹守岛阿军。接着,英军派出一支佯攻部队,由两艘航母带领,在数艘驱逐舰和护卫舰的护卫下,向斯坦利港正面驶去。它们不断向阿军据点实施炮击,小分队则在斯坦利港附近佯装进攻,造成英军将在此登陆的错觉。与此同时,英军真正的登陆部队,却向佯攻舰队相反的方向悄悄驶去,秘密接近了圣卡洛斯港,1000多名脸上涂了黑油的海军陆战队员,不放一枪,偷偷摸上了圣卡洛斯港,一举登陆成功。此时,英外交大臣皮姆又声明说,这仅仅是一个突击队的小规模行动,决不是为了建立登陆桥头堡,各国电台竞相报道这一声明,结果使英军完成了大规模登陆作战的准备,而阿军却坐失战机。在这次战争中 英军以发表一些价值较低的真实情报(都是苏美卫星能获取的情报,本无秘密可言)为代价,向阿方进行心理欺骗,获得了很大的军事利益。如英国组成特混舰队以后,立即公布了它的指挥官、舰队编成、启航和到达战区的时间,并宣布封锁区外属于非军事区。阿方轻信了英国的声明,结果阿海军的"贝尔格拉诺将军"号巡洋舰在封锁区外的所谓安全区巡航时,被埋伏在那里的英国核潜艇击沉。

1982年6月4日下午2时,阿军司令梅嫩德斯被迫用颤抖的双手在投降书上签了字。英国的远征军以胜利者的身份,结束了英阿马岛战争,重新占领了马尔维纳斯群岛。整个英国沸腾了,4月2日阿军攻占马岛后发生在布宜诺斯艾利斯的欢庆场面,现在又移到了伦敦。撒切尔夫人容光焕发地出现在电视屏幕上,欣喜若狂地高声宣告:"伟大的英国又重新伟大起来了!"而英军地面部队司令穆尔少将在回顾这场战争的经历时则踌躇满志地说:"拿破仑说过,必须建立一种对敌军的精神上的优势。他的意思是说,在敌军心目中制造将招致失败的预感,这十分重要。我在很大程度上认为,我们制造了这种预期的心理状态。"事实也的确证明,在英阿马岛之战中,英国将多种心理作战手段融为一体,在整体安排下综合运用,达到了几近完美的效果。阿军本来十分高昂的民心士气,终于抵挡不住英军这股强劲的心理攻势,在"无形杀手"的重击下败下阵来。其中的经验教训,给人们留下了沉重的思考。

化装导致敌人丧失警惕：荆门警卫营智取白军

　　湘鄂西根据地是第二次国内革命战争时期工农红军的重要战略区之一。因此，敌人对这一地区经常大举进行"清乡"和"围剿"。为了巩固和扩大这块红色革命根据地，1932 年夏天，湘鄂西根据地荆门警卫营，遵照贺龙军长的命令，在荆门、沙市、宜昌一带开展游击活动。他们采取"你来我飞，你去我归，人多则跑，人少则搞"的游击战术，神出鬼没地袭扰敌人后方，钳制敌人向湘鄂西根据地进攻的兵力。当时该营辖四个连队，全营只有 240 多人，210 支枪，50 多匹马。不仅武器差，而且子弹也很少，每人平均不到 5 发，都是洪湖兵工厂土造的，其中一部分还打不响。在缺枪少弹的情况下，营长靳家香、政委张大明商定去找贺军长，想要上级调给一批枪支弹药。当向首长反映部队武器弹药缺乏的情况时，贺军长点了点头，笑着对他们说："我这里没有武器，你们自己想办法，缺少武器，去找敌人要。"贺军长的话虽不多，但分量很重，引起了他们的深思，他们越想越觉得有道理。

　　在向游击区进发的途中，部队经过紧张的行军到了几个小村庄，正准备宿营休息时，忽听得远处传来了一阵阵锣声。这是怎么回事呢？经过了解，原来这个锣声是当地地主武装互通情报的信号，意思是发现红军部队来了。

　　靳营长计上心来，立即派人通知各边驻地也把锣敲起来。这一敲不打紧，战士们纷纷猜疑开了："我们敲锣，不是等于告诉敌人我们驻在这里，那不正好中了敌人的计吗？""打游击，从来都是打打藏藏的，倒没有见过这么个打法的。"黎明时刻，哨兵报告说，在离我驻地约两里远的地方，发现有敌人朝我庄上走来了，靳营长立即命令各边做好战斗准备，并通知说，不管敌人来多少，不要先开枪，如果敌人少，最好是抓活的，这样既节省子弹，又能了解敌人情况，还不至于暴露自己。不一会儿，有十几个敌人骑兵接近了。这时，营长要活捉敌人的决心更坚定了，他叫战士把锣猛打猛敲，煞是军情紧急，昏头涨脑的敌人，听到紧密的锣声，催马扬鞭，直朝这边奔来。到村庄后，一个气势汹汹的敌人朝敲锣的人问道："你敲锣，共军在哪里？有多少？"我们敲锣的战士回答说："不知道，因为周围都在敲，我不敲行吗？"那个家伙一听是这个回话，恼怒地骂道："他妈的，真是活见鬼！就数你们这里敲得凶，害得老子好苦，天不明就出发，一部分朝东，一部分朝西，急得饭都没顾上吃，一口气跑到这里，鬼影子也没见一个，快下来给老子开门，弄水喝，做饭吃。"敲锣的战士装着连声应道："好，好，好。"马上从梯子上下来了。刚一开门，早已埋伏在院子里的我二连战士，一跃而出，夺枪的夺枪，拉马的拉马，抓俘虏的抓俘虏。这时，敌人才知道上了当，慌作一团，只喊饶命。唯有一个站在最后的敌军官，尚未下马，一见情况不妙，便掉转马头，夺路逃跑。可是敌人的退路早被我一连切断，他便从马上滚落下来，也当了俘虏。这次战斗，仅用了十来分钟，生俘了13个敌人，缴获了5支驳壳枪，8支马枪，13把马刀，13匹马，700多发子弹。战利品中还有一面青天白日的破旗。胜利后的战士们才知道，原来营长叫敲锣，是在向敌人鸣锣收礼啊！

　　歼灭这伙敌人后，警卫营的同志想乘机打敌人一个措手不及，于是决定去捣敌人的老巢。黄昏时刻，部队稍许休息后，便连夜冒雨向敌人驻地张家大湾奔袭而去。可是情况却出乎意料，扑了一个空，原来敌人发觉我军离开万里镇后，他们也派出了人马乘雨夜袭击万里镇去了。这时，营长便马上召开连干会议，研究下步行动方案。大家商议，将各连缴获敌人的服装集中到一起，把一连化装成国军，把缴获的那面青天白日破旗也打了起来。同时，还通过俘虏敌人的团总部书记官，将敌人的印章、印有番号的信纸信封搞到手，之后，叫他以张国栋的口气起草了一份命令，随后部队便开始行动了。化装的一连担任前卫，行军时将红军的一切标志都取了下来。规定各连都不打红旗，连马刀和驳壳枪上的红绸子也都一律摘掉。由骑兵连长化装成敌人的营副，还佩戴了国民党的上尉军衔。他带领部队大摇大摆地走到离万里镇约七八里远的一个村庄附近时，尖兵班的同志报告说："前面发现有部队，打的是红旗。"营长一听，奇怪！哪里来的这支队伍呢？于是命令号兵，吹问答号。可是那个部队没有号兵，不能答号。营长告诉尖兵，要他们派一个人过来联络。对方看见我们打的是青天白日旗，很快派了一个人来。一连连长警惕地问道："你们是哪一部分的？是红军吗？"对方连忙解释说："长官，别误会，我们是保卫团的。""好一个保卫团的，你们分明是红军，保卫团的还打红旗吗？"对方吓得哆哆嗦嗦解释说："我们确实是保卫团的，打红旗是为了欺骗民众的。"其实，这时我们从敌人的行装上，早已知道是敌人的保卫团了，故意盘问的目的，不过是为了进一步迷惑敌人罢了。

　　接着，一连连长便将敌团总张国栋的命令递交给他们的指挥官。那个蠢货拿着这道命令，上下打量，逐字逐句地看了一遍。只见上面写道："令二团三营协助剿灭万里镇、太和场、柳鱼口一带共军，在围剿期间，本团所属分队和清乡队均归李营长统一指挥，不得有误。等因奉此，仰照执行……"因为命令上找不到半丝破绽，当然不会有任何怀疑，敌军官生怕怠慢了国军的长官，拿着命令连忙应声说，一定听贵长官的指挥调遣。这时，机智的一连连长随即指令敌军官把队伍集合起来，说李营长要给弟兄们训话。

　　靳营长不以为然地还了个礼，迈着四方步走到队伍跟前，先命令士兵们把枪架好，退后三步坐下。然后便神气十足地开始了训话："弟兄们辛苦了！本营奉令前来执行任务,因为天下大雨,路途较远,所以迟来一步。由于你们不辞劳苦,冒雨袭击万里镇,本营长回去后一定帮你们报功请赏。但有人向我报告,说你们这次行动,有违蒋总裁围剿之方略,事情都叫你们给办坏了。本营长坚决执行上司指令,绝不宽恕,一定要按军法从事。"说毕,随即挥手,我们的两个士兵和一个传令兵,扑上去就将敌人的指挥官五花大绑起来,推去斩了。这时,继续训话的靳营长,越骂火气越大,吓得敌军想动不能动,想跑不敢跑,个个像中了定身法一样动弹不得。最后,营长命令缴他们的枪。这时,早就埋伏在附近的二连、三连、骑兵连和一连从四面八方一齐冲过来,把这股敌人收拾得一干二净。

这一仗在没有费一枪一弹的情况下,一举歼敌 157 人,缴获步枪 33 支,子弹500 多发,还有一批刀、矛、鸟枪和鱼叉。战士们高兴地笑着说:"谁说保卫团都糟糕,执行命令不是很好吗?"

狼的战术激发战斗意志:刘邓指挥定陶战役

解放战争时期,刘伯承元帅曾多次给部属讲过家乡的一个民间故事。他说:"成都有条坡路,一只狼隐蔽在坡路附近。当一个推平板车的人推到半坡时,那只狼一下子跳出来,照准推车人的腿上咬去。推车人放也放不下,跑也跑不掉。"刘伯承告诫部属要学习"狼的战术",善于捕捉战机和找准敌军的弱点,然后一口一口地把敌人吃掉。他指挥的定陶战役可以说是运用"狼的战术"的一个典范。

1946 年,蒋介石撕毁停战协议、发动全面内战后,刘伯承、邓小平根据中央军委的统一部署,率晋冀鲁豫野战军主力出击陇海线,歼敌 1.3 万人,破坏铁路近 200公里。这一仗痛打了蒋介石。他恼羞成怒,连忙从郑州、徐州两个方向集中 32 个旅30 多万人,分 6 路向鲁西南扑来,企图合击我刘邓大军于定陶、曹县地区。于是,刘邓指挥晋冀鲁豫野战军打响了定陶战役。

那么刘伯承在战役指挥上是怎样运用"狼的战术"呢?

首先,当敌 6 路大军气势汹汹地扑来时,刘伯承指挥我军主力在定陶地区休整,以逸待劳。然后他选准进攻之敌一路、整编第三师作为首歼目标。因为该师师长赵锡田自恃装备精良,傲气十足,突击冒进,为我军分割歼灭创造了条件。

为了集中兵力先吃下这块"肥肉",刘伯承仅以少量兵力和地方武装钳制其余5 路进攻之敌,集中主力 9 个旅对付敌整编第三师的两个旅,从而在兵力对比上形成了 4 倍于敌的优势。在具体攻击部署上,他先集中力量消灭这个师的一个旅,然后再歼灭师部与另一个旅;对选定首先歼灭的这个旅,我军也没有一口吃进去,而是围起来后,一个团一个团地逐个歼灭。这样,在具体战斗中,我与敌兵力对比就远远不止 4 倍的优势了,因而战斗进展很顺利。

当我军歼敌一个旅后,敌整编第三师陷于混乱状态。我军很快就歼灭了敌师部和另一个旅,然后乘胜向敌整编四十七师实施攻击,又顺手歼灭了这个师的两个旅。至此,定陶战役胜利结束。定陶战役仅用 5 天时间,歼敌 4 个旅 1.7 万人,我军仅伤亡 3500 人,是一个漂亮的歼灭战。

毛泽东对定陶战役的指挥评价很高,把它与粟裕指挥的苏中战役视为歼灭战的两个典范。战役一结束,毛泽东就向全军通报了定陶战役的经验。电报中说:"必须集中优于敌人 5 倍或 4 倍至少 3 倍的兵力,首先歼灭敌 1~2 个团,振起我军士气,引起敌人恐慌,得手后再歼敌第二部、第三部,各个击破之,切不可贪多务得,分散兵力。"

迷信装扮惊起内心恐惧:贺龙指挥神兵团

在贺龙同志的领导下,湘鄂边的革命武装力量,就像雨后春笋,蓬蓬勃勃地发展起来。经过一年的艰苦斗争,到了 1929 年五六月间,红军正式编成了一团、四团和一个警卫营。

当时部队的装备很差,能打响或打不响的步枪总共不过 500 支,还有几百杆土炮,其余都是大刀和梭镖。没有军装,军人还是穿着便衣或打土豪分的衣服,五颜六色,什么样式都有。有的人包块红头巾,有的人系条红腰带,红闪闪的一片,显得很威风,又很别致。第四团由收编的"神兵"大队扩建,官兵用红布缠头,打仗勇敢,群众称为"神兵团"。第四团建立后,坚决打击当地的土豪劣绅。以桑植、鹤峰为中心的几个县团防队(地主武装)几乎被一扫而光。1929 年 6 月,红军第四团占领了桑植县城,成立了县苏维埃政府和县农民协会。

红军的行动大大震惊了当时的反动统治者——湘西土著军阀陈渠珍。陈渠珍除勒令桑植及其周围的残余地主武装"限期进剿"外,还派遣他的嫡系主力"向子云团"进攻桑植县城。向子云是湘西的一个极其反动的家伙,既骄傲,又愚蠢,他仗着自己有四五千人,武器好,又经过训练,认为消灭红军没有问题。因此,他给其部队配发了许多绳子,扬言要把"红脑壳"一个个活捉回来。但因他还是对红军有些畏惧,特连夜准备了许多竹筒,装满乌鸡狗血,并对他的部队说:"有了这玩意儿,撒到那些神兵身上,他们那神法就不灵了。"

敌人的活动很快被我军获悉,当时红军虽然编成了团、营,消灭过许多地主武装,但还没有与白军的正规部队打过仗。经指挥员研究,认为如果摆开阵势硬打,对我军不利,便决定伏击歼敌。特别利用敌人对"神兵团"的恐惧心理,又把过去缠红的第四团精心打扮一番,人人都缠上红头巾,梭镖上一色红布条。一切准备就绪,当敌人接近县城的时候,我军把一小部分兵力埋伏在城内,其余的在城郊梅家山和春庙、乱葬岗一带隐蔽待击。

愚蠢的敌人倚仗着人多势众,由西南方向直逼城垣。当发觉是座空城时,还以为红军被他们吓跑了,就大摇大摆地向城内开进。忽然一声枪响,埋伏在城外的红军向敌人发起了攻击,接着,预伏在城内的部队也向敌人冲锋了。正当敌人惊慌失措之际,红四团在东门外出现了。他们一色的红缨枪,像一条火龙似的,沿东门外300多步高的石阶昂然直上。警戒城东门楼的敌人,一见此景象,早已慌了神,两挺机关枪一枪未放,撒腿就跑,而且边跑边叫"神兵来了!",我军随后追赶,敌人内部人踩人,马踏马,乱成一团。最可笑的是敌人直到这时还没有忘记其"法宝",把那些专门准备的乌鸡狗血直往红军战士身上泼。

经过这一战,大部分敌人被歼灭,剩下一部分残兵,由敌团长向子云带着拼命向来路逃窜。当他们逃到赤溪河岸边时,船只早已被我军撑走了。此时红军部队正紧追不舍,向子云慌慌张张抓住骡子尾巴渡河,渡到中途就葬身急流。其余敌人小部分溺死、大部分投降。

当时,正是六七月份,气候炎热。我红军警卫营营长是个胖子,更是热得受不住。在追击敌人时,他右手提着驳壳枪,左手拿把大蒲扇,边追边扇。这事后来竟被传得神乎其神,说:"红军'神兵团'厉害,'扇子兵'更厉害,一扇子能将几十个人扇到河里去!"

此仗,我军缴获步枪近千支和一些机枪、弹药,除有些同志的衣服被乌鸡狗血弄脏,我军伤亡很小。

男扮女装迷离守敌心智:朱德取中川

红四军军长朱德同志,于1930年春率领一支部队去闽西山区,进行宣传群众,组织群众,武装群众,开辟革命根据地,以便积蓄力量,夺取革命斗争的胜利。

在闽粤边境山区有个中川村,盘踞着反动民团头子胡道南。这地方形势十分险要,交通不便,村子东西各有一座小山,中间夹着一条大道,是通往广东的要冲,村子里还有一个兵工厂。胡道南占据有利地形的兵工厂,构筑碉堡工事,招募地痞无赖,在这里称霸,为非作歹。朱德一到这里,就进行了调查研究,得知,胡道南的反动民团荒淫无耻,是一伙酒色之徒。团丁们尽是哼唱一些什么情呀、爱呀、酒啊等小曲,并且经常以卑鄙下流的歌声调戏妇女,发泄自己的兽性。

有一天,红军来到中川村附近的一个山凹里宿营。朱德召集大家一块儿商量打中川的事。会上,首先请当地的同志介绍了中川的情况,接着大家展开了热烈的讨论。朱德同志坐在一把竹凳子上,边听着大家的发言,边对照面前的地形图思索着。过了一会儿,大家用期待的目光注视着他,于是朱德憨厚地笑了笑,带着浓重的四川口音说:"中川地形易守难攻,敌人的兵力虽然不多,但他们控制了制高点,山上还架着机枪,因此,我们明天打中川不能贸然行动,要利用敌人荒淫放荡、迷恋酒色的弱点和胡道南的骄横……"听罢朱德的一席话,大家兴高采烈地做准备去了。第二天的清早,太阳还没升出地平线,有5名手拿柴刀的妇女在弯弯曲曲的山路上向中川村走去。最前头的妇女,头上还裹着一块花头巾,边走边唱着情歌,缠绵的歌声在山谷间回荡。在中川东山上放哨的3个团丁听到歌声,纷纷伸长脖子四下张望。当发现是几个上山砍柴的妇女时,立即挤眉弄眼地对起了情歌。

"你听,上钩了。"一个妇女小声说。正在双方你来我往对唱情歌的时候,其余的4个妇女却悄悄地从山侧爬上了山顶,乘团丁毫不戒备,有如猛虎下山一样将3个团丁按倒在地,捆了起来。

当5个妇女收拾了民团哨兵后,举着一面红旗在山顶上挥动。埋伏在山下竹林中的朱德一见信号立即率领红军发起冲锋,四处的群众也闻声冲向东山。原来,这5个"妇女"全是男扮女装的红军战士。这是朱德军长智取中川村的一个妙计。

反动民团头子胡道南听到此消息后,慌忙纠集团丁反扑。敌人的各种火器一齐开火,子弹像雨点般飞向东山。

在山上的朱德军长望了望山下,断定敌人只是在盲目地射击,而不敢冲上山来,于是,命令红军停止射击,并组织一小队红军悄悄向西山迂回,让群众隐蔽在东山后面摇旗呐喊。果真,敌人上当了,枪声越来越密。打了半晌,胡道南以为红军已被消灭,便扬扬得意地命令团丁们停止射击,枪声渐渐稀落。

然而,西山又传来了仇恨的高喊声:"民团贼子,红军已在这里等待多时了!胡道南,你有本事就过来,一定敬你两颗花生米吃。"

胡道南听到喊声,简直肺都要气炸了,立即驱赶着团丁掉头向西山扑去。站在东山上的朱军长,看着快要进入山间大道的敌人,十分兴奋地说:"胡道南钻进我们的口袋了!吹冲锋号!"

军号声嘹亮,冲破云天。红军分多路向敌人冲去,枪弹从四面八方射向敌人。顿时,敌人死的死,伤的伤,乱成一团。胡道南见势不妙,乖乖地顺着山间小道逃往广东去了。

就这样,红军迅速地占领了中川村,夺取了兵工厂。喜讯传出,老百姓编了一首歌谣:"铁打朱毛军,智取中川村。攻下兵工厂,团总逃广东。"

主动示形巧用逆反心理:拿破仑翻越阿尔卑斯山

1799 年"雾月政变"后,拿破仑掌握了政权。当时,第二次反法联盟的各国军队,正从几个方向威胁法国本土。面对皮埃蒙特境内的 10 万奥军,如何取胜呢?拿破仑清楚地意识到,再用以前的老办法无论如何是不行的,必须力争以一个决定性的战役粉碎奥地利军队的主力。为此,首要的条件是建立一支具有强大战斗力的军队,并在该军采取军事行动以前有效地隐蔽企图,使该军团的行动能够在战略上达成突然性。而要达成这种突然性,唯一的办法是放弃传统的进军路线,设法从北面的瑞士翻越阿尔卑斯山,直接迂回到驻意大利奥军的后方。显然,这两个目的都不是轻而易举能够达到的。

为了实现自己的战略意图,拿破仑进行了周密的策划,并在 1800 年春组建了一个强大的预备军团。对此,拿破仑估计到无法保密,断然决定,不仅要把预备军团的组建公布于众,而且,有意将军团的实力泄露出来,借此引起人们的猜测,诱使敌人做出错误的判断。1800 年 4 月,拿破仑亲自出面,煞有介事地做了一番表演:在巴黎正式宣布组成一支预备军团,将在第戎集结,并亲自去检阅这个部队。

拿破仑为使人确信不疑,又采取了一些手段:自己给法国立法团和参议院写信,在政府《通报》上登载消息,通过报纸刊发布告,借此大肆宣扬预备军团的存在。结果,此举诱使大批间谍从欧洲各地赶到第戎。不过,这些间谍很快就失望了。他们并没有看到多少像样子的正规部队,只有刚刚招募来的几团新兵。除此之外,就是各种徒有虚名的所谓司令部等,那里净是一些老弱残兵,服装不整,装备不齐,看来毫无战斗力。拿破仑果然在那里进行了一次检阅,但人们感到奇怪,一个堂堂大国的最高统帅,为什么不待在巴黎,而要跑到这里检阅一支引人发笑的队伍。这次检阅的消息很快传到伦敦、维也纳和欧洲其他政治中心。拿破仑的预备军团开始成为绅士们的言谈笑料。紧接着,五花八门的讽刺画在欧洲各地出现了。其中一幅画着"12 童子军和一个装着木脚的残废人",下面的标题写着"拿破仑的预备军"。与此同时,许多手抄的传单也相继出现。其实,有的传单和漫画,都是法国间谍机关精心制造的。有的传单还故意"透露"了有关拿破仑一些不大光彩的逸事趣闻。经过上述舆论手段的渲染,人们形成了这样一种印象:拿破仑的预备军团完全是编造出来的,事实上并不存在;拿破仑所以要这样做,纯属欺骗宣传,是为了牵制奥地利人而设置的一个圈套,目的是为欺骗奥军。

拿破仑的表演,果真欺骗了作战对象。当时,指挥奥地利驻意大利军队的统帅梅拉斯就认为:"用来威胁我们的预备军团只是一群乌合之众","敌人希望利用它来迷惑我们,使我们解热那亚之围",还说"法国人把我们看得太简单了"。于是,决心调兵南下,加紧围攻当时仍由法军控制的热那亚城。这样,拿破仑为法军突然进入意大利与奥地利交战创造了条件,实现了自己的战略意图。

顺从敌意精心抛出诱饵:新四军夺取高林桥

1941年春,侵占安徽的日军在皖东江淮地区设置了不少据点。给在此地开展对日作战的新四军七师白湖独立大队以极大的压力,加上该大队所处地区北临巢湖,南靠长江,形势就更为不利。传说三国时的曹操,曾夺下这个地方,作为横渡长江、进攻东吴的跳板,结果失败了。临走时他哀叹说:"这里是前有长江,后有湖泊,进不可攻,退不可守,是乃无为之地矣!"从此这地方就得名"无为"。这里果真是无为之地吗?

新四军七师师长张鼎丞不这样看。他认为,这里恰恰是大有可为。他对同志们说,无为、庐江、桐城一带,在战略上有极为重要的意义。这里扼制着长江和淮南铁路,靠近南京、芜湖,我们在此坚持斗争,不但能牵制日寇,而且还能创造条件,加强和军部、二师、五师、六师的联系,使整个华中敌后战场连成一片。因此,我们必须坚守这个阵地,创立更多的根据地。大队长将大然同志为了响应张师长关于创立更多根据地的号召,认真分析了日、伪在礼尚岗、黄姑闸、团山、高林桥等许多据点的情况,觉得要扩展,要创立更多根据地,非打下高林桥不可。因高林桥据点是湖东区的中心,距严家桥只有几里路,对游击队的活动危害最大,不拔掉高林桥,不仅不可能发展,而且还可能被它困死。可是,要拿下高林桥,又谈何容易,高林桥驻有一百七八十人的伪军中队,中队长叫孔少华,他们防守很严,构筑的工事很坚固,核心工事由一个主堡和六个碉堡组成,中队部就设在主堡中。主堡有两层楼,每层楼有一挺机枪扼守,可控制四面八方。碉堡外修有一道一丈多高的围堵,墙上有竹签,墙外挖有两道壕沟,宽深均一丈多,而且沟的两面都有鹿寨和铁丝网,通路是吊桥,而且又兴建两条通路,一条通桨湖,一条通丁家。再加上这里与团山日军据点很近,只有4里路。因此,要打高林桥,没有足够的兵力火力是不行的。大队长蒋天然左思右想,觉得高林桥一定要打,但不能强攻,只能智取。

奇袭据点高林桥镇

一天,偶然得悉高林桥一个开饭馆的人发牢骚,说是镇上的生意难做,伪军经常吃了饭不给钱,已赌气关门3天了。蒋大队长听说后,拍着大腿说,主意有了,于是他把参谋邢济民找来,附耳如此这般一说,两人都喜形于色。不久,邢济民就装成巢县商人,化名张世民,到高林桥和那人合伙把酒菜馆子重新开起来,而且还专门把门面粉刷一新。开张那天,那人和邢济民专门把伪保长和中队长孔少华及一些伪军军官请来大吃了一顿。酒过三巡,"张老板"举杯对伪保长和孔少华说:"兄弟张世民将本求利,还望大家多多包涵、关照。"伪保长和孔少华道:"好说好说。"从此,张家馆子的生意兴隆起来了,伪军官兵经常光顾,张老板好说话,有钱给钱,没钱记个账就行了,甚至有时孔少华不愿跑腿,便由勤务兵来端菜,或是捎个口信出来,由张老板派人送去。久而久之,邢济民便和他们混得很熟。有一次,有两个从巢县来的人说是张老板家的,哨兵二话没说就放行了。

饭馆重新开张已20多天了,邢济民把据点里的情况摸得清清楚楚。大家一商量,觉得不能再拖下去了,一来想到要趁热打铁,二来想到夜长梦多,拖久了,万一说话不慎,露了马脚,就前功尽弃。"伙计们"都有这样的看法,但是,到底什么时候动手?怎样动手才万无一失?一时都没想出个好办法。说巧真巧,就这个时候,伪保长亲自到饭馆对"张老板"说,他的生日快到了,要在饭馆里请客,要"张老板"办五桌酒席,并帮助应酬招待。邢济民一听,正中下怀,真是"踏破铁鞋无觅处,来得全不费功夫"。对伪保长的要求,真是求之不得,便连忙对伪保长说:"好说好说,一切包在兄弟身上了。"伪保长拍拍邢济民的肩膀说,"我不会亏待你的",便满意地走了。邢济民立即把这个情况向蒋天然作了汇报,蒋大队长决定,就在伪保长生日这天动手。并计划以一部分人在饭馆里行动,以解决伪保长、孔少华等,另一部分人以送菜为名到碉堡中去,听信号行动,还留一部分人准备打伏击,以防团山和望城岗据点的敌人增援。

一切计划停当,"张老板"就在高林桥到处扬言,要给保长办5桌酒席做生日,有意让高林桥的伪军官兵和老百姓都知道。到了伪保长生日那天,邢济民一切安排妥当后,便和两个"伙计"到镇外买了十几担柴草,走到桥头哨兵处。"张老板"对哨兵说:"兄弟,今天保长生日,买几担柴火,到时候兄弟也来凑个热闹吧。"这些哨兵平时到"张老板"处有吃有喝的,哪里还想得到什么意外,只顾点头哈腰地放行了。就在哨兵点头哈腰的时候,那些挑柴草的人,早已从柴草中摸出了短枪,哨兵一看,惊得只喊饶命。"张老板"说,不难为你们,只是让你们把衣服脱下来,连枪一起交给他们,让他们替你们站哨就是了。两个哨兵乖乖地脱下衣服,连枪一起交给了他们。

太阳当空,赴宴的人,陆陆续续地到了饭馆,只有孔少华,似乎是为了显示自己是高林桥的"老大",来得最迟,而且身后还跟着两个警卫,都背的是二十响匣子枪。

大家看在眼里,记在心里,只顾上菜招待。酒过三巡,邢济民便派人往碉堡里送菜,这是第一个信号,"伙计"们立刻做好准备,不一会儿邢济民举杯祝伪保长生日。话音刚落,只听"砰砰"几枪,孔少华的两个警卫立刻倒在血泊中,这时的"张老板"一跃就到了孔少华身边,"二十响"对准他的脑袋瓜,孔少华一看,目瞪口呆,乖乖地当了俘虏。与此同时,烧菜的"师傅"、端菜的"伙计"、"挑草"的、"看热闹"的、"要饭"的,全都掏出了短枪,一拥而上,把那些端杯举筷的家伙,全部抓了起来。蒋大队长又领着伪军中队长在碉堡下面喊话。伪军一看,身边有送菜的举枪举弹,下面有中队长喊话投降,于是便纷纷放下武器,举手投降。前后只用了 20 分钟,就夺取了高林桥,俘伪军 160 多名。

情色武器撩拨苦闷心理:色情传单

性吸引是人类行为的主要动因。军事专家在各种军事冲突中都擅长利用这一点,在战争和冲突中散发性话题传单,作为一种行之有效的心理影响手段,成为心理战的一个组成部分。

大量散发性内容宣传材料是在二战进程中,德国人首先使用的。德宣传机构大量散发色情传单,企图挑拨美、法、英军队之间、士兵与后方民众之间的关系,利用宗教和种族问题对敌方施加影响。

1939~1940 年冬天,德国充分利用英军远离法比边界前线的事实,散发了大量色情传单,描绘酗酒的英国军人在平静的生活中引诱法国士兵的妻女,背面配以挑拨性的文字:"当你们在前线打仗的时候,英国人正在与你们的妻子干这个!"德国广播电台也利用一切手段,散布英军不在马其诺防线内防御,而在巴黎与法国女人淫乱的消息。

战争后期,德国开始用同样的手段进行反美宣传,传单上画着美国大兵搂着英国姑娘嘲笑英国士兵的图片,下面是挑拨性的文字:"事实上,这是美国人的快活战争。"

为了强化反布尔什维克信念,纳粹宣传机构向波兰军民散发了大量色情传单,但效果并不好,没能达到让波兰人视俄罗斯人为更大危险的目的。

纳粹宣传机构在战争时期经常使用目标对象所熟悉的事物作为色情传单的

二战时的色情传单

载体。一些针对美军的传单以《生活》杂志的封面形式出现,上面描画出各种裸体女人,背面标题是"死亡",再画上一个戴钢盔的脑袋,旁边是日期"1944 年 11 月",另一边是"1944 年的黑色日子"字样。根据对象不同,画上的姑娘分别戴上美军或英军的头盔。

德国积极煽动盟军中的反犹太情绪,战争初期散发的一张传单上画了一个头戴美军头盔的英国裸体姑娘,坐在镜子前看印有"犹太人"标题的《时代》杂志,镜子中照出她黑黑的长发,犹太人面容,一脸的狞笑,这一色情传单暗示英国人是在为犹太人而战。1940 年,这种传单经日本寄到了还没参战的美国。

战争年代,德国宣传机构还以"被你们抛在家中的姑娘"为题,出版了由 4 张色情传单组成的连环画,讲述传奇的犹太人列维靠战争生意发财,过着自由自在的生活,以追逐美国女人为乐,而他的朋友却在前线打仗。

色情传单的主要目的就是削弱敌人士兵的坚定意志,使他们对自己的行为和选择的正确性产生怀疑。一种针对美军的、由 3 张传单组成的连环画达到了这一目的,内容是当年轻的美国人在前线遭受战争苦难甚至死亡的时候,另一些人却在家中享受生活。在德国首先使用色情传单之后,许多参战国都使用了这一心理战手段。其中使用密度最大、范围最广、时间最长的却是美国。

二战时最有影响的色情传单是美国心理战部队散发的,美国官方否认曾散发过色情宣传材料。30 多年后,当美国战备管理局有关二战内容的秘密档案公开后,证实了美军确实使用过"黑色"宣传手段,其中包括散发色情传单。档案证明,到1945 年 5 月之前,美国共散发了约 7.9 万份"性传单",其中在阿尔及利亚散发了1.6 万份,意大利巴里市约 3800 份,意大利布林迪西市约 4.15 万份,意大利北部约500 份,法国约 3600 份。另外还散发了约 1.36 万份其他特殊用途的传单。

战争结束阶段,美国宣传活动的一个重要组成部分是散发一系列"色情明信片和信封",约 7 万套,其中在意大利北部散发了约 6.5 万套,法国约 350 套,其他地区约 3100 套。这些明信片和信封非常的淫秽,画上了各种奇异的、非人道的、遭到社会或道德谴责的性方式,如性变态、同性恋、人兽乱交、雏童性行为等。最著名的一套是"6 张画",共有 6 张色情传单,每张传单上都有一幅色情素描画,上有德语流行诗歌片段,还有德国民歌歌词"我们在家中重逢",下面题上"6 张画",后面还用红笔注明"只供男人观看""只供成年人观看"的字样。主要目的是激起德国军民反战、反希特勒情绪。

美国太平洋舰队心理战部队也针对日军散发过至少一期色情传单,上面画着一个坐在藤椅上的日本裸体女人,背面文字讲述日本士兵的妻子由于贫穷被迫卖淫的故事,同时还有呼吁士兵停止抵抗、返回家乡的内容。

二战后的战争和冲突中也出现过色情传单。朝鲜战争中，美国散发过中文和朝文色情传单，画上画有俄罗斯士兵强暴中朝妇女的情形。越南战争期间也大量散发过色情传单，有一份传单画了一个身穿睡衣、非常性感的越南姑娘，标题是"不要放弃成为男人的权利"，宣传文字是："你们现在唯一的价值就是希望，希望能在战争中生还，请不要放弃成为男人的权利。回到幸福生活和个人自由中去。越南政府自由力量联合起来！"

但是，使用性话题，散发色情传单，并不总是能够达到涣散对方军心的目的，有时反而会适得其反。美军最初在越南散发类似材料时，没有考虑到文化越复杂，性表现受限制越多的因素，一些传单只会激怒稳重和保守的越南人，他们认为使用色情传单也是资本主义社会道德堕落和下流的标志。因此，美国专家在战争后期散发的性传单中只能画一些身着民族服装的、年轻的越南女人，避免使用裸体画像。美国还在1981年向朝鲜军队散发的传单中出现过类似错误。

因此，正确使用性内容宣传手段，必须考虑到社会、文化、伦理、宗教和其他因素，才能起到这一特殊心理对抗手段所能起到的效果。无论如何，"性道德"总是文化中较为传统的部分，背叛它会被认为是病态，只要谨慎使用，拿人的性恐惧心理和谐道德理智做文章，打出保护家庭和伦理道德的口号，总会得到积极的回应，能轻易地损害政治和军事对手，所以，大国的心理战专家绝不会完全放弃这一手段。

用激战逼出部队精气神：新四军拔除延陵据点

1938年6月，新四军一支队挺进江南敌后，活动于南京、镇江、苏州、溧阳间的广大地区，开展游击战争，经过数月的艰苦战斗，建立了以茅山为中心的苏南抗日根据地。但是这个时期由于我军在战略上处于防御地位，在力量上处于敌强我弱阶段，因此，日寇气焰十分嚣张，不断地对我游击根据地进行扫荡。

为了改变这种被动局面，1939年初，支队司令员陈毅指出：必须在战术上集中优势兵力，千方百计地寻找战机，不战则已，战则必胜，狠狠地打击日寇的凶焰，以此来振奋江南人民开展敌后抗日游击战争的胜利信心。

时隔不久，陈毅把二团一营长段焕竞找去，要他乘除夕之夜，带领一营攻打延陵守敌。陈毅说，延陵镇是丹阳、金坛、句容之间日寇的一个中心据点。日寇一向以为延陵周围村庄稠密，据点又多，且河流交错，还有一条简渎河由南向北穿过街区，不便于部队机动，而且离我军又较远，因此是一个比较安全的据点。若能利用敌人这种麻痹思想，再加上选择除夕之夜攻打延陵，就会收到出其不意，攻其不备的效果。

段焕竞受领任务后，为了"不打无把握之仗"，组织小分队经过几次化装侦察和地下党提供的情报，摸清了延陵日、伪之兵力、部署、工事、火力配备等情况，同时还了解到驻守在河东地主大院及昌国寺内的是日寇柴田部队川越中队的一个小队共28人，驻守在河西的是"维持会"武装的100余人，并查明了敌对我数次"扫荡"后，思想较麻痹，守备较松懈，而且正忙于大办酒菜准备过年。鉴于这些情况，一营决定乘除夕之夜，采取集中全营兵力，长途奔袭，以先割后歼，先弱后强（即先伪军后日军），围一个歼一个，各个歼灭的手段，解决延陵守敌。具体部署是：第一步，以一连直插简渎河接延陵镇东西两边的大桥，切断日伪军联系，监视日寇。与此同时，集中二、三连围歼伪军。得手后，第二步集中兵力围歼日寇，到时，令一连担任主攻，二、三连为助攻，并让丹阳独立支队负责监视和阻击丹阳方向来援之敌。

2月18日夜晚，是我国人民传统的除夕之夜。这天夜里小雨加雪，正是延陵镇上的日、伪军划拳饮酒，狂饮暴食，花天酒地的时候。离延陵约50余里的白兔镇附近的1营全体抗日健儿，早已冒着细雨夹雪的严寒，急速飞奔向延陵，经过3个多小时的快速行军，于22时许，已秘密地赶到延陵了。在镇外，他们与早就在那里等候的地下交通员接上头后，交通员神速而隐蔽地带领着这支抗日武装沿简渎河边摸进了镇内。进镇后，一连迅速地直插大桥及其以东地区，切断了日、伪军之间的联系。二、三连也迅速而隐蔽地包围了河西伪军驻地。巧得很，片刻工夫，有一伪军外出，二连同志立刻乘机夺门而入，随即大喊"不许动！"，狂饮暴食的伪军，一个个目瞪口呆。一刹那，有的放下赌具，有的放下烟枪，有的举手投降。就在这时，三连也迅速冲进伪军的另一住房，当昏昏沉睡的几十个伪军从床上清醒时，已乖乖地当了俘虏。只有街南的少数残敌，见势不妙，一边放枪，一边逃窜，很快被我三连消灭了。河东日寇听到枪声，先是派一个班外出窥查，当走到桥头，就被一连一阵手榴弹突然迎头痛击，日寇见势不妙，立刻缩回据点去了。这时，二、三连在营长段焕竞指挥下，和一连立刻分三路对日寇驻守的地主大院发起了围攻。一连由南向北实施主攻，二连由北向南，三连由西向东实施助攻。日寇拼命地以密集的火力阻止我前进，并利用庭院的高墙以掷弹筒杀伤我后续部队。二连面对日寇

新四军延陵之战

密集的火力封锁,他们采取声东击西的办法,一面以少数人在西侧围墙上用火力掩护挖洞,日寇误认为二连在这里挖进去,便集中火力猛烈射击,这时主力却乘敌火力转移之机,用"杆子手榴弹"(一种绑集在竹竿上的手榴弹)伸进敌围墙上的枪眼,围墙立刻被炸开一个口子,突击队一举突进了围墙内。日寇却又把早已准备好的棉花之类,浇上煤油点燃起来,熊熊烈火顿时把庭院照得通明。日寇趁着火花,猛烈向我后续部队射击。一见此状,有几个战士很快用湿被扑灭火障。一、三连乘机冲过了围墙,和日寇展开了肉搏战,日寇在我众彼寡的情况下,一边顽抗,一边退缩,直退到昌国寺的藏经楼(早已被日寇改成高堡)上,企图居高临下,负隅顽抗,等待援兵。在敌密集的火力下,一营指战员跟踪追击,将日寇团团围着,丧心病狂的日寇竟以掷弹筒向我战士发射毒剂弹。

"不要跑了一个日本鬼子!"

"用火烧死他们!"

咆哮的喊杀声连成一片,犹如奔腾的洪水。当地群众也纷纷赶来助战,贫农张金龙见一战士负伤,不顾寒风呼啸,将自己的棉裤脱给伤员,然后背起伤员涉水过河去了。满腔怒火的抗日军民,面对拒不投降的日寇,"以其人之道,还治其人之身",立刻也用柴草浇上煤油,顷刻间,浓烟烈火直上藏经楼顶。日寇惊恐万状,有的跳楼,有的被我击毙,有的被活活烧死,只有一个幸存者被我活捉。战到拂晓,全歼了延陵守敌,镇上的群众纷纷涌上街头,高高兴兴地欢度春节。

这次除夕延陵之战,不仅全歼了延陵守敌,而且粉碎了敌人原定春节后向丹(阳)武(进)以南地区"扫荡"的计划,振奋了江南志士,坚定了坚持和发展江南敌后游击战争的胜利信心。

雄浑音符激励守城意志:音乐谱写列宁格勒保卫战奇迹

1941年6月22日,法西斯德国单方面撕毁了《苏德互不侵犯条约》,向苏联发动了全线进攻。在战争的初期,苏军在西北方向很快丧失了立陶宛、拉脱维亚和俄罗斯联邦的部分土地。

7月10日,德军以近40个师兵力直抵列宁格勒城下,试图攻占这个苏联第二大城市。列宁格勒当时有300多万人口,是苏联重要的海港和铁路、河运枢纽,又是苏联波罗的海舰队的主要基地。希特勒一再强调要攻占"布尔什维克主义的发祥之地",并狂妄叫嚣一定要把这座城市"从地球上抹掉"。到1942年8月9日,列宁格勒仍处于德军的重重包围之中。但在这一天,这座城市的一家音乐厅里奏响了苏联功勋作曲家肖斯塔科维奇创作的《第七交响乐》,那雄壮浑厚、催人奋进的音符随着

列宁格勒保卫战

无线电波飞进了列宁格勒的千家万户。千千万万的人们肩挎冲锋枪，眼含热泪倾听着这庄严的乐曲，沉浸在一阵狂热的爱国激情之中。一双双缠着纱布的手臂高高举起，高呼着"祖国万岁！""列宁格勒万岁！"的口号。

尽管德军的轰炸机和大炮向该城倾泻了无数枚炸弹和炮弹，但是在列宁格勒军民的顽强抵抗下，这座千疮百孔的英雄城市仍巍然屹立。不过，敌机的呼啸声和令人心悸的枪声炮声，加上饥饿和伤亡，难免引起一些人的惊慌不安……

面对这种艰难的情况，列宁格勒的前线总指挥、业余音乐爱好者列·阿·戈伏罗夫萌生奇念：何不公开演奏那部以歌颂壮烈的卫国战争为主题的《第七交响乐》来激励斗志、鼓舞士气、安定军心呢？他的设想得到了其他指挥官的一致赞同，于是，一项不寻常的计划悄悄地开始执行。

交响乐的总谱还远在古比雪夫。一级飞行员华西里·谢苗诺维奇·李特维诺夫接受了运送总谱的光荣任务。华西里巧妙地利用当天连绵不断的密云，躲过了敌人战斗机的拦截，成功地飞抵古比雪夫。第二天又赶回列宁格勒，归途中，飞机上多了一位怀抱一只大黑皮包的乘客，包中放着珍贵的《第七交响乐》的总谱，总共厚厚的四大本。机组全体人员都感到无比激动和自豪，因为这是一次"不寻常"的任务。

而演奏《第七交响乐》至少需要80名演奏员。据查，原交响乐团中有27名演奏员已在保卫战中阵亡。于是，从前线政治部和海军政治部调出数名音乐家去交响乐团报到。他们的调令上是这么写的："请用长号换下您的冲锋枪，急赴广播交响乐团。"

终于一切就绪。正式演出当天，当指挥的金属棒闪电般地一挥，音乐便如潮水般地奔涌而出。5分钟后，城内响起了一阵阵排山倒海的炮声与乐声，彼此交织、共鸣。原来，前线总指挥特意拨出3000发大口径炮弹，向德军的炮兵阵地、观察所和指挥所发动了猛烈的炮击。那一天，敌军炮兵显然被打哑了，因而没能向列宁格勒发出一颗炮弹。

在充满死亡和鲜血的时期，列宁格勒没有沉默，他们用顽强的斗志、用音乐谱写出了奇迹，不可一世的德军始终未能攻陷列宁格勒，对此，一位德军指挥官不得不仰天长叹："列宁格勒果真是一块啃不动的'硬骨头'！"

隐真示假运筹疑兵之计：彭总全歼顽敌

1947 年 8 月 6 日，西北野战军为了策应陈赓兵团南渡黄河，发动了围攻榆林的战役。

榆林战役打响后，胡宗南果然乖乖地听从调动。他调集了主力约 10 个旅的兵力，长驱北上增援榆林，妄想与榆林守敌邓宝珊部对我实行合围。因敌众多，行进速度快，我军处于不利地位，彭总命令我主力于 8 月 12 日撤出榆林。敌整编三十六师师长钟松所部一二三旅和一六五旅于 13 日赶到榆林。所谓解围任务就这样"完成"了。这使钟松十分得意，尾巴翘到天上去了。国民党报纸大吹特吹：什么"钟松师神速巧妙，榆林不战而解围"。胡宗南还骄横地断定："共军已仓皇逃窜，其主力势必东渡黄河。"

善于调动敌人的彭德怀将军，得悉胡宗南在得意忘形之后作出错误判断时，决定将计就计，采取疑兵之计谋，以示假隐真的手段，消灭敌整编三十六师。他当即向毛主席报告说："我拟以一部向榆林东北长乐堡方向转移，并以后方机关一部在葭县（今佳县）以北东渡黄河，迷惑敌人，调动敌人，争取主动，待机歼敌。"毛主席完全同意彭总的计划，并高兴地说："只要在这儿搞掉敌人一股，拖住胡宗南，使陈赓兵团安全南渡，反过来他们又给我们以有力的配合，到那时，西北战局和全国一样，就要大大改观，而敌人就只能一天天地走下坡路了。"

接着，彭总就以疑兵之计，让后方机关一部伪装成主力的样子，从葭县以北的黑峪口渡过黄河到晋绥解放区去。正如兵家所言：秘计是不能在无人的地方施用的。熟视无睹，常见不疑，这是一般的人们观察各种社会现象时常犯的毛病。从黑峪口东渡黄河，正是彭将军巧妙地利用了那个志大才疏的胡宗南的这种错觉，所运用的一个计谋。

沙家店战役

胡宗南无不例外地中了彭将军的疑兵之计。当他听到他的飞机在空中侦察到我的"主力"在黑峪口"偷渡"黄河的报告时，竟欣喜若狂，紧接着又给了钟松第二道急令：共军主力已开始东渡黄河。现大部又已被压缩在米脂县以北、长城以南、黄河以西、无定河以东的中间地区。整编第一军和二十九军正沿咸榆公路北上,望你师迅速从榆林南下,以便南北两面配合行动,把共军主力压迫到米脂以北的葭县地区,一举消灭。

正被"胜利"冲昏了头脑的钟松,得到胡宗南急令后,更是骄气十足,他夸下海口说:"现在要一战结束陕北问题。"他迫不及待地率部从榆林南下镇川堡,妄图如胡宗南命令中说的,与正在北上的两个主力军会合,形成钳子,南北夹击我军主力于榆、米之间的狭小地区。

但是,他做梦也没有料到彭总早已安排了三纵队,正牵着刘戡率领的那两个主力军的鼻子,由镇川堡向葭县方向前进,其中一股已进黄河边的葭县、神泉堡一线了。狂妄的钟松还妄图乘我军东渡之际,对我主力实行半渡而击。他兵分两路和刘戡赛跑拼命地向黄河边上赶,一路由一二三旅旅长刘子奇率领包括一二三旅及配属的四九三团,伸至乌龙铺以北地区,而他自己率领的三十六师师部及一六五旅的一路,却孤零零地掉在后边。正当钟松想入非非的时候,我三纵队和绥德军分区警备四团、六团,奉彭司令员之命,已插到乌龙铺与沙家店之间的当川寺。与此同时,二纵队、教导旅、新四旅等四个旅,也奉彭总之命,在沙家店东北地区张好了口袋,正等着钟松往里钻。同时,一纵队奉命绕到沙家店以西,堵死钟松的退路,并担负着对驻守镇川堡敌军的警戒。

8月18日下午,我一、二纵队由东西两面向沙家店之敌三十六师发起了猛烈进攻,这狠狠的一棒,打得钟松晕头转向,好一会儿才清醒过来:共军主力并未渡河!于是他急令刘子奇火速率一二三旅星夜向他靠拢。可这时的刘子奇已嗅出了味道,预感到形势相当不妙,他盘算着一二三旅与师部相距约30余里,中间又须经过几座大山梁和深沟,沿途又没有部队掩护,而旅的正面还处在胶着状态,在这种情况下,率部夜间行动,实在太危险了。于是他连夜同他的参谋长商讨对策。研究结果,采取一种既不违抗上司命令,又能保全自己的做法,决定连夜把配属的一六五旅四九三团开到师部去归还建制,而他自己这个旅却在次日天明后才行动。可是,他怎么也没有料到,19日上午10时左右,当一二三旅向西靠近常高山时,立刻遭到我新四旅的迎头痛击。紧接着,教导旅在罗元发旅长指挥下,和新四旅一道很快把敌一二三旅包围起来。彭总带几个参谋在山间的指挥所里亲自指挥着这场歼灭钟松的战斗。包围圈越缩越小,完全切断了一二三旅和三十六师师部的联系。一二三旅像受了惊的羊群,在山沟里涌过来涌过去。到了下午4时许,除一部被击毙外,全部当了俘虏。旅长刘子奇穿上了士兵衣服也没能逃脱。

就在教导旅和新四旅围歼敌一二三旅的时候,在沙家店的钟松,犹如热锅上的蚂蚁。他感到刘子奇旅凶多吉少,他将唯一的希望寄托在刘戡身上。可他哪里知道,刘戡率领的整编第一军和整编二十九军的四个旅,也被我三纵队和绥德军分区的警备四、六团死死阻挡住,不能前进一步。不仅如此,连刘戡自己的警卫营也被冲散了。刘戡眼睁睁地望着相距仅 30 余里的钟松行将被歼,毫无办法。钟松这时真是叫天天不应,叫地地不灵,急得暴跳如雷,他深感大势已去。这位所谓"援榆有功的英雄",只好偷偷地和一六五旅旅长李日基乘黑夜换上便衣潜逃了。主将逃跑,敌军大乱,在我一、二纵队猛烈攻击下,敌三十六师师部和一六五旅全部被歼。至此敌三十六师全军覆没。

就在沙家店战役结束的第三天,陈赓兵团以雷霆万钧之势,从潼关以东渡过黄河,切断了陇海铁路。潼关告急,西安吃紧,胡宗南连忙叫刘戡放弃刚刚到手的米脂、绥德,收拾起他的 8 个旅仓皇向南逃窜了。

荧屏威慑达到以强凌弱:美国摆平海地危机

战争准备时期,军事行动是心理攻击的重要依托。战争准备阶段,美军除利用政治压力掩盖战争阴谋,历来强调以强大武力优势大造舆论。在其通过示威、示形给对方造成巨大心理震撼和压力的同时,还积极利用其占全球垄断地位的信息媒体,大肆宣传美军即将进行的军事打击及其可能产生的结果,使对方产生恐惧感和绝望感。

1994 年,美军解决海地危机中,克林顿政府对海地发起精心安排、巨大的心理攻势,动用了心理战武器库里的一切武器——从传单到电台广播,从派遣几十艘军舰到派出数以千计的军队,企图迫使海地军方领导人下台。

首先采取炫耀武力慑服敌人的办法,运用"杀鸡使牛刀"的战略,派出美军精锐的第八十二空降师和第十山地师,动用 18 艘军舰,出动 81 架战斗机、66 架直升机,对几乎没有海、空军力量而只有 7400 名军人的海地实施强有力的威慑。

经过几星期的周密计划后,美国空军一架 C-130 运输机开始在海地的海岸低空飞行,投掷了数以千计的白色传单,上面印有流亡总统阿里斯蒂德的相片和他要返回海地的富有诗意的誓言。传单用海地穷人的克里奥尔语许诺:"民主的阳光,正义之光将照耀着海地。随着阿里斯蒂德总统回国,人民将享受到和解的温暖。"

美国的巡逻艇在海地海岸附近横冲直撞,小型飞机在海地首都太子港上空低空掠过,向海地的执政将军发出公开和秘密的电报宣称,他们如果待下去,就有被俘并交给其宿敌阿里斯蒂德处置的危险。

1994 年 9 月 18 日,是美国与海地代表谈判的日子,美方谈判代表对海地使用了多媒体信息心理战。一开始,美国、海地进行谈判,双方互不买账。美国代表便利用现代媒体手段,将美国的战地实况转播与电脑笔记本连接,然后告诉海地代表:

"你今天不同意我的条件不要紧,你看我们的整个空袭计划,作战行动马上就要开始!"海地代表不大相信地说:"你是吓唬人。"

不料几分钟后,屏幕上就显示了美国轰炸机,还有美军空降八十二师的大型运输机从美国机场起飞的镜头。海地代表不由得感到威慑,海地只有几千人的部队,根本无法抵挡美国的军事打击。无奈之下,海地军方领导人不得不接受美国前总统卡特的调解,只得同意美国的条件,签署了自动交权的《太子港协议》。美国成功地以武力威慑和平解决了海地危机。

在这场没有付诸武力的海地战争中,美国的强大军事威慑通过信息媒体传送到对手面前,产生了强烈的心理威慑效应,使之达到了"不战而屈人之兵"的目的。

1995 年 2 月,美国为迫使海地塞德拉斯临时军政当局交权,再次故技重演。在进行了一周左右的军事威慑与外交斡旋均未奏效的情况下,美国当局即采用"电波武器"攻心的手段。当美国通过信息媒介,把强势攻击信息传播到海地临时当局领导人塞德拉斯的电视荧光屏上时,塞德拉斯看到美军一架架先进的战斗机,铺天盖地地压向海地,一艘艘战舰气势汹汹地向海地包抄而来的景观,顿时吓住了,立即表示投降。一场即将爆发的军事冲突,遂以"电波"攻心而告结束。

人为噪声冲垮心理防线:美军降伏巴总统

美国为抓获一直与其作对的巴拿马总统诺列加,于 1989 年 12 月 20 日 0 时展开代号为"正义事业"的军事行动,把战火烧到了自家的"后院"——中美洲小国巴拿马。巴拿马位于连接南、北美洲的巴拿马海峡,北临加勒比海,南濒太平洋,东连哥伦比亚,西接哥斯达黎加,战略地位十分重要。

巴拿马与美国的恩恩怨怨,主要集中于巴拿马运河的权益。巴拿马运河全长81.3 公里,是沟通大西洋和太平洋的重要航道,使两洋沿岸航程缩短 1 万多公里,在战略上对美国具有重要意义。20 世纪初,美国强迫巴拿马签订了不平等条约,取得了开凿巴拿马运河的权利,并永久租借运河区。运河建成后,美国一直是运河的主要用户和受益者,每年运河总收入约 3 亿美元,绝大部分为美国所得,巴拿马只能得少得可怜的一点儿零头。美国把运河两岸 16.1 公里范围划为运河区,并设立了美军南方司令部,禁止巴拿马人入内。

巴拿马人对这种屈辱的局面极为不满,并为运河的主权进行了长期不懈的斗争。美国迫于国际舆论和巴拿马人民斗争的压力,于 1977 年与巴拿马签订了新的运河公约,规定 1999 年 12 月 31 日午时之后,运河完全交巴拿马管理。新约刚签订不久,情况就发生了变化。20 世纪 80 年代中期,诺列加登上了巴拿马总统的宝座。

这位铁腕人物,上任伊始就宣布:既不承认旧约,也不履行新约,要立即收回运河主权。美国人对此显然不能答应。上任不久的总统乔治·布什认为,诺列加是故意与美国作对,必须将他铲除。1989年5月,巴拿马进行大选,诺列加推出的民族解放联盟候选人杜克只获25%的选票,而受美国布什政府支持的反对派民主联盟的恩达拉却获得75%的选票,诺列加不能接受这个结果。于是,他以大选中出现不正常现象为由,宣布这次选举无效。此举引起美国极大不满,布什政府决定军事干预巴拿马。

就在这时,美巴之间军人互相开枪射击致死伤,双方关系进一步恶化。巴方认为,美军会马上报复,做好了应战准备。可是一连三天过去了,美国却没有动静。12月8日,美军大型军用运输机一架架在霍华德空军基地降落,引起了巴拿马官方的警惕。为掩饰战前准备景象,五角大楼发言人立即宣布,美军在进行例行性军事演习。军事行动开始前夕,布什还在白宫举行盛大的圣诞晚会。席间他春风满面,来往应酬,故意制造平静、轻松的气氛,借此掩盖即将对巴拿马采取的重大军事行动。所有这一切措施,最终使巴放松了警惕,总统诺列加在美军入侵的头天晚上,还跑去军队俱乐部找妓女寻欢作乐。

1989年12月20日凌晨,美国政府以"打击毒品走私与自卫"为借口,出动由陆海空军和特种部队组成的2.6万名精锐部队,趁着夜色对巴拿马实施代号为"正义事业"的攻击行动,同时向巴军的27个重要目标发动猛烈袭击。F-117隐形飞机投下重磅炸弹,AC-130战斗机发射的导弹、坦克炮弹和迫击炮弹,暴雨般地泻向目标。接着,C-130和C-5等大型军用运输机掠过天空,伞兵从天而降。为扩大军事打击的效果,美军充分运用心理战手段。在侵巴作战的第一天,美军联合心理战特遣队,就通过刚占领的巴拿马电视台,向巴军民播放事先录制好的西班牙语劝降书,告诉巴拿马市民怎样撤离。心理战特遣队还印制了50多万份传单和劝降书,用直升机向巴军占领区散发。

由于美军攻势凌厉,导致巴拿马24小时之内举国沦亡。大规模作战行动基本

美国入侵巴拿马

结束,胜利已成定局后,美军心理战特遣队又赶印亲美传单和搜捕忠于诺列加的官员的通缉令,向城镇和农村散发,以培养巴拿马民众的亲美情绪,瓦解诺列加部队的士气。

可就在此时,美国的

真正目标总统诺列加却不知去向。由于美国中央情报局情报失准,美军一开始就找错了地方,诺列加并没有在巴国防军总部等待束手就擒,而是早已溜之大吉。美国当局认为,美军虽然占领了巴拿马,但只要诺列加一天不落网,巴拿马拥戴他的人就会随时随地闹事。

美军开始大规模搜捕诺列加。对过往车辆一律认真搜查,绝不轻易放过。美军指挥官还想出一个点子:给 2000 名巴拿马战俘每人发一张表格,上面填好姓名和住址,同时要求他们用英文填写诺列加藏身的情况。并且许诺,如果按表格中填写的地点抓到诺列加,就会给几万元奖赏。

为抓获诺列加,美国之音自战争一结束就反复广播:凡提供能捉住诺列加线索者,将悬赏 100 万美元。这一招果然见效,几天来不断有人提供关于诺列加行踪的线索,但当美军根据这些线索去追捕时,却是屡屡扑空。于是,布什总统严令美军采取紧急措施,在巴拿马全国设下了天罗地网。

诺列加到底藏身何处呢?其实,这位巴拿马总统的日子很不好过。由于巴拿马陆、海、空通道全部被美军切断,诺列加只好于 12 月 24 日下午逃至梵蒂冈驻巴使馆,要求政治避难,请求罗马天主教会提供保护。美军很快获得这一情报,立即派兵团团包围了梵蒂冈使馆,用装甲车封住了大主教麦格拉斯官邸的所有出路。500 名手持自动武器的美国士兵和十多辆装甲车,在使馆周围组成警戒线,不许任何人靠近使馆,就连途经这里的巴拿马新政府一些部长的小汽车,也受到严格检查。一架 A-37 直升机则不断在使馆上空盘旋。美军下定决心,要让诺列加及其随从插翅难逃。

使馆内,美国政府南方司令部司令瑟曼及美国驻当地官员,与梵蒂冈官员紧张地进行一轮又一轮谈判,对罗马教皇施加巨大压力,要求交出诺列加。同时,美军特种作战部队中的心理战分队也展开了一系列别出心裁的"攻心战"。不知谁想出的一个怪招:用音乐炸弹"轰炸"诺列加。从 12 月 28 日开始,美军心理战部队调集了其特种心战营的精兵强将, 从四面八方赶赴梵蒂冈使馆, 这是美国自越南战争以来,首次在对外战争中大量使用心理战部队。他们在使馆对面的公园内架设起一排高音喇叭,不停地播放抨击诺列加的新闻,特别是播出供人们欣赏的摇滚乐,其中一首摇滚乐名为《无处可逃》。值勤的美国士兵说,这是专门播给诺列加听的,因为他是有名的歌剧迷,但极为讨厌摇滚乐。

美军还派直升机在大使馆周围不断盘旋,频繁起降,发出阵阵轰鸣声。夜晚,枪声不断。一些美国兵比赛射击路灯,使馆周围路灯几乎无一幸免。

在美国政府于得克萨斯举行的记者招待会上,当有记者问起这种音乐轰炸的目的和效果时,白宫发言人菲茨沃特含笑答道:"我当然很高兴看到这种情况下能想出这样的奇异点子。"虽然他否认这种音乐骚扰是为了摧毁诺列加的精神,而强调它的主要目的在于干扰一些新闻单位试图偷听大使馆的往来电话。但实际上,这种高音量的音乐攻击,伴随着大使馆上空直升机盘旋的噪音,已对诺列加的心理产生了极大影响。他的耳边充满刺耳乐声,举目所见全是荷枪实弹的美军士兵,可谓四面楚歌,八方穷途,不由自主地产生了强烈的绝望感。而向他提供庇护场所的梵蒂冈使馆官员,也被这一奇特干扰搅得心烦意乱,情绪越来越低落,对诺列加的态度也有了明显改变。

12月30日,美军心战部队又组织了声势浩大的群众示威活动,一批批市民和士兵来到使馆门前,按响汽车喇叭,挥动着巴拿马国旗不停地高呼"凶手""杀人犯"等口号,要求梵蒂冈把诺列加交给他们处置。1990年1月3日上午,示威活动达到高潮,成千上万民众拥入使馆前的广场,把使馆围得水泄不通。远远望去,人流如潮,口号震天,情景蔚为壮观。美军的军事围困和心理攻势,给诺列加造成巨大的精神压力,致其身心健康受到极大摧残。他惶惶不可终日,精神防线濒临崩溃。从28日起,他几乎整天躲在二楼的一个小房间内,不与任何人接触。1月1日,当诺列加再次出现在使馆院子里时,人们发现他显得极度疲惫、紧张、孤独和冷漠。更为重要的是,梵蒂冈使馆方面已承受不住这种强大的精神压力,他们决定将诺列加交给美国,以便早日结束这种不堪忍受的"噪声轰炸"。

1990年1月3日,在美国的高压下,梵蒂冈使馆向诺列加下了最后通牒,命令他1月4日中午前必须离开使馆,或者找到第三国避难处,或者向美军投降。否则,便请巴拿马新政府来人把他带走。诺列加彻底绝望了。1月3日晚8时许,关闭多日的梵蒂冈使馆铁门突然重新打开,诺列加在比利亚努埃瓦神父的陪同下走出大门,向美军投降。包围使馆的美国士兵立即冲上前去,给诺列加戴上手铐。没多久,诺列加被押上飞往美国的专机。当晚9时,布什在白宫满面春风地向全世界宣布,美军开进巴拿马的4个主要目的已全部达到,一场惊心动魄的特殊攻心战终于结束。

第六章　威慑心理战

威慑是"以声势或武力相慑服"。威慑不是从行动上去遏制敌人,而是从心理上遏制敌人。心理威慑就其实质而言,是信息刺激而不是行动感知,是威慑而不是消灭。是从心理上对其实施高压政策,达到作战目标。但是,心理威慑有一个存在的前提,那就是以实力为后盾。它是从强大的军事压力,有利的战略、战役态势和优越的武器装备等方面转化而来的。所以,心理威慑虽然是一种强大的无形力量,但是它有着很强的现实性。正是由于这一点,心理威慑才容易激活人们的潜在意识,面对战争残酷、武器杀伤、死亡境遇等产生震撼、胆怯、失望、沮丧等心理。心理威慑造成的这种恐惧感是普遍存在的,它是战场上危险情绪反应的主要表现。

威慑心理战,是指以综合实力为后盾,通过示形造势等方式,显示自己的力量和决心,使其产生恐惧心理,认识到由于面临无法承受的后果而不敢贸然采取行动,或行动有所收敛,或被迫停止行动的心理作战。简言之,是为了达到某种军事、政治、经济等方面的目的,运用各种手段从心理上来慑制对方的一种斗争方法。威慑心理战的目的不是为了从事战争,而是为了从心理上遏制对方的某些行为。防御者实施有效的威慑心理战,可使进攻者望而生畏,担心受到报复而放弃进攻;进攻者实施有效的威慑心理战,可使其产生防御无效的心理,达到不战而胜的目的。随着信息时代的到来,威慑心理战在国际政治、经济和军事斗争中的地位越来越明显。未来军事斗争,只有掌握了威慑心理战的主动权,才有可能实现心理战的最高境界——"不战而屈人之兵"。

单刀赴会击碎顽抗美梦:争取国军一七〇师投诚

1950 年 2 月,滇南战役进入尾声。这时,元江之战已经结束。国民党陆军副总司令汤尧、第八兵团副司令兼第八军军长曹天戈,在几经挣扎之后,无可奈何地当了我军的俘虏。其主力师团基本被歼,残余势力数千人有如漏网之鱼,惊恐万状,狼狈不堪,向滇西南方向逃窜。

残敌之首,是一个老谋深算、诡计多端的"狐狸精"——一七〇师师长孙进贤。元江之战打响之后,此人一看大势已去,气数将尽,便利用我军在元江激战之机,先我追击部队 4 天越过元江,并不顾其后续部队,炸毁了元江铁索桥,加速向西逃窜。企图逃到中缅边界的车里、沸海、南桥一带,建立一块游击基地,继续与我军周旋。

2 月 4 日,我刘邓大军第十三军先头部队在镇元县南京街追上了孙进贤率领的一七〇师。孙进贤估计我军经过长途跋涉,一定疲惫不堪,于是亲自组织了一支"奋勇队",向我一〇九团五连阵地发起轮番进攻。由于敌众我寡,五连伤亡过半,连长受重伤,指导员率领部队继续奋战。孙进贤知道,我大军在后,不敢恋战,率部沿山径钻进了荒凉的无量山中。我追击部队相机展开追击,一夜强行军 180 里。2 月 5 日,我一〇九团终于绕到了这股溃军的前面,控制了猛统及荒草岭等险要山地。

紧接着,我滇桂黔边区纵队第九支队四十三团也于 2 月 6 日赶到了猛统地区。我军先后赶到的两支队伍,堵住了敌人的逃路。当敌一七〇师来到时,我军立即给以迎头痛击,将敌压于荒草岭和鹤鹕山下的千铁河谷地带。

敌人仗着人多势众,武器精良,接二连三地组织反扑,均被我军击退。敌人屡战屡败,士气一落再落。2 月 7 日,孙进贤不得不派他的情报科长陈子强,进入我军阵地,要求和平谈判,同时也想借机侦察我军之实力和部署。

当时我军率领先头部队的是三十七师师长周学义。他当机立断,命令一〇九团副团长周峰带一个警卫员深入敌阵,进行谈判。

周峰单刀赴会,立即成了两军对峙阵地上的一大新闻,到处都在议论,有人预言此去马到成功,有人认为此行凶多吉少。周峰是抗日战争初期参加我军的青年学生,十多年的战争生活,使他养成了遇事沉着、柔中有刚的性格。临行前,他交出了党费证和随身携带的全部文件。在场的同志都意识到,周峰已经作了牺牲自己的思想准备,大家忍不住一下子围了上来,有的同志眼里含着泪水,有的同志想要和他握手道别。但他没有立即把手伸向大家,而是面带笑容说:"同志们有什么好主意就说吧!至于我个人的安危,请同志们放心,有你们在外面助威,有地方游击队配合,还有心向我军的人民群众,敌人怎么敢随便干掉我?"但是,同志们还是为他的安危担心。

周峰再次动员大家为他出谋划策:"同志们!要是我不完成任务,即使我安全回来了,大家、我,脸上都不光彩啊!大家还是为我出主意要紧,抓紧时间吧!"大家这才冷静下来,但一时间又想不出什么话来,只好你看看我,我看着你,最后把目光集中到周学义师长身上。周师长说:"我看,最好的主意早被刘邓首长想出来了,那就是《忠告李弥、余程万两部将士书》。你到敌营的任务,应根据这封书信的精神,灵活地宣传我党的政策和全国的胜利形势,说明中国大陆上的国民党军,除了一七〇师以外,已经完全不存在了。摆在他们面前的只有一条出路,就是立即投诚,站到人民方面来。否则,就是逃到天涯海角,我们也要彻底追歼他们。"

周峰听了从心里暗暗叫好,他高兴地伸出手来和师长握手,和大家一一握手,一再地表示有信心完成任务,然后带上警卫员郑小保,跟在敌情报科长陈子强后面,离开了我们的阵地。

敌情报科长陈子强进入我军阵地后,虽然鬼鬼祟祟地东张西望,但总是来去匆匆,对我军实力了解不多,便想从周峰嘴里套话。周峰也想和他多多攀谈,进一步掌握敌情,有助于谈判的顺利进行。两人各有各的目的。陈对周称兄道弟,敬烟送火;周对陈谈笑风生,神态自若。两人谈得火热。

敌师部设在半山腰一个叫千铁街的小村里。陈子强引周峰进入一间很简陋的茅草房里说:"请周代表留步,我去请师座来谈。"陈子强走后,几个敌兵跑来看新奇,周峰拿出香烟给他们抽,招手叫他们进来聊天。有几个胆大的磨磨蹭蹭靠近周峰,赞不绝口地说:"和平谈判好!和平谈判好!""你们这几天过得怎么样?"周峰问。"我们这么多人,挤在一个小村子里,连水都不够吃,这里的老百姓都跑光了,吃饭连一点蔬菜也没有,更不要说吃肉。"

这时,人越来越多。还有人厚着脸皮向周峰要烟抽。周峰落落大方,让警卫员把带来的香烟散给他们。一席话,竟让一群愁眉苦脸的敌兵笑逐颜开,都盼望和平谈判成功。

滇南战役敌一七〇师投降

那次谈判,原定于下午4时举行,但是,孙进贤迟迟没有出场。周峰望着孙进贤的空位,心里在做种种猜测:是敌方有意拖延时间,还是他们想再动干戈?等了一会儿,孙进贤终于出场了。他一来就对周峰招招手,说:"对不起,兄弟晚来了一步。事不由己啊!军务在身,周代表驾到,兄弟表示十二万分的欢迎,我的兄弟们也都如此。我和几位团长经过初步磋商,大家对这次谈判,寄予了很大希望。"周峰见他脸上堆满了一团团肉,一双小眼陷在低凹的肉窝里,流露出不安的神色,说明他对战局并不乐观,但却摆出一副不慌不忙的架势,又在开场白里强调"初步磋商",这说明他给自己准备了一条谈判桌上的退路。

孙进贤说完后,周峰不忙开口,想再听其他敌方代表的口气,但其他人一致要周峰先讲。虽然周峰平时不爱多说话,但在这个场合他自然是当讲就讲。于是,他从容不迫地站了起来,一字一板地讲了一番话:"在座的都是明白人,在这次滇南战役之初,你们好像有 5 万多人;再说远一点,在这次内战之初,你们的人马更多,大约有五六百万人,而且还有美式装备、美国顾问。可是现在呢,你们还有多少人呢?你们最清楚。历史是一面明镜,是可以叫人醒悟的。我希望大家都想一想历史教训。"

"我们不谈历史,我们只谈现实。""谈现实就谈现实!现在全中国都解放了,蒋介石只剩下几个孤岛,眼看不久也将采取各种形式解放。茫茫大地,只有你们这个师钻到人烟稀少的无量山中,缺食少衣,士无斗志,辗转逃窜,疲于奔命。我们刘邓大军已云集四周,你们想逃脱绝无可能。纵然有些残兵败将逃到缅甸,流亡外国,又有什么出路?"

说到这里,周峰抽了口香烟,环视了一下敌方谈判代表,继续说道:"我们之所以同意谈判,一来是我们刘邓首长战前给你们写过忠告书,希望你们弃暗投明;二来是想停止战斗,减少双方不必要的伤亡,使这里人民早日过上和平日子;再者是想到你们有那么多军中家属,他们没有直接参加内战,他们都是无辜的。何况你们还有些妻子儿女丢在昆明、开远和蒙自,又怎能把他们带走?要是继续打下去,想必落个妻离子散的下场!"

此时此刻,敌方谈判代表面面相觑,然后一齐注视着孙进贤。孙进贤结结巴巴地说:"这好说,这好说。鄙人现在诚心响应刘邓两将军的号召,愿意站到人民方面,只是还需和部属们商量商量。"孙进贤终于吐出了这几句话。紧张的气氛,总算得到了缓和。

僵局既已打破,现在就要给敌人一个下台的阶梯。周峰坐下来,又慢慢地说:"这样吧,既不叫起义,也不叫投降,我们举个中间的,叫投诚怎么样?"

孙进贤点点头。显然,他是表示同意投诚了。但是,那两个副师长急忙站起来,还想讨价还价。周峰手一摆,说:"且慢!这不过是我本人的想法,要最后定夺,还得请示我们的军首长!"其实,"投诚"是早已决定的原则,周峰之所以强调请示,不过是给敌人一个统一思想的回旋余地。

"周代表请先回,容弟兄们再商量商量,明天给贵军回话,怎么样?"孙进贤勉强笑着说。"行!一言为定,明天回话,过时不候。"

但周峰还想给孙进贤留下一句话,他握着孙进贤的手意味深长地说:"现在,保障你们官兵安全的主动权,已经掌握在你手里了!"

周峰带着警卫员郑小保,挺着胸脯,迈开大步,走出千铁街,沉着镇静地穿过敌军阵地。忽然有个敌军官气势汹汹地追了上来,手中提着手枪,大声喊道:"姓周的,你给我站住,我们绝不缴枪!"很明显,他企图挑衅,并可能杀害周峰。周峰立即拔出手枪,转过身来。郑小保也机警地举起了卡宾枪站在周峰前面。

敌我双方怒目相对片刻,那个敌军官毕竟心虚,只是骂骂咧咧,未敢轻举妄动。最后,他怪叫一声,悻悻地掉头而去。

子夜时分,周峰终于安全回到我军阵地。周学义师长听罢周峰汇报,立即命令部队重新调整部署,加固工事,加强警戒,准备在敌人拒不缴械时,发起攻击。敌人会不会投诚?部队一直在等待着。时间一分一秒地过去,大家都在注视着前方。一直等到第二天下午,终于从千铁街走过来一个人,周峰举起望远镜一看,正是那个情报科长陈子强。周峰示意战士把他带去见周学义师长。

陈子强在周学义面前,毕恭毕敬地行了个军礼,微微倾身,面带笑容地说:"我们师座已经同意,就地缴械,投诚!"

2月8日上午,敌一七〇师按照周学义师长的命令,将枪支、弹药分别集中,依次摆在千铁街旁的山坡上。孙进贤率领着2400名官兵,排成三路纵队,在我指战员的引导下,无精打采地走下了山岗。

在滇南战役的庆功大会上,一〇九团副团长周峰深入敌营,遵照刘邓首长忠告滇南残敌书的精神,舌战群顽,迫敌2400人投诚,加速了滇南战役的进程,传为佳话。十三军党委为表彰他英勇机智,歼敌有功,特授予他"战斗英雄"光荣称号。

V字运动成为精神炸弹:二战时期的V字运动

二战时期,英国首相丘吉尔的"V"字手势作为胜利的象征,家喻户晓,广为流传。而纳粹德国占领区的"V"字运动则像扑不灭的火焰,悄然蔓延,影响深远。

1940年5月,随着纳粹德国向西线大举进攻,英国陷入了三面被围的困境。在最艰难的时刻,丘吉尔对胜利依然充满信心,他掷地有声地说:"无论处境多么可怕,也要赢得胜利;无论道路多么遥远和艰难,也要赢得胜利。因为没有胜利,就不能生存。"在德国空军轰炸伦敦期间,有一次,丘吉尔在地下掩体举行记者招待会,地面突然传来敌机来袭的警报声。就在这个时候,丘吉尔将右手的食指和中指分开,同时按在作战地图上的两个德国城市,然后铿锵有力地说:"请相信,我们会反击的!"一名记者当场问道:"首相先生,你有把握吗?"丘吉尔被激怒了,目光犀利地望着那位记者,旋即将按在地图上的指头指向天花板,神色威严地大声回答说:"胜利必将到来!"他的这一动作被记者抓拍下来,刊登在第二天的报纸上。丘吉尔用食指和中指打着"V"字形手势的照片,成为他面对困境而不低头屈服的经典性形象。从此,这一"V"字形手势象征着胜利,也代表着必胜的信念,很快在英国乃至全世界流行开来。同盟国各界人士纷纷效仿,亲朋好友见面,日常集会活动,大家往往相互打个"V"字手势,以心照不宣地鼓舞斗志,坚定信心。

人们通常认为"V"字手势是丘吉尔在二战时率先使用的,实际上,早在一战时期他就使用过这一手势。那时候,丘吉尔担任英国海军大臣。当英国舰队进攻达达尼尔海峡取得巨大战果的消息传来时,胜利的喜悦使丘吉尔决定离开长期工作的办公室,到家中与亲人团聚一下。回家后,他很神秘地对妻子克莱门蒂娜说:"亲爱的,猜猜我给你带回来什么。"克莱门蒂娜微笑着摇了摇头。"V!"丘吉尔将食指和中指叉开,举起手在克莱门蒂娜的眼前晃动着,脸上显出自豪得意的神情。"到底是什么事?"克莱门蒂娜迷惑不解地问。丘吉尔兴奋地说:"胜利!我的海军已经打败了土耳其人,明天,也许是后天,就会提着苏丹的脑袋来见我。"1918年11月11日11点,这是停战协定签字的时刻。伦敦各单位都放假,街道上挤满了兴高采烈的人群。丘吉尔的妻子和儿子也来到了他的办公室,与他分享胜利的欢乐。刚一见面,儿子伦道夫就抢着说:"妈妈说,这个胜利是爸爸的功劳!"丘吉尔微笑着看了看儿子,又看了看妻子,很滑稽地举起了两个手指,又成了一个"V"形。这一次,克莱门蒂娜和伦道夫会心地笑了,也同样举起了手指。不过,由于当时丘吉尔在英国政坛的知名度还不算高,所以他使用的"V"字形手势也就没有流传开来。

在"V"字手势流行的同时,纳粹德国占领区则开展了声势浩大的"V"字运动。1941年1月14日,逃亡英国的比利时人维克托·德拉维利在英国广播公司对比利时广播中号召人们在公共场所书写"V"字,以示胜利。3月22日,英国广播公司在对法国广播中重播了发动"V"字运动的倡议。比利时和法国人民迅速行动起来,他们不顾德国占领当局的罚款、判刑、服苦役的恫吓与迫害,积极响应来自伦敦的号召,开展象征着胜利的"V"字运动。很快,"V"字运动由比利时、法国扩展到纳粹德国占领的其他国家和地区。"V"字不胫而走,在欧洲大地四处出现。比利时的首都和其他城镇的墙壁上、街道上、车辆上、电线杆上,到处都能见到用多种方法书写的大大小小的"V"字,就连德军的兵营、军官的住宅区里也不能幸免。法国巴黎从卡鲁塞尔城门至协和广场的梧桐树上刻有"V"字,60岁的欧仁妮夫人因在建筑物上书写"V"字而被捕。投靠纳粹的法国维希政府不得不下令各学校对孩子进行搜身,以防止他们把教室里的粉笔带走去书写"V"字。

在"V"字运动的影响和推动下，欧洲各国的反法西斯地下斗争风起云涌。在波兰、希腊和南斯拉夫，游击队组织起成千上万的地下活动小组，形成了一支受英国遥控指挥的"V"字行动大军。每到星期五深夜 11 点钟，就会从伦敦发来训令，告诉分散在各地的行动小组，某某是最危险的奸细。于是，被指定为奸细的人，必定在第二天神秘地失踪，而后来发现的尸体上，都通常标出一个醒目的"V"字。1941 年 9 月底，从伦敦发出的训示告诉捷克人民在一周内不买德国统治下出版的报纸，结果整整 7 天，布拉格的所有报纸全部无人问津。德国占领当局对此大为恼怒，他们在广播中宣布说，明天的报纸上将刊登一条重要的法令，试图以这样的办法让人们购买报纸。但是大家仍然无动于衷，因为"V"字运动的组织者早已告诉了他们应对的办法。

"V"字运动作为一种间接的心理暗示，形成了一股强大的精神力量，有力地震撼和瓦解着德国的心理防线，引起了希特勒及其统帅部的极大恐慌。他们绞尽脑汁也想不出对付的办法，只好如法效仿，宣布"V"字是代表拉丁文中用德文拼写的"胜利"（Victomia），企图使"V"字的含义混淆不清。然而这一拙劣的做法事与愿违，反而起到了帮助"V"字运动扩大影响的效果。

无论是"V"字手势还是"V"字运动，都选择了一个蕴含胜利这一特殊意义的字母。因为"V"字在欧洲语言中有着很大的通用性，在英语、法语、德语、捷克斯洛伐克语中代表"胜利"，在塞尔维亚语中代表"英雄气概"，在荷兰语中代表"自由"。尽管它在各个国家的语言中所包含的意义不尽相同，却有着战胜德国法西斯的同一主题内涵和崇高的战斗精神。"V"字真正成了沟通同盟国人民思想感情的心理桥梁，成了欧洲大陆群众性抵抗运动的诱发剂和威慑纳粹德国的精神炸弹。难怪美国记者威廉·曼彻斯特在《光荣与梦想》一书中这样说："自从用十字纪念耶稣以后，再也没有什么符号比 V 字更加家喻户晓了。"

在第二次世界大战的历史上，在这场正义和邪恶的较量中，"V"字作为胜利的象征和抵抗的火种，以其独特的符号魅力，写下了攻心伐气的动人篇章。

诡异图像化作无尽恐惧：天空中的画板

1991 年初，美军在海湾战争中展开地面进攻的第一天傍晚，伊拉克与科威特边界的沙漠阵地上一片沉寂。美军荷枪实弹，拉开了进攻的架势。伊军潜伏在掩体里，静静地等待着不可测的命运。

突然，一阵轰隆声传来，两架美军喷气式飞机腾空而起，飞临伊军阵地上空。夜幕已经降临,天空犹如一块暗灰色的画板。这两架飞机迅速喷出彩色尾气,在伊军头顶上的天幕"画"了一幅巨大的伊拉克国旗。

"啊!伟大的真主!"伊军在一阵短暂的惊愕之后,爆发出一片欢呼。军官们告诉他们的士兵:"这是真主的恩赐和暗谕,我们必定胜利。"正当伊军欢呼雀跃的时候,"画"完国旗后的两架美机突然折返回来,互相交叉飞行,用喷出的白色尾气在刚画好的伊拉克国旗上打了一个很大的"×",然后迅速消失在夜幕里。这幅打了"×"的国旗挂在高高的天空,好几分钟后才飘散。伊军官兵大惊失色,满腔的喜悦立即化作不尽的忧伤和恐惧。美军地面部队看到这一景象,拍手称快,士气大振。

这场战争的结局不言而喻。美军的地面战只打了三天,伊军官兵大多缴械投降。美军飞机在天上"画"国旗再在国旗上打"×",这一典型的心战行为,攻击的不是伊军官兵的肉体而是心理。

谈判攻心配合大军攻城:解放天津中的攻心术

第四野战军80万大军秘密进关后,迅速对华北重镇——天津进行战略包围。1949年元旦刚过,林、罗、刘就命令部队一面扫清外围据点,一面进行攻城准备。

大军兵临城下,引起城内统治层的分化是非常自然的事情。一些关系灵通的工商巨贾人物纷纷南下或远走海外;参议会的大部分议员因家庭、商号、工厂企业等关系滞留津门。他们担心一旦开战城区一片瓦砾,家当会血本无归,从维护自身利益出发,工商界的议员与文化界人士共同掀起一股和平运动。1948年12月23日,南开大学44名教授联名上书国民党天津军政当局,要求维护文化经济事业,将驻扎在学校的军队撤出,以免"遭受炮火之虞"。27日,他们与北洋大学的25名教授或致信军政当局或发表宣言,呼吁维护文化经济事业。与此同时,议员杨云青、王芝树、赵友梅等发起,向议长杨亦周倡议开展和平运动,并秘密研究具体和平步骤。最后商定公推丁作韶、杨云青、康相九、胡景薰为代表出城请和。天津国民党最高军政当局,迫于和平运动的压力,企图利用工商界人士的良好愿望,行一箭双雕之谋,很快就同意派员出城与中国人民解放军接谈。用市长杜建时给华北剿总电文的话说:"亦徒劳呼吁,仅能借以缓兵。"一方面利用和谈拖延时间,"待全局变化之旨趣";另一方面摸一摸解放军的底牌,刺探军事情报。得到军政当局的同意后,代表们进一步决定:通过广播的办法,告知解放军出城地点、人数、标志,希望沿途"照顾让路,不要开枪"。

1949年1月3日,天津前线指挥部设立于杨柳青镇药王庙东大街钱庄商人戴恩成家的四合院内。4 日上午,议和代表一行四人手持白旗出城。我军因势利导,通过谈判的机会介绍党的政策、表明立场,开展强大的政治攻心战。第四野战军参谋长、天津前线总指挥刘亚楼风尘仆仆乘车赶到,亲自接见议和代表,并与他们一一握手,表示欢迎。

就在谈判的同一天,南开大学的教授们又致电蒋介石和傅作义,呼吁制止守军在南大东院布防,以免校舍遭受炮火。5 日,谈判代表安全回城,成为我军政策的传话筒。他们分别向陈长捷、林伟俦等人汇报接谈情况、转述谈判内容。同一天,天津各高校教授、讲师、助教共 209 人联合在《益世报》上发表和平呼吁"请当局速运睿策,免平津四百万人民于浩劫。"久大盐业公司总经理李烛尘不但自己有一个和平计划,还会同天津工业会、商会首脑 81 人联名致电国共双方领袖说:"眼见大祸临头,不能不迫切呼吁:战争终有了局,和平即是光荣。万恳发大仁慈,即将平津地区先行停止战争,以谋全面和平解决,而免生灵再遭涂炭。"和平运动的高涨与议和代表的传话给陈长捷、林伟俦等人造成极大的精神压力,使之处于十分被动的境地,攻心战的主动权牢牢地掌握在我军手里。

面对和平运动,国共两党领袖的态度截然相反。蒋介石把战争的责任完全推到中共一方,认为和平运动是"共产党诱惑";而毛泽东则接连致电总前委林、罗等人,要求"采用劝降方法解决",以减少战争对天津工厂区和学校区的破坏。6日,林、罗致电天津警备司令陈长捷、六十二军军长林伟俦、八十六军军长刘云瀚等三将军,希望他们"仿效长春郑洞国将军榜样"自动放下武器,其生命财产和个人自由将得到保障。在这前后,我军外围争夺战进展顺利,包围圈在缩小,把天津围得如铁桶一般。

9 日,谈判代表第二次出城与参谋长刘亚楼会晤,提出准许国民党军队携带武器撤出城防的新条件。10 日,谈判代表返回,刘亚楼请他们转达"关于三日内不作明确答复,即开始总攻的最后通牒"。11 日上午,丁作韶、杨云青、康相九、胡景薰等人第三次出城,称陈长捷基本同意放下武器,唯两个军长要求携带轻武器回南方,当即被我军驳回。我军代表指出:请必须认清形势,我们说到做到,勿谓言之不预。

林彪充分利用谈判代表接谈的有利时机,在攻城的各项准备完成的同时,亲笔写信给陈、林、刘三将军,做最后的劝降争取,继续保持对国民党天津最高当局的强大的政治攻心战压力,分化瓦解其斗志、动摇其军心。11 日拂晓,我军派遣送信使者——通讯员,突然站上西郊前线前沿高地大呼"蒋军官兵,我林、罗将军有亲笔信送给最高指挥官"。国民党前线士兵把我军使者送往六十二军军部(河北区黄纬路一带)。军长林伟俦亲手持信函面见陈长捷。陈长捷、林伟俦马上召集刘云瀚、杜建时和秋宗鼎等人开会讨论如何应对。信是写给陈长捷、林伟俦、刘云瀚等人的,内容大意是:"辽沈战役取得胜利后,百万大军已进关,劝告你们放下武器,不得破坏工商企业……""仿效郑洞国将军为人民立大功,如抵抗只能使自己遭受杀身之祸,希望总攻前,放下武器"。读了信,与会者都沉默不语,陈长捷首先定调说"如果天津首先放下武器,是不是会影响傅作义对整个华北的处理",于是让副司令秋宗鼎起草复信,表示"武器是军人的第二生命,放下武器是军人的耻辱,如果共谋和平,请派代表进城商谈……"图穷匕见,通过谈判无限制地拖延下去的尾巴终于露出来,企图负隅顽抗。13日早晨,天津国民党信使将复信送抵宜兴埠我军首长处,回绝了林、罗、刘的最后忠告。随后,双方在西营门地区展开了激烈的争夺战,我军一度突破小西门,陈长捷急调9辆装甲车反扑,夺回其主阵地。

这期间,傅作义也曾派代表到蓟县孟家楼、通县五里桥我军平津前线指挥部谈判,态度闪烁。一方面通过提出"建立联合政府"的谈判条件拖延时间;另一方面寄希望于天津守军的坚决抵抗,把天津作为与我讨价还价的王牌。据此天津实际上成为双方博弈的战场。我军棋高一着,决定先打掉天津,逼傅作义就范。14日上午10时,我军向天津守军发动总攻。战斗从"蜂腰"地带东、西两个方向发动主攻;北面、南面组织佯攻。首先,我军在西营门地区撕开国民党防线,沿西关街、经西马路在西南角与另一支突击队会合,直插南门,端掉敌阻击地堡后,兵分三路:一路经鼓楼出东门直捣金汤桥;一路经西北角,沿罗斯福大街(和平路)、建物大街直捣新华路敌司令部;一路直趋海光寺,直插敌核心地带,部队采用分割包围、先南后北、实施攻击,全面解放天津指日可待。激烈的巷战,我军摧枯拉朽,所向无敌。

当天晚上,有如惊弓之鸟的陈长捷,沮丧地召集林伟俦、刘云瀚、市长杜建时和副司令秋宗鼎等人在司令部开会,他无奈地宣布:"目前天津局势,无法维持下去,我们准备放下武器,由杜市长找李烛尘、杨亦周为代表,明早出城商谈。"随后,杜建时找到李烛尘和议长杨亦周商量,很快起草了一份放下武器的和平宣言,连夜在"中央人民广播事业处天津广播电台"由议长杨亦周亲自宣读播出。同时,准备由杨亦周、李烛尘出面洽谈投降事宜。15日晨出版的《大公报》称,"此行必获相当结果"后来杜建时撰文回忆说:"解放军已进入市区,为时太晚了。"

但是,和平宣言由当局14日晚发出,仍发挥了一定的作用。驻守在耀华中学的国民党预备队第九十四军四十三师长饶启尧回忆说:在午夜一时,突然接到通讯营长车灵的电话,并把总机线接在收音机上让我听广播,听到广播电台里重复地叫喊:"林彪将军注意,天津守军同意放下武器,请即命令停止攻击!"二时,饶启尧向司令部电话请示"如何才能停止?"秋副司令答复说:"只好插上白旗嘛。"于是,饶启尧下令收缩部队,并在耀华中学的"高楼上插上白旗",还派师部防毒官出外联络,于是一名解放军的团长带着数名战士前来接收,饶启尧等人交出自卫武器。国民党六十二军军长林伟俦也回忆说:"守军已接到各部队长的命令停止抵抗,只有未接到通知小部队继续抵抗,不久即被消灭。15 日上午,天津各区部队驻地,插上白旗投降,直至下午 2 时左右,整个被解除武装。"刘亚楼在总结中也说:"敌强固据点,一部分是经过有布置、有组织地夺取的,大多数是由于感到抵抗已无前途而投降的。"以至 15 日 10 点,军代表鲁荻在地下党的指引下,率部队进驻南市广播电台时,没有遇到任何抵抗,台长编辑都在,设备完好无损。由于太神速了,我们自己的播音员没有随队抵达,因此当天广播安民告示是由原电台广播员播发的。

这次和平运动和议员们发起的和平谈判,形成了对天津军政当局的强大社会舆论压力。和平运动与林、罗、刘的致电、致函,给天津国民党军事主官陈长捷造成的精神压力是空前的,使其战前始终处在"犹豫不决"的状态中。它在一定程度上减轻了战争对天津城市的破坏、减少了接收过程中的阻力以及双方伤亡人数的增加。

综合施策迫使强敌屈服:抗美援朝战争中的威慑心理战

以非战争的手段,如舆论宣传、外交攻势等暗示或显示我军力量和决心,以遏制敌之侵略企图,当敌置之不理时,坚决采取以战止战的手段,以实战的胜利给敌心理上以强烈的震撼,强化威慑效应,迫使敌屈服。这是抗美援朝战争中威慑心理战的主要手段。

周恩来总理对美国的侵略
提出警告

朝鲜内战爆发后,美国迫不及待地进行武装干涉。1950 年 9 月中旬,美实施仁川登陆,战局发生急转,朝鲜人民军转入战略退却。对于美国武装侵略、严重威胁我国安全的罪恶行径,中华人民共和国决不能容忍。中共中央军委为了保卫我国东北地区的安全和必要时刻支援朝鲜人民的反侵略斗争,及时地采取了一系列措施,作为"未雨绸缪"之计。同时,在外交上以强有力的宣传表明我使用力量的决心,以遏制美帝国主义可能的入侵。9 月 30 日,周恩来总理在中国人民政治协商会议全国委员会庆祝国庆节大会上发表演说,严正警告美国政府:"中国人民热爱和平,但是为了保卫和平,从不也永不害怕反抗侵略战争。中国人民决不能容忍外国的侵略,也不能听任帝国主义者对自己的邻人肆行侵略而置之不理。"

10月3日,周恩来总理又通过印度驻华大使,再次向美国政府提出强烈警告,表明我国严正立场。周总理指出:"美国军队正企图越过'三八线'扩大战争。美国军队果真如此做的话,我们不能坐视不顾,我们要管。"中国政府在抗美援朝战争爆发前的外交宣传表明了中国人民坚决使用力量保卫祖国安全的决心,但美国决策者忽略了中国出兵抗美援朝决心的坚定性,美总统杜鲁门专程从华盛顿飞到太平洋中部的威克岛,与麦克阿瑟举行会谈。后者轻视中国人民的力量,认为中国人民的警告只是说说而已,中国出兵参战的"可能性很小","不足为患"。于是,美军加快了向朝中边境的军事行动,同时也更加频繁地出动飞机轰炸我国东北边境地区的城镇和乡村,公然将战火烧向我国。中国人民是说到做到的,1950年10月19日,中国人民的优秀儿女——中国人民志愿军,遵照毛泽东主席的命令,开赴朝鲜战场。结果,在经过了第一阶段的战略反攻性质的五次战役和第二阶段防御性质的阵地战的胜利,出其不意地给敌以沉重打击,迫使敌转入谈判。

在后期的政治谈判中,也是一场心理的面对面的较量,这其中,我军军事打击与谈判相结合,边打边谈,边谈边打,运用军事力量给敌造成心理上的压力,从心理上对敌进行威慑,迫使敌接受条件。1951年7月10日,在中朝人民军队的沉重军事打击下,美帝国主义被迫接受了停战谈判。但从停战谈判开始以后,美帝国主义始终不愿平等协商,企图以恐吓、讹诈的手段,得到它在战场上得不到的东西。谈判初期,他们以"补偿"其海空军优势为借口,无理提出把军事分界线划到朝中方面实际控制线以北几十公里,妄想不战而攫取包括战略要地开城在内的1.2万平方公里的土地。这种无理要求遭到朝中方面坚决拒绝和据理驳斥后,他们又狂叫"让炸弹、大炮和机关枪去辩论吧",随即向我发动"夏季攻势"和"秋季攻势",同时向我后方运输线开展疯狂的"绞杀战",企图以军事力量威慑我朝中军队,从战场上夺取谈判讹诈所得不到的东西。对于这种局面,党中央和毛泽东认为:停战谈判是困难和曲折的,唯有经过坚决激烈的斗争和作持久作战的准备,才能取得胜利。1953年2月7日,毛泽东在中国人民政治协商会议第一届全国委员会第四次会议上发表的讲话中,又针对艾森豪威尔就任美国总统后发出的战争叫嚣,严正宣告:"我们是要和平的,但是,只要美帝国主义一天不放弃它那种蛮横无理的要求和扩大侵略的阴谋,中国人民的决心就是只有同朝鲜人民一起,一直战斗下去。这不是因为我们好战,我们愿意立即停战,剩下的问题待将来去解决。但美帝国主义不愿这样做,那么好罢,就打下去,美帝国主义愿意打多少年,我们也就准备跟它打多少年,一直打到美帝国主义愿意罢手的时候为止,一直打到中朝人民完全胜利的时候为止。"

　　这种使用力量的决心和坚定性,以及后来连续的战争胜利,给美帝国主义以强烈的心理震撼,使他们认识到只有停战谈判才能减少损失,否则就是得不偿失,迫使美帝国主义回到谈判桌上来,最终签订了停战协定。这其中,灵活确定军事打击的不同对象和时机,也是实施威慑心理战的重要方面。例如,1953年4月26日,中断6个半月的朝鲜停战谈判复会,志愿军为了促进谈判迅速达成协议,在多数兵团尚未完成新的战役准备的情况下,提前于5月13日(原定6月1日)发动了冬季进攻战役。5月下旬,当停战谈判有了明显进展,美、英方面态度已有所好转,唯李承晚集团从中阻挠时,则将以西线为重点、打击美军为主的计划,改为以打击李伪军为主,适当打击美军,暂不打英军。6月,在停战谈判各项协议均已达成,志愿军准备结束夏季进攻战役之际,李承晚集团又企图扣留中朝方面的被俘人员,破坏遣俘协议。为了狠狠打击李伪军,志愿军又组织夏季战役的第三次进攻作战,歼灭了大量敌人,迫敌认输,很快按我方提案签订了停战协定。

　　抗美援朝战争的胜利充分展示了新生的中华人民共和国使用威慑力量的能力、决心和可信性,使美国侵略者及决策人不得不审慎行事,最后被迫在停战协定上签字。这一次成功的坚决行动,在较长的一段时期内形成中国人民不可侮、中国军队战斗意志顽强的形象,给美方在以后的行动决策中,以重要的参照。美三军参谋长联席会议主席布莱德雷,在总结这次战争时,无可奈何地供认:对中朝人民的战争乃是一场"错误的地方、错误的时间和对错误的敌人所进行的错误的战争"。这从一个侧面反映出抗美援朝战争的威慑效果。

战俘亮相牵动统帅神经:美伊互打战俘牌

　　经过在伊拉克战场前6天的厮杀,美军俘获了4000多名伊军战俘,伊军俘获了7名美军战俘。

　　按常理说,战俘应该是抓得越多越好,但是,目前的局面是,少数的美军战俘成了伊拉克对美国展开心理战的人质法宝,大批的伊军战俘则成为宣称遵从人道主义和国际公约的美国的一个烫手山芋。

伊拉克战俘

伊拉克抓住美国民众普遍"惜命"的特点,利用战俘大做文章,在电视台播放他们的录像。

比如,伊拉克国家电视台播出的5名美国俘虏的录像,展示了鲜血浸透的迷彩服,恐惧无助的眼神。这些画面通过全球媒体的转播,给美国民众脆弱的心灵以重重一击,并把曾在战前一直宣扬"零伤亡""倒萨"的五角大楼推到了尴尬的困境。

2003年3月24日,伊拉克电视台又播出了两名被俘美军阿帕奇"长弓"武装直升机飞行员的录像,并且公布了这两名战俘的详细信息。战俘的亲属心急火燎,举着照片到布什总统面前求救,反战的呼声进一步高涨。这怎不让布什着急上火,而这正是萨达姆要的效果。

在不停刺激美国的同时,伊拉克还抨击美国违反国际公约。3月26日,伊拉克军方发言人在电视上发表讲话,谴责美英联军绑架了伊南部城市乌姆盖斯尔和巴士拉附近的居民,并将他们乔装改扮成战俘,向公众大肆炫耀"战争成果"。他说:"(他们这么做)是因为他们已经向国民夸下海口,称伊拉克军队、领导和民众都将在数日内投降。我们认为美英军队必须为违背国际法和国际公约的行为负责。"由于伊拉克利用电视台不断播放人质录像,美国十分恼火,继而将伊拉克电视台列入摧毁目标。伊拉克国家电视台26日在巴格达遭到轰炸后中断播出,不过3个小时后又顽强地恢复了信号。

伊拉克的战俘宣传攻势让布什政府措手不及。情急之下,布什搬出《日内瓦战俘公约》,要求萨达姆"善待俘虏",并且称美方对抓获的伊方战俘很人道。美军俘虏了大约4000名伊拉克士兵,大量战俘投降虽然是军事胜利的标志,但也给美军带来了不小的麻烦,甚至成为让美军付出生命代价的烫手山芋。

美军所到之处,不断有小股伊军放下武器向美军投降。但是有些伊军士兵趁美方军人很少时诈降,等其走近后马上开枪,造成美军伤亡严重。比如,3月24日,一支准备投降的伊拉克部队向靠近他们的美国海军陆战队射击,打死了9人,打伤了约40人。

大量的战俘还拖了军事行动的后腿。据五角大楼估计,此次"伊拉克自由行动"中,将有多达27万的伊军士兵放下武器投降。眼下虽然投降的部队不多,但已有指挥官表示"吃不消"了,因为先头部队均属"全职"作战部队,要让他们应付既麻烦又危险的战俘,实在是有些力不从心。他们要给战俘编号,集中运送到战俘营,并且提供伙食和医疗。投入这些人力物力,对于兵力紧缺的美军来说,可不是好事情。

虽然美军自认为优待战俘了,但是国际舆论并不买账。"国际特赦"组织3月26日批评美国"有选择地"引用有关对待战俘的《日内瓦公约》。此外,美国媒体还以牙还牙,大量公布了伊方战俘的照片。比如,《华盛顿邮报》在 23 日公布了一幅一个戴着手铐的战俘的照片,这引起了国际维权组织的不满。

强光狂照击溃守敌心理:朱可夫妙招攻柏林

1945 年 1 月至 4 月中旬,苏军在东战场和盟军在西战场的进攻都取得了一系列的重大胜利。在东战场,苏军歼灭了柏林方向的德军重兵集团,在宽大正面已把前沿阵地推进到奥得河和尼斯河,并占领了维也纳,从东面和南面形成了对柏林的包围,最近距柏林只有 60 公里。在西战场上,盟军合围鲁尔德军集团,先头部队已抵进易北河,并在向汉堡、莱比锡和布拉格方向发展进攻,距柏林也只有 100 至 120 公里。至此,基本形成了对柏林的合围之势。

此时,德国在欧洲已完全丧失了它的所有盟友,空前孤立。国内矛盾加剧,面临分崩离析、众叛亲离之势。人心浮动,经济已到崩溃边缘,军队装备不足,补给困难,人员欠编,士气低落,德国法西斯的灭亡已指日可待。柏林是德国的政治、经济、文化、军事中心,是德国法西斯的大本营和纳粹分子的最后巢穴。攻克柏林就意味着德国法西斯的灭亡和欧洲战争的结束。根据苏、英、美三国协议,苏军负责攻打柏林。

希特勒虽然预感到自己的末日即将来临,但 1945 年 4 月 12 日下午美国总统罗斯福在美国佐治亚州温泉突然病逝,这使得希特勒欣喜若狂,犹如垂死之躯注入了兴奋剂。抱着与美、英媾和的幻想,因而,他把 59 个师的兵力,用于西线同美军作战,而把 214 个师又 14 个旅的兵力部署于苏德战场,把"维斯瓦"集团军群和"中央"集团军群的大部兵力都部署在柏林方向上。总兵力 100 万,各种火炮 1 万多门,坦克和强击火炮 1500 多辆,作战飞机 3000 多架。另有,德军总部预备队 8 个师以及柏林市区守备部队 20 多万人。为加强防御,德军在奥得河、尼斯河地区构筑了三道防御地带,在柏林防御地域构筑了三道环行防御围廓。希特勒的目的就在于固守柏林,拖延战争,争取单方面媾和。

苏军最高统帅部为了迫使德国无条件投降,尽快结束欧洲战争,决定从 4 月中旬开始实施柏林战役。为迅速夺得柏林战役的决定性胜利,苏军集中了白俄罗斯第一方面军、第二方面军,乌克兰第二方面军,波兰第一、第二方面军,波罗的海舰队以及远程航空兵一部,共

苏联红军攻克柏林

182 个步兵师和骑兵师,21 个坦克军和机械化军,4 个空军集团军,约 250 万人,各种火炮 4.2 万门,坦克自行火炮 6200 多辆,作战飞机 7500 架。苏德人员、炮兵、飞机数量之比,分别为 1.5:1;1.4:1;2.3:1。尽管兵力悬殊,苏军占有明显优势,但是德军柏林地区的防御部队战斗力较强,防御设施林立,且纵深内有江河湖泊作掩护,要突破这样的坚固堡垒地域,并非是轻而易举的事情。

战斗打响之前,苏军航空兵 6 次拍摄了柏林及其接近地和防御地带的照片,制作详细的地图和精确的沙盘模型。苏军认真地、全面地进行了战役准备。面对如何迅速突破德军第一线阵地,朱可夫突发奇想、施出妙计,即在黎明前两小时发起攻击,集中 140 部对空探照灯突然照射敌军前沿阵地。一是利用照明效果,控制红军进攻战斗队形,以便于指挥进攻;二是达成心理攻击之效,以强光刺激敌人视觉,可以起到致盲效果,使德军看不清苏军进攻,不能准确射击。为此苏军组织部队检验了探照灯照射的实地效果。

4 月 16 日清晨 5 时整,突然,数千枚五彩缤纷的信号弹,划破夜色的宁静,拉开了柏林战役的序幕。与此同时,140 部探照灯,以及所有进攻坦克和卡车上的车灯一齐放亮,1 千多亿度电光一齐射向敌军阵地,把德军阵地照得如同白昼,强大的光亮刺激得敌人根本无法睁开眼睛,而德国人从来没有见过如此的作战方式,也弄不清这到底是一种什么新式武器,惊恐万状、不知所措。与此同时,数千门火炮、迫击炮、"卡秋莎"火箭炮以及航空兵,开始猛烈地轰击,德军整个防御阵地笼罩在一片火海之中,德军死伤无数,防御阵地顷刻土崩瓦解。苏军在探照灯光助威和炮火掩护下,坦克步兵勇猛冲击。激战至黎明,德军第一线阵地迅速被苏军突破,第二线阵地也危在旦夕。在之后的作战中,德军虽顽强抗击,也没能阻止苏军前进。4 月 30 日下午,苏军两个士兵把红旗插上了德国国会大厦的屋顶。苏军这次战役共歼灭德军 93 个师,俘敌 48 万人,缴获坦克、强击火炮 1000 多辆,飞机 4000 多架,完成了攻克柏林的历史性使命。

一场电影攻陷一个国家:令人恐惧的电影招待会

德国军队仅用一天就占领了挪威首都奥斯陆。

"轰!轰!"震耳欲聋的爆炸声撕开了云层,伴随着阴沉的呻吟,轰炸机铺天盖地地袭来。狂暴的夜色中,只看见远处天边那炮火的红光不停闪烁,到处都是刺耳的炸弹爆炸声。一座座高楼在烟火弥漫中倒下,尘土和黑烟冲天而起。

一辆辆军车满载着装备整齐的德国士兵疾驰而来,他们趾高气扬地开进华沙,在宽阔的街道上列出方队,胜利前进……

"女士们，先生们！"电影放映完了，灯亮了，德国大使笑容可掬地发话了。他看着那些还未从刚才恐怖场面中清醒过来的达官贵人说道："刚才请大家观看的这部短片是德国军队攻克华沙的场面。你们已经看到，伟大的德国军人以势不可当之进攻摧毁了波兰人的首都。"

坐在放映厅中的所有高官显贵全被刚才惊心动魄的一幕惊呆了，直到大使讲完话，这些人才你看我，我看你，眼睛中流露出不安和惊慌。

应邀前来观看电影的全都是挪威的军政要员、工商巨富、知名人士。他们到现在还没弄明白，为什么大使先生要用这样的电影来"招待"他们。

原来，举办这次电影招待会是纳粹德国的一次密谋行动。德国人企图

在挪威登陆的德军

通过这次行动达到"不战而屈人之兵"的目的，对挪威权贵夺气攻心。在这次招待会前，德国大使特地拟订出挪威上层人物的名单，并且对他们一一做出了邀请。这些挪威的军政大员做梦也没有想到德国人为他们安排了这样一个别开生面的"电影招待会"，他们完全被纳粹德国军队咄咄逼人的气势吓住了。更令他们没有想到的是，一种更加悲惨的命运在等待着他们。

在这次电影招待会的第二天，德军以迅雷不及掩耳之势出兵挪威。

那些心惊胆战的挪威上层军政要员早就被那部可怕的电影吓破了胆，他们没有做一丝一毫的抵抗，恭恭敬敬地让出了挪威的"心脏"。

由于上层统治集团的惧怕心理和卖国求荣，虽然国王哈康坚强不屈，号召全体人民进行抵抗，但终因寡不敌众而失败了。两个月之后，挪威全境被德军占领。

"夺气攻心"这一计谋，被德国大使运用于征服挪威的过程中，可以说起到了举足轻重的作用。它导致的最直接的后果便是通过战前的心理战迫使挪威上层人士在没有开战之前便在精神上丧失了斗志，对纳粹德国产生了畏惧心理。

纸片轰炸提振战争士气：徐焕升漂洋过海扔纸弹

1937年抗日战争爆发后，日本帝国主义用于侵略中国的海军航空队和陆军航空队的各式飞机有800多架，且拥有生产飞机的工业基础。而中国空军能用于作战的飞机不过300架，空军装备及补充要依赖美国等海外援助。因此，日本空军

不但在数量上和质量上占有优势，而且还拥有作战消耗后能立即补充的优势。尽管敌强我弱，中国空军仍以劣势装备与敌机拼搏，在著名的淞沪会战中就取得了辉煌战果。

1937 年 8 月 13 日凌晨 3 时左右，一阵刺耳的枪声划破了还沉浸在睡梦之中的上海。日本海军陆战队在虹口区向中国守军发动了攻击，这是侵略者向中国进攻的枪声。中华民族奋起抗击日寇的第一个大会战——淞沪会战拉开了序幕。在这场历时 3 个月、中日双方近百万军队进行的激烈搏杀中，中国军队地面防御与空中防御相结合、海军与陆军相配合，是第一次海陆空立体协同作战。作为第一次参加抗击侵华日军的中国空军，在 8 月 14 日的首战中就击落敌机 6 架、击伤 1 架，中国飞机没有一架受损，日军梗津航空队队长因此自杀。整个战争中国空军取得了击落敌机 60 架的辉煌战绩。中国空军的胜利，鼓舞了民族的抗战热情。中共延安的刊物发表了《英勇的中国空军万岁》的文章。周恩来、董必武、叶剑英等为后来牺牲的空军烈士敬献了挽联。当时的国民政府为了纪念首次空战的胜利，把 8 月 14 日定为"空军节"。

然而，在战争这架天平中，局部战斗的胜利并不能弥补失误的战略战术。当侵华日军改变进攻方向，从杭州湾登陆后，在淞沪会战的关键时刻蒋介石错误地采纳了白崇禧的建议，将一线部队撤回到二线，之后又出尔反尔地收回命令，下令死守，贻误了战机，使战争陷入被动。11 月 12 日，上海沦陷，日军威逼南京。一个月后的 12 月 13 日，发生了惨绝人寰的南京大屠杀，30 万军民遇难。

而到 1937 年年底，中国空军随着战争的失利，战机也损失了大半，残损和不能参加战斗的飞机也调离第一线转到大后方。面对气焰嚣张的日本侵略者，中国空军在极度困难的条件下，决定飞越东海远征日本本土，散发传单，实施宣传、示威性的"人道主义"空袭，以此来警告日本当局——他们的"三岛神州"并不是不可袭击的安乐窝，从而希望他们结束对中国的野蛮侵略。这就是世界航空作战史上绝无仅有的"纸片轰炸"的历史背景。

两架马丁 B–10B 型轰炸机秘密起飞，两个小时在日本长崎、福冈、九州抛撒传单 100 多万张，警告日本军国主义，这是日本有史以来第一次被外国飞机轰炸袭击。

在这场航空作战史上奇特的空袭中，接受重任的是当时中国空军第十四队队长徐焕升和第八大队第十九队副队长佟彦博。

为了保证这次"人道远征"空袭的成功，徐焕升和担任僚机的佟彦博先从汉口飞往重庆，在那里进行了两个多月的模拟空袭训练。他们训练时驾驶的两架飞机都是马丁 B–10B 型战斗机。这种飞机是一种双发动机单翼轰炸机，每台发动机的功率为 775 马力，机长 13.63 米，翼展 21.49 米，起飞重量达 7430 公斤，最大时速为 343 公里，最高飞行高度为 7300 米，航程仅达 900 公里。飞机上还装备有机枪 3 挺，可携带炸弹 1025 公斤，乘坐 4 人。为了这次远征，他们对飞机又专门进行了改装，增大了油箱以保证飞行燃料充足。训练结束后，国民空军司令部决定把宁波作为远征空袭的前进基地。

1938 年 5 月 19 日，在装满各种宣传传单后，两架飞机于下午 3 时 23 分从汉口秘密起飞。同时徐光斗、雷天春、蒋绍禹、刘荣光、吴积冲、苏光华等 6 人也分成两个小组分别乘坐在这两架飞机上。经过两个小时的飞行，两架飞机分别经过南昌和玉山机场后，平安抵达宁波的栎社机场待命。

当晚 23 时 48 分，在稍微歇息添加燃料和作好战斗前的各种准备之后，徐焕升和佟彦博驾驶两架飞机从宁波起飞，并于 5 月 20 日凌晨 2 时 25 分，以 3500 米高度飞临日本长崎上空，撒下了第一批传单。3 时 45 分，双机编队到达福冈上空，在撒下传单的同时并投下了照明弹。4 时 32 分，编队飞越九州上空，第三次撒下传单。飞机在日本长崎、福冈、久留米、左贺及九州各城市总共投下传单 100 多万张。这些传单警告日本军国主义说："尔再不驯，则百万传单，将一变为千吨炸弹，尔再戒之。"之后，飞机掉头向西沿原路返航。5 时 23 分，双机编队完成任务后顺利飞到公海。8 时 48 分，僚机佟彦博在玉山机场降落，长机徐焕升于 9 时 24 分在南昌降落。两架飞机在机场加油后再次起飞，于 11 时 13 分在武汉上空会合后，安全降落汉口机场。至此，第一次远征袭击胜利完成，这也是日本有史以来第一次被外国飞机袭击。

尽管这次被人们称作"纸片轰炸"和"人道远征"的空袭，并没有改变日本军国主义侵略中国的法西斯行径，贪婪凶恶的东洋铁蹄仍继续蹂躏着中国人民，坚持它所谓的"大东亚共荣圈"的黄粱梦，但这次成功的空袭震惊了世界，对打击日本侵略者的嚣张气焰和增强中国人抗日的志气起到了巨大作用，在国内外引起巨大反响。

5 月 22 日，周恩来、王明、吴玉章代表中共中央和八路军办事处亲自到国民空军司令部，对凯旋的中国空军人员进行慰问，并敬献锦旗一面，上面写着八个大字：德威并用，智勇双全。周恩来还发表了讲话，赞扬他们的成绩和英勇行为，并与徐焕升和佟彦博合影留念。

而在第二次世界大战后期，美国著名的《生活》杂志评选刊登了"二战"中闻名于世的 12 名飞行员的照

徐焕升

片,其中就有担任这次"人道远征"日本实施"纸片轰炸"袭击的长机——中国飞行员徐焕升。同时,该杂志在文章中明确指出,徐焕升是先于美军杜立德轰炸日本本土的第一人。

自杀攻击让人畏缩踌躇:死不足惜的神风特攻队

1944年6月的马里亚纳大海战,日本损失了3艘航空母舰和380余架飞机;8月,美军攻占塞班、提尼安和关岛。在优势的美国海空力量的打击面前,日军的一些陆军和海军飞行员自发产生了自杀攻击的想法。9月12日,驻内格罗岛的陆军第31战斗机中队的陆军飞行员自行决定次日发动自杀攻击。次日凌晨,小齐猛中尉和一名曹长驾驶两架装100千克炸弹的战斗机起飞,准备撞击美国航空母舰,但在飞抵目标前就被击落。10月在美国第三舰队对台湾的日军基地袭击战中,日本500余架飞机像"鸡蛋碰石头"一样,被美军飞机击落,美军仅损失79架飞机。绝望中的日军飞行员再次发动自杀攻击。10月15日,海军少将有马雅文从菲律宾克拉克基地起飞,企图用他的轰炸机撞击美国航空母舰,但还未飞到美舰上空即被击落。

有组织的大规模自杀攻击开始于1944年10月美军在菲律宾莱特湾登陆之战时。10月17日,日本海军中将大西泷治郎到达吕宋岛接任第五基地航空队指挥官。面对日军的不到100架飞机,为了"确保以微弱的力量取得最大战果",大西决定成立决死攻击突击队。10月19日在克拉克机场组织了一个"驾机撞舰特别攻击队",又名"神风特攻队"。

"神风"这一称号来源于1281年,元朝皇帝组织一支舰队东征日本,就日本当时的力量,必被征服无疑。在舰队接近日本海岸时,忽然遇到台风,舰队被风暴摧毁。日本人认为那次台风是天照大神呼唤来的,就将那次台风称为"神风"。

10月22日,一架"神风"飞机撞击护航航空母舰"普林斯顿"号,该舰受重伤,后被美军自己用鱼雷击沉。25日,"达飞3"分舰队的"吉普航空母舰"(小型航空母舰)遭到由关行夫海军大佐率领的5架"零"式飞机的"神风"袭击,"圣路易斯"号被撞中后沉没。自22日到25日3天的莱特湾战役,日军共进行168架次"神风"攻击,炸沉美军护航航空母舰和小型航空母舰各一艘,驱逐舰3艘。

1945年2月19日,美军开始硫黄岛登陆作战,在该岛附近海域发生激烈的海、空战。2月21日5架基地在东京附近的"神风"飞机冲过战斗机的警戒网,撞击位于硫黄岛外35海里的航空母舰"萨拉托加"号。前面的2架虽被击中起火,但仍然掠过海面撞击该舰,其余的3架则直接撞上该舰。舰上的大火尚未扑灭,又有5架"神风"飞机前来攻击,其中4架被击落,但有1架撞击成功,飞行甲板被炸开了一个 25 英尺的大洞。创伤严重的"萨拉托加"号不得不直接开回美国大修。几海里外,航空母舰"俾斯麦海号"被另一架"神风"飞机撞中,大火无法扑灭,葬身海底。

1949 年 3 月美国海军第 58 特遣舰队的 16 艘快速航空母舰、护航战列舰、巡洋舰、驱逐舰从日本九州岛附近海域对九州的飞机场和本州的吴市港海军基地进行一系列大规模袭击,希望将日军剩余的海军力量摧毁。日本机场上被炸毁 400 余架飞机,但伪装和疏散使许多"神风"飞机得以幸存,随即向美军舰队发动攻击。3 月 19 日,新的航空母舰"黄蜂"、"企业"号都被击中,"富兰克林"号航空母舰被撞中甲板,险些沉没。3 月 20 日,日本专为自杀攻击设计的载人飞弹"樱花"首次参战。

1945 年 4 月 1 日,美军开始进攻冲绳岛,日本"神风"攻击达到高潮。从 4 月 6 日到 6 月 22 日,共进行了 10 次大规模自杀攻击,出动自杀机 1506 架次,以损失 900 架飞机的代价,炸沉美舰 20 艘,炸伤美舰近 200 艘,使美军遭受重大损失。

冲绳之战结束后,日本军国主义者完成了自杀性的保卫本土的最后计划"决号行动"。他们集中了 10000 余架飞机,包括国内训练基地的所有教练机,并将其中的大部分改为自杀飞机。这些飞机的三分之二将用来保卫九州,其余用来击退在东京附近登陆的美军。由于日本在 8 月 15 日宣布投降,"决号行动"没有实施。但一些狂热的军国主义者在日本宣布投降后仍然坚持对美军进行了最后的自杀攻击。8 月 15 日当天,山本五十六生前的参谋长,海军"神风"部队的现任指挥官宇垣中将,从九州大分基地带领 11 架轰炸机进行了最后的自杀攻击。同日,"神风"突击队的创始人大西泷治郎在东京寓所内剖腹自杀。

这种把人当成导弹驾驶仪,把飞机变成导弹的方法是迄今为止战争史上规模最大、最残酷的自杀攻击行动。战争的基本规则是保存自己消灭敌人。日本人无视人的生命,违反这条基本原则,肯定可以获得较好的战果。这种疯狂的行为使美国人不寒而栗,眼睁睁地看着一架飞机不顾死活地向你的舰只撞来,飞行员决心和你一起炸得粉身碎骨,这真是使人周身血液都凝固了。"神风"攻击产生的最直接的后果是使美国对在日本本土进行登陆作战的代价作了最充分的考虑,最终决定在广岛和长崎投下原子弹,迫使日本投降。

"一人投命,足惧千夫",即只要一个人舍生拼命,足以使上千人畏缩踟蹰,这就是"神风"攻击能造成巨大心理威慑的原因。然而,"神风"攻击只不过是在军国主义毒害和武士道精神唆使下的亡命之举,做的是对人类社会罪大恶极的事,这种人死不足惜。

第七章　宣传心理战

　　拿破仑有一句名言:"报纸一张,犹联军一队也。"1928 年 10 月,毛泽东在湘赣边界各县党的第二次代表会上说:"共产党是左手拿传单,右手拿枪弹才可以打倒敌人的。"这些话精辟地阐明了新闻传媒在战争中的重要作用。在信息化战争中,部队的士气和顽强的战斗精神依然起着关键性作用。新闻舆论作为精神打击的有效手段,通过对敌投放大批量的"舆论炸弹",产生的打击敌方士气、瓦解敌军的独特作用,是任何现代化尖兵利器都无法比拟的。

　　宣传心理战是战争中普遍采用的一种心理作战方式。现代高技术条件下的宣传心理战,是指依靠和运用高科技传播手段,充分发挥新闻媒体的宣传功能,有计划、有目的地展开全方位、多层次、全覆盖式的宣传攻势,干扰敌方人员的认知来源,进行信息恐吓或信息胁迫,造成敌人的忧虑心理和反战、厌战、畏战情绪,使其对战争前途失去信心;鼓动公众情绪,激化敌方内部矛盾,消解其情感纽带,瓦解其战斗意志;宣传己方作战的正义性和敌方的非正义性,以政策攻心,动摇敌军人员信念,从而削弱、摧垮敌军战斗力。第二次世界大战时期,美军在攻打西西里岛的战役中,欲加大心理宣传的力度,但限于当时的条件,只能用大炮发射传单,而且在发射中遇到了诸多麻烦。而到 20 世纪 90 年代初,美国出兵伊拉克时,他们向伊拉克境内和伊军占领区内空投了 9000 多个能收听"海湾之声"的多波段袖珍收音机。据介绍,海湾战争期间,美军甚至把电视广播站办到了飞机上。美国有关部门特意为赴伊作战部队提供了一套新颖独特的无线电广播设备,安装在经过改装的 EC-130 飞机上,建成了空中流动广播电台,在战区上空盘旋着向伊拉克官兵播音,把宣传心理战推向一个全新的阶段。

爱国歌曲引起情感共鸣:八路军瓦解伪军

1945 年 7 月,抗日战争接近尾声。我胶东八路军在同汉奸赵保原残部的一次作战中,利用其官兵思乡厌战的情绪情感,采用了高唱爱国歌的心战方式,瓦解了伪军。

作战前,我胶东八路军第十三团政治处印制了大量的宣传品,培训了一批教唱一首首爱国歌曲的宣传骨干。作战的当天夜晚,满天群星闪烁,夜风轻拂,一场对敌政治攻势的序幕拉开了。我军官兵纷纷抬着装有泥沙土的木箱和条筐,飞速地插入赵保原部队的碉堡之间,并把木箱和条筐垒起来,周围又盖上了泥土,一时间,一座简易的碉堡式广播站就地而起,屹立在敌人跟前。紧接着,阵阵战场喊话声划破了寂静的夜空。

"伪军弟兄们,你们仔细听着,八路军已经将你们包围了,大汉奸赵保原不打日本鬼子,死心塌地同人民为敌,早已成了过街的老鼠,人人都想亲手杀了他!你们不要再为他卖命了。"

"伪军弟兄们,你们也是中国人,在这国难当头的时候,抗日救国是每个中国人的神圣责任。如果你们还有良心,就赶快过来吧。共同抗日才是唯一出路!"

喊话声刚一落,就唱起高昂并充满激情的爱国歌曲:"我的家在东北松花江上,那里有森林煤矿,还有那满山遍野的大豆高粱。"歌声是那样的真切,充满深深的怨与恨,引人思乡,催人泪下。赵保原听到歌声,顿时愣住了。他张着嘴,说不出话来,心想:"完了!这不面临着同当年刘邦四面楚歌一样的情景吗?"他心烦意乱。赵保原的部队,绝大部分是东北人,听到这首歌,乡愁即兴,儿女之情,死生哀乐之念,就如闪电一般地击中内心,战斗精神自然在夜风中荡然无存。赵保原的官兵望着内无粮草、外无救兵的情景,心想:坚持下去只有死路一条。于是,碉堡里开始发出了唉声叹气的声音。抓住这一有利时机,我军进一步加强了宣传攻势,并不时地以火力向敌射击,狠狠打击那些妄图顽抗的少数分子。不到几天的工夫,敌人就开始动摇了。开始三三两两,后来三五成群,逐渐地增多起来向我投诚。赵保原为此气急了,下了道无可奈何的命令:"严禁听歌,违者杀头!"但是,不管赵保原怎样加以制止,完全无济于事。一到夜间,仍然有不少的伪军想方设法听我们的歌曲,有些人带着枪弹偷偷地跑到我八路军队伍中来。赵保原不甘灭亡,为了稳住部队,又采取了一种愚蠢的办法:用绳子把伪军按数穿起来。然而,此招并不灵,相反,逃跑的人数更多了,原先是单个地跑,现在则成串地跑了。

赵保原在我军重重包围和强大的政治攻势下,军心涣散,又无援兵,妄图趁黑夜率残部突围。殊不知,我十三团的将士们早已对此有所准备。一声号令,全团杀声震天,一下子就俘虏了2000多敌人,仅是赵保原带着几个残兵败将溜走了。

派发投降证涣散敌军心:西西里岛上空的传单炮弹

　　第二次世界大战中盟军对轴心国军队采取的攻心战术,有效地挫败了敌军的士气,对夺取战争的胜利起了重大的作用。大战后期,美军攻打西西里岛。一名美军炮兵把炮弹推进瞄准敌人的野战炮膛,炮弹嘶叫着飞过夜空,紧接着在遥远的地方响起了微弱的爆炸声。炮手感到十分懊丧,气愤地骂起来:"用塞满结婚彩纸的炮弹打仗,真是活见鬼!"

　　原来,炮弹里装的是传单。这些传单告诉意大利人,他们是纳粹的马前卒,德国纳粹要把他们可爱的意大利变成战场;现在,他们已陷入毫无希望的困境,但他们可以把这些传单作为"投降证",到盟军阵地的后方领取可口的食物,盟军将确保他们的人身安全。在前线散兵坑里,美军用意大利语不断地念着这些传单,并通过扩音器使传单上的话在山谷里回响。

　　天刚蒙蒙亮,美国的轰炸机又在敌人后方扔下更多的"投降证"。那些飞行员不高兴地说,若扔下去的是巨型炸弹,岂不更好!但是,就在那天早晨,一批意大利人从敌人阵地那里跑了过来,每个人手里都拿着一份白色传单。有人担心地问:"这可以作为投降用的凭证吗?"美国人对他们表示欢迎,把他们请到警卫室里,让他们吃美国罐头。这是盟军心理作战部进行的活动,这个部门是盟军总部情报和保密检查处的一部分。

　　早在盟军向北非进军期间,便已采用了这种战术。那时,英国和美国都有这种心理作战机构,每个机构又都有自己的一套计划。从英国战争情报处、战略服务处、政治战争执行局和情报部到美国陆、海军情报处都在进行攻心宣传。

　　1942年10月,艾森豪威尔将军将整个宣传工作交给查尔斯·黑兹尔坦上校掌管。黑兹尔坦是个意志坚强的人,当了33年骑兵军官,新近被任命为机械化步兵团团长。黑兹尔坦把各种宣传组织中的工作人员统一组成盟国心理作战部。他坦率地对大家说:"我对宣传虽说一窍不通,但我相信它是有威力的。我了解军队,也懂得组织工作。我们来试一

攻打西西里岛

试,同心协力,多出宣传品。你们写东西,我根据它们的价值向军队推销"。

但起初这种工作是为一些职业军人所瞧不起的。心理作战部刚组建时,正值突尼斯战役处于紧张阶段,因此许多人并没注意到它的存在。更有甚者,一些飞行员不愿在飞行时携带宣传品,而步兵巡逻队也不愿把宣传品带到敌后散发。一名英国上尉发明了一种炮弹。这种炮弹可以散发传单。但是,炮兵却不愿发射这种"哑弹"。心理作战部的官员们不遗余力地推荐这种宣传炮弹,结果通过炮弹散发的传单越来越多,终于产生了显著效果,弄得敌人混乱不堪。

意大利人手持传单成群结队地前来投降。一位心理作战部的官员说:"有一天,两个意大利人带着传单来了,并告诉我们说,他们那里许多人想来又不敢来,因为没有'投降证'。于是,我们派人把那些人领过来。还有一次,一名意大利人跑过来了,他要求再发给他一份传单,以便把他的兄弟也带过来。还有人告诉我说,在攻打突尼斯的最后几天,阿拉伯人把传单拿到黑市上去,作为投降'票证'卖给德国人和意大利人。"

此后,那些打仗的将军们开始重视宣传工作了。乔治·巴顿将军那时曾下令在他的阵地前沿散发宣传品。当盟军决定轰炸罗马的军事目标时,卡尔·斯巴茨中将也下令空投几百万张传单向市民发出警告。在埃及阿拉曼战役后不久,英国的蒙哥马利将军说:"在我的战场上可不需要一辆宣传车。"可是到了盟军打到西西里时,蒙哥马利居然亲自下令发射这种宣传炮弹。

一名叫约翰·惠特克的驻外记者,带领作战宣传处到了西西里的巴勒莫地方,并立即接收了广播电台和报纸印刷厂。然后他向心理作战部发电要求派一名占领地区处的人来。几天之内广播电台就开始工作,向意大利人民广播战争消息。同时还出版了《西西里解放报》,让西西里岛上的人民第一次看到了事实真相。心理作战部还利用无线电广播来削弱敌人抵抗的意志,而且,这种做法的威力很快就显示出来了。在德国战俘中,许多人的认识发生了明显变化。

在突尼斯被俘的德国军官的头脑中还充满戈培尔博士的荒唐幻想,认为日本已打进西伯利亚,俄国当年就要完蛋,第二年日本人就会把纽约炸毁。这些人真可谓趾高气扬,但在西西里岛,许多德国战俘气馁了。他们知道德国对苏联的进攻已经失败,西西里岛也朝不保夕,意大利很快就要完蛋。一些军官承认德国已没有希望打赢这场战争。一名被俘的德国上校向情报官员说过这样的话:"你们的宣传给我们带来了灾难。即使一张小小的传单也罢,你读过之后就好像得到了启发,明白了真相,认识到我们的政府是在对我们撒谎。"这些德国人大都来自驻法国南部的后备部队,在那里可以连续14小时收听盟军心理作战部一刻不停的广播。

由于德国战车里都装有收音机,因此德国最高司令部无法禁止自己的士兵收听广播。盟军心理作战部的电台用意大利语、德语和法语对德军进行广播,其作用胜过万门大炮。后来,心理作战部还向意大利人民发布各种特别指令,告诉他们如何去破坏德国人的交通线。

心理作战部的一位官员说:"我们一开始是白手起家,对我们从事的工作一无所知。可是我们很快发现,反映真实情况的宣传几乎像轰炸机一样拥有致命的攻击力量。我们的宣传拯救了许多人的生命,因为每一个手拿我们传单的敌人过来投降,都意味着我们的前线士兵可以少一个向其开枪射击的人。"

无药炮弹暗含着软杀伤:解放太原的特殊战斗

1948年10月18日至11月12日,中国人民解放军华北一兵团十三纵队一一三团,在围攻太原东山要塞的战斗中,全团指战员在兄弟部队的配合下,进行了前仆后继、十分艰苦的战斗,最终夺取了阎锡山苦心经营几十年的所谓的"钢铁阵地",打开了从东南方向进攻太原的通道。

在夺取太原东山四大要塞(牛驼寨、小窑头、淖马、山头)之后,虽然伤亡很大,但战士们情绪高昂,大家摩拳擦掌,急切地盼望着向太原发起进攻,只待一声令下,跳出战壕,直取城垣。而敌人已被打痛了,打怕了,早已是恐慌万状。就在指战员作战热情高涨之时,中央根据东北"辽沈战役"和中原"淮海战役"都取得胜利的形势,为了稳住平、津敌人,不让他们因太原解放而出海南逃,决定太原前线"停止攻击",加强阵地构筑,加强军事围困,进行广泛的火线政治攻势。徐向前元帅在向太原前线全体指战员发布的《政治动员令》中,号召"个个都要学会用政治攻势配合猛打消灭敌人"。兵团政治部主任胡耀邦同志在对敌斗争工作委员会上讲话时,曾把政治攻势提到战役任务的高度。他说:"打太原,要有四大要素,军事上必须指挥得好,政治工作做得好,后勤工作保证好,政治攻势瓦解敌军做得好。"

在这个大前提下,上级命令一一三团于1948年12月底进驻太原东山上"下黑驼村",担负围困瓦解山头阵地大方碉的任务,并且把这个任务交由政治处来组织完成。

大方碉位于太原东山东南角的山头上,东西、南北各有几十米长,20多米深的战壕,视野很好,能清楚地看到山下几十里外。东面、北面都是悬崖峭壁,西面有交通沟工事与双塔寺阵地连接,只有南面是缓坡开阔地。经过认真选择,精心构筑,我军利用南面坡地的田坎死角,用木棍、门板等搭起攻守兼备的工事,与大方碉的敌人展开了对峙。

对敌政治攻势开始由喊话组的同志向敌人宣传解放战争我军必胜、蒋军必败的大好形势,太原已被我军包围,只有放下武器才是生路一条,我军对起义投诚官兵的优待政策等。同时在阵地上挂起大标语。如"我军必胜、蒋军必败""一定要解放太原""敌人不投降,就坚决消灭!"等等。并且通过各种手段向敌人递送宣传材料,如《十不得诗》:阎锡山鬼话信不得,特务造谣听不得,太原工事守不得,红皮七九枪用不得,挨饿挨冻过不得,互助监视要不得,解放军攻城了不得,土飞机坐不得,家里盼你等不得,逃跑回家迟不得。《当今天下大势》:阎老西快要完蛋,妄想多活几天,又吹美国出兵,又吹世界大战,欺骗你们官兵,替他苟延残喘,阎贼信口胡说,尽是无稽之谈,天下大势如此,谁若糊涂谁完蛋!人之初,性本善,越打老子越不干,老子跑到解放区,带上路费回家园。

这些无药的炮弹,是瓦解敌军的政策,是拯救敌军士兵跳出苦海的召唤,是揭露阎锡山罪恶的照妖镜。这些无药的炮弹,炸得敌军军官胆战心惊,叫苦连天,"守无信心,死无决心",而很多敌军士兵经过教育,弃械投诚。

遵照上级的统一部署,在前沿阵地广泛发动干部战士人人开口,个个喊话,很快形成了一个轰轰烈烈的群众性喊话热潮。广大干部和战士对待攻心战,既认真又积极,从早到晚喊话不断,给敌军讲形势、讲道理、讲政策。时间长了敌人也组织一些军官、铁军基干、特务等到阵地上来与我军对话,常常被问得张口结舌,无言应对。

为了争取更好的效果,喊话组和广大干部战士在喊话时和他们聊天拉家常,对他们的穷困生活表示同情,问寒问暖。通过这样的活动,出现了许多和

太原欢庆解放

敌军士兵、下级军官交"朋友"、拉老乡、诉衷肠的场面,有效地缓解了敌人尤其是敌军士兵对我军的恐惧和敌对情绪,更多地勾起他们的思乡情结,勾起他们对阎军"兵农合一"政策的反感,对阎锡山抓他们背井离乡,吃不饱、穿不暖,当炮灰卖命的可悲下场开始觉醒。于是我们就鼓励他们放下武器,投诚过来受优待,向他们宣传投诚过来想干的可以参加人民解放军,想回家与家人团聚的,我们给路条,发路费等……

从进阵地不到半个月的时间,就有20多名敌人向我军投诚,这一成绩立即得到了旅、团首长的表扬,极大地鼓舞了喊话小组的积极性和工作热情,有些组员白天喊了几个小时,晚上继续上阵地找老乡拉家常、互道短长;有的同志将喊话内容编成顺口溜唱给敌人听。

"家在解放区,人在太原城,眼看过大年,挨饿又受冻。要想过好年,跑进解放区。为人当炮灰,送命没下场!"

真没话说了就唱歌,唱家乡戏、家乡小调。晋中战士林应荣编写了阎锡山十大罪状的唱词,用山西梆子曲调唱给敌人听,把阎锡山的罪恶揭露得淋漓尽致,取得了很好的效果。

"骂一声阎锡山罪恶滔天,苦害我黎民不得安全。阎老贼做事心肠太狠,你犯下十大罪难以容忍:一罪恶'兵农合一'盘剥重,二罪恶三人编组去当兵,三罪恶'自白转生'苦害人,四罪恶肃伪打死好百姓,五罪恶青年编为民卫军,六罪恶抓上壮丁活送命,七罪恶村中粮食都抢净,八罪恶晋中饿死众百姓,九罪恶山西财产剥削尽,十罪恶勾结日寇害人民。兵临城下包围定,看你老贼往哪里行。打进太原活捉你,定要惩办不容情。"

还有个战士编了快板:"说说说,谈谈谈,阵地上把话喊;蒋阎军,心不安,东边起义西逃窜;有的带枪跑过来,有的借口打柴不回还;阎锡山,你完了蛋,完了蛋。"

团喊话组编写的对敌喊话材料在兵团《子弟兵》报上登了一整版。在不到两个月的时间里瓦解敌军100多名。随着四野百万大军进关,京津解放,随着蒋介石下野和太原孤城的久困无援,形势对我们越来越有利,敌人越来越困难。寒冬腊月守山头、蹲碉堡,吃不饱、穿不暖、没烟吸、没水喝,生活异常困苦。我军有山西广大人民群众的全力支援,吃得饱、吃得好,顿顿有菜有肉,经常吃包子、吃饺子,过节更是有酒有肉,穿棉衣、穿棉鞋,避弹坑里和哨位上还有木柴烤火,和敌人比起来真是地下天上。针对这个情况,在与敌人喊话中就互通生活情况,问他们吃什么饭,吸什么烟,过节有没有酒喝,问得他们唉声叹气,斗志全无。适时地把我军生活情况告诉他们,有的战士还把我们吃的东西端起来,举给他们看,并且表示愿意送些吃的给他们。经协商,双方都不许开枪,我们就派人出去到阵地前给他们送馒头、送饺子、送纸烟。这种活动,很好地缓解了阵地上的紧张气氛,起到了瓦解敌军士气的作用。

这些活动的开展进一步升起了敌军士兵中的埋怨、悲观、失望情绪,使大部分士兵认识到他们的出路只有离开阎军阵地,投诚人员越来越多。

茫茫夜空飘忽电波幽灵:哈哈爵士

1939年前4个月,德国相继吞并了奥地利、捷克斯洛伐克、立陶宛和梅梅尔市,接着又践踏了阿尔巴尼亚全境。为了继续麻痹和欺骗英法等国,希特勒发动了一场广泛宣传攻势,高唱"和平"之歌。于是宣传人物"哈哈爵士"应运而生,把目标直接对准英伦三岛。

这年 4 月 10 日,当英国的听众打开收音机时,奇异地听到有两位自称"哈哈爵士"的人物,用牛津和伊登口音进行英语广播。"哈哈爵士"开始广播的内容主要是描述英国人的性格,德国人的生活,法国人的浪漫,偶尔夹杂一些笑话或故事。4 个月之后,英国竟有 1800 万台收音机收听他的广播,几乎所有的人都成了"哈哈爵士"的忠实听众。

1939 年 9 月 1 日,德国向波兰发动了突然袭击。在此前后,"哈哈爵士"一反常态,逐渐露出狐狸尾巴,不再讨论风土人情和打趣逗乐了,而开始在广播中谈论政治,严厉攻击英国的传统政治和政策,诅咒大英帝国的没落,并巧妙地挑拨英国人民与政府之间的关系。他说:"是那些煞费心机的矫揉造作,才使你们相信有民选的政府。所谓民主的英国制度,全是弥天大谎。其实英国被挟持在一小撮财阀手里,像丘吉尔一类人物,他怎能在心中想到人民的幸福?"接着,他列出"事实",说某政客在向军火业投资,某贵族在逃税,英国统治阶级如何腐败等等。

"哈哈爵士"的惯用伎俩,就是用悲天悯人的语调,声情并茂地向英国人民现身说法。有一次,他提到美丽的英格兰,在描述其风景明媚、人性敦厚之后接着说:"这里的男人们在欧洲大陆上打仗,女人们都在家里哭泣!"说着自己便在广播中泣不成声。"哈哈爵士"不断激发英国人民对政府的不满情绪,他攻击粮食涨价,指责军需业却大获其利,批评新闻检查制度蒙蔽人民的耳目,声讨英政府拒付抚恤金的不义行径。英国政府对此大为苦恼。

1940 年 5 月 10 日,德国入侵荷兰。这时,"哈哈爵士"的话不再那么娓娓动听了,而以一种祭师般的令人战栗的声音向英国人民进行心理干扰。当法国贝当政府乞和后,他以恫吓的腔调说:"英国现在就在受德国锤击了!你们可能以为银样蜡枪头的美国会来支持你们,但英国已踏进万劫不得超生的深渊,你们已坐在暴风雨下的破船之中!"

"哈哈爵士"的幽灵,飘忽在英国人民的心头,久久挥之不去。二战全面爆发后,空袭和"哈哈爵士"成了希特勒进攻英伦三岛的两把利剑。"哈哈爵士"哄、骗、吓相并举的宣传,使不少英国人终日提心吊胆,身心均遭受极大伤害,神经严重衰弱,他们对未来充满恐惧,对前途丧失信心,悲观主义情绪迅速蔓延。1944 年 6 月 6 日,盟军在诺曼底成功登陆,不久"哈哈爵士"销声匿迹。

扑朔迷离的电台女主播:东京玫瑰

在第二次世界大战中,日本为打击盟军的士气把广播宣传这一隐形武器派上了用场。几名臭名昭著的广播员就此现身,其中最广为人知并被人铭记的是"东京玫瑰"。

太平洋战争爆发后,日本军方为瓦解美国军人的斗志,招揽众多女播音员,利用广播宣传大打心理战,企图瓦解美军士气。播音员们通过电波告诉太平洋战场上的美军士兵,他们已经战败,而娇妻则在家里红杏出墙。事实上,效果适得其反,这些节目因为播出了美国的流行音乐大受美军士兵的欢迎。

在这些女播音员中最出名的是被美军士兵听众冠称的"东京玫瑰"。据传她是太平洋上邪恶的水妖、狐狸精、间谍,她能洞悉美国军队和舰船的方位,勾起美国士兵的生理欲望和浓重的乡愁,诱使他们放弃打败日本帝国这个无望的美梦。

事实上,"东京玫瑰"并不是某个具体的人,而是一个复合体,至少有8名女播音员在东京对外播报。在这一群体中有的被称为"南京南希",有的被称为"无线玫瑰",还有的被称为"东条夫人"。

1945年,麦克阿瑟率军进入东京,认定5名女性可能是"东京玫瑰",而最终被美国官方媒体认定为"东京玫瑰"之一的女性叫户粟郁子。

户粟郁子(美国名字为伊娃·图古里·阿奎诺)1916年出生于洛杉矶的一个日本移民家庭,具有美国国籍。1941年6月,户粟郁子前往日本探望生病的姨妈,当时恰逢日本偷袭珍珠港,美日开战阻断了她的归国路。在美国长大的户粟郁子不懂日语,只得靠打字、教钢琴课维生。后来,日本军方发现她能讲一口流利的美式英语,于1943年聘她做了电台播音员,每天用广播对敌人"攻心"。二战时的日本,谁敢违抗军令将遭受严厉的惩罚,户粟郁子只好接受了这份工作。

户粟郁子的节目叫"零点时刻",一般播放爵士乐、讲轻松的笑话、播送国际时事。在节目中,户粟郁子把太平洋上的美国士兵称作"太平洋上的孤儿",称自己为"你最亲爱的敌人,孤儿安"。她的节目温柔、诙谐、幽雅,是太平洋战场上最受欢迎的节目之一。

1945年4月19日,户粟郁子嫁给同行——日裔葡萄牙人菲利佩·达基诺。

1945年8月,盟军占领日本,一名叫克拉克·李的美国记者将报道的目标锁定东京广播电台的户粟郁子。9月1日,克拉克约户粟郁子在东京帝国饭店见面。克拉克带来一份价值2000美元的合同,称只要接受采访并签名证实自己是"东京玫瑰",就可以得到这笔钱。但是户粟郁子签名后,克拉克对她说,她是美国人眼中的叛国贼,杂志社不可能向叛国者付钱。一个月

户粟郁子

后,户粟郁子被判刑一年,关入东京巢鸭监狱。

1948 年,户粟郁子再次被捕,并于 1949 年 7 月送回美国审判,她的丈夫达基诺也获准前往美国,担任妻子的辩护人。

审判尚未开始,联邦调查局局长胡佛便签下判户粟郁子有罪的空白审判书。为了证实户粟郁子有罪,两名曾经放弃美国国籍的日裔美国人乔治·满潮与大木贤吉,说出不利于户粟郁子的证词。

1949 年 10 月 6 日,户粟郁子受到 8 项叛国罪的指控,被判处 10 年有期徒刑,并处以 1 万美元的罚金,同时剥夺美国国籍。1956 年,户粟郁子获得假释,并收到限期离境通知。

律师柯林斯一直坚持为户粟郁子翻案,他向当年太平洋战场的美军士兵了解情况,"孤儿安"播音不但没有打击美军,反而慰藉了战士们的心灵。她在节目中播放美国人爱听的爵士乐,给听众讲笑话,没有使用不雅语。战后,许多美国大兵回想起来依然回味无穷。柯林斯认为,户粟郁子在以个人的力量,借用一种特殊方式进行一场抗击日本的战争,她在以特别的方式爱国。柯林斯的发现引起美国联邦调查局重视,派专人再次展开调查。最后,联邦调查局证实了柯林斯的结论。

1977 年,美国总统卡特宣布实行总统大赦,恢复户粟郁子的美国国籍。户粟郁子的故事一时间被传为佳话。退役老兵戴维兹·尼尔·戴尔甚至提议为户粟郁子竖立一座纪念碑。

尽管如此,许多人仍然不能忘记户粟郁子与神秘的"东京玫瑰"的联系,她身上的阴影并未完全散去。

对于过去的经历,户粟郁子没再给出任何申辩,默默地生活在芝加哥安德森维尔的瑞典人居住区。

1980 年,她与丈夫离婚。为了维持生计,她在芝加哥开了一家小商店。户粟郁子的侄子威廉说:"她什么都不说,我们则什么都不问。"

10 余年来,美国好莱坞制片人巴巴拉·特朗布莱一直想把户粟郁子的故事搬上银幕。曾经执导过《绿色奇迹》和《肖申克的救赎》的导演弗兰克·戴拉波特宣布,他将完成这项工作,他说:"这是令人震惊的真实故事。它讲述了个人在面对剧烈的公众情绪、媒体恶行、文化和种族仇恨以及司法不公时所表现出的巨大勇气和刚正品格。"

美国伊利诺伊州大学传播系主任罗恩·耶茨曾帮助户粟郁子获得总统的赦免。20 世纪 70 年代,耶茨任《芝加哥论坛报》驻东京记者,他找到指控户粟郁子的乔治·满潮与大木贤吉求证。二人都声称,当年曾迫于美国司法部门的压力做了伪证。

其实,在美国政府内部,有许多人认为"东京玫瑰"不存在。二战结束前夕,美国战时新闻局发表声明："'东京玫瑰'并不存在，这个名字纯属美军杜撰。"1961年到1966年任美国驻日本大使的埃德温·赖肖尔在当世·杜斯所写的《"东京玫瑰"：太平洋孤儿》一书的序言中也认为："'东京玫瑰'纯属战时虚构，它是美国司法史上的一大污点。"

2006年9月26日，90岁的户粟郁子在美国芝加哥去世。虽然"东京玫瑰"作为一个人从来没有存在过，不过关于她的神秘传说还在继续流传。

劝降书信瓦解抵抗心理：淮海战场上的"楚歌"

1948年11月6日，中国人民解放军在东起海州，西至商丘，北起临城，南达淮河的广大地区向国民党军队发起了著名的淮海战役。至12月上旬，我军在淮海战场连连告捷，敌人在我强大攻势下，已成困兽犹斗。此时，我华东野战军正配合中原野战军在南线作战积极围歼黄维兵团。为了尽快瓦解和消灭敌人，我军在实施军事打击的同时，对敌发起了强大的政治宣传攻势，广播、报纸、传单、标语、阵前喊话等各种形式的心理战活动好比一颗颗威力无比的炸弹，在敌人心灵深处爆炸，引起国民党官兵的极大混乱、恐惧和不安。

在我包围之中，国民党第八十五军二十三师师部及两个团被迫困守在兵团及军部驻地双堆集以南小王庄地区。八十五军原为蒋之嫡系汤恩伯、工仲廉旧部，但大部分军官为行伍出身，部队的团结和巩固主要靠同乡同事的封建感情结合。1948年11月27日，该军一一○师师长廖运周在我政治影响下，率部5500人于安徽宿县毅然起义后，引起该军残部极大震动。第二十三师于12月7日被我全歼一个整团后，又遭到我军连日进攻，致使弹尽粮绝，伤亡惨重，官兵饥不可耐，以致互相残杀，全师上下人心混乱，思想动摇。12月8日，第二十三师师长黄子华突然接到以刘伯承、陈毅司令员名义写的劝降信。信称：贵军现已粮弹两缺，内部混乱，四面受围，身陷绝境。希望增援乎？黄维兵团已被歼大半，即将全军覆没，刘汝明、李延年兵团已被我追奔逐北于蚌埠以南，南京方面正忙于搬家，朝不保夕。希望突围乎？则我军早已布下天罗地网，连日事实证明无望。继续抵抗乎？则不过徒作无益牺牲，必然与黄百韬兵团做同一命运。当此千钧一发之际，本军特提出如下忠告：希望你们立即命令部下，停止抵抗，切实保护武器弹药资财，实行有组织的缴械投降。只要能如此做，我军当可保证汝等及全体官兵生命安全。国民党反动派大势已去，贵军覆没命运亦已注定，汝等又何必为蒋介石一人效忠，与人民为敌到底。古语云"识时务者为俊杰"，望三思之。时机危迫，幸早作抉择。

黄子华接到劝降信后，感到字里行间充满真情实理，他顿感在绝望之中似乎看到希望和光明。也在同一天，他接到好友兼同事廖运周的致函，也劝他早日弃暗投明。黄子华此时此刻，瞻前顾后，思忖再三，认为只有投降才是唯一出路。当天即发一封电报给他在武汉的家属，叫他们整装返回湖南老家，同时召集心腹共商投降事宜，并借"此间接近前方，安全无法保障"为名，将副军长和国防部督察官送离该地。9日晚，黄派一名副官持师长名片径至我军阵地接洽投降。10日晨，黄召集全师营以上主官开会。会上黄向大家宣称"我不想做大家的罪人，你们各有妻子儿女，如果再打下去，眼看将有许多孤儿寡妇向我要人，所以我决定向共方投诚。过去后可受优待，以后去留听便，愿回家的绝不刁难……"讲罢痛哭不已。黄的投降主张得到了与会者的一致拥护。岂不知，国民党官兵面对四面楚歌之势，早已心灰意冷，无心再战了，他们在投降问题上是不谋而合，只不过心照不宣罢了。当日上午，黄子华即率残部全体5000余人前往我军缴械投降。该师的投降，为我军全歼黄维兵团创造了条件，同时对被围国民党军队也产生了重大的心理影响。

据统计，在我军强大心理攻势下，仅向我华东野战军集体投降的7股敌人就有2.1万余人，零星小股的投降者达1.4万余人。正如一个被俘的蒋军高级将领所说："共军的政治攻势，真比张良的'楚歌'还厉害。弄得我们内部上下狐疑，惶恐不安，士无斗志，一击即垮。"

三篇檄文破灭偷袭阴谋：偷袭石家庄计划流产

1948年10月，锦州失陷后，蒋介石从南京飞赴北平，找十分信任的华北"剿匪"总司令傅作义密谋突袭石家庄。

当时东北人民解放军的主力在辽西，华北人民解放军的主力分散在归绥和太原，我们共产党总部所在地兵力空虚。蒋介石想趁机突袭石家庄和西柏坡。10月23日上午，傅作义在华北"剿总"司令部召开秘密高级军事会议，下达了偷袭石家庄的作战任务。

就在10月23日傅作义秘密部署偷袭石家庄的当天夜里，北平中共地下党员刘时平，巧妙地获取了"傅作义计划偷袭石家庄，爆破大队已在西直门车站装车待命"的军机情报。

24日凌晨，刘时平以采访主任特殊身份走进西直门站内观察，机智地弄清了列车发向、时间和部队番号，立即返回向上级报告。24日上午10时左右，这份军机情报就传到了中共中央所在地西柏坡。与此同时，打入华北"剿总"二处特务组织驻石门联络站负责人的地下党员李智也在23日突接华北"剿总"二处密电，内容是关于傅作义计划攻打石家庄，要李智用电台提供石家庄中共军政设防情报。李智立即将这一情报报告给石家庄市公安局和市委。石家庄市领导阅后,火速报送党中央。

当时,解放军在石家庄的兵力只有一个团1000多人。最近的部队即使日夜兼程,也得5天时间才能赶到。

石家庄的反偷袭备战工作从10月26日起至11月2日止,历时共8天。

10月26日,报纸、电台纷纷揭露了蒋傅军突袭石家庄的阴谋,中共石家庄市委也立刻召开了全市各部门负责干部会议,布置备战工作。27日,石家庄市政府和警备司令部发布联合布告;30日,柯庆施市长也发表广播讲话,号召石家庄市全体人民紧急动员起来进行积极备战。

军事上,在华北军区副司令员肖克的直接领导下,成立了"石家庄市临时指挥部",由市长、市委书记亲自领导,下设经济、宣传、战争动员、武装治安各部。"石家庄市临时指挥部"对敌情进行了系统的估计,布置了作战任务、作战部署、战斗计划以及市区各机关转移方案等。

10月27日,石家庄市内各机关与城郊各学校及部分部门陆续向指定疏散地区开始转移。至31日,除坚持工作者外,市内各行业一律离市。人员方面,先将老弱妇孺转移,精壮的留下坚持工作。物资方面,最先转移的是重要机器、武器、弹药、电器材料、医药、现金及其他重要物资,其次是衣服、布匹、纱锭、棉花、次要机器等,再次是米粮、油、盐等。

备战期间,大兴纱厂、炼焦厂、铁路机械厂、电灯公司、电话局、裕民实业公司是重点疏散的6个单位,共运走机器物资重达1894吨。

在疏散物资的同时,动员与争取技术人员和职工随厂转移,并对他们的家属及衣食住行等问题给予了妥善的安排。

为了扰乱敌人的偷袭部署,隐蔽在石家庄军统特务第三联络组情报组的地下工作者共产党员李智,利用其特殊身份,在"石家庄市临时指挥部"的直接领导下,展开了一场电报攻心战。在敌人偷袭石家庄的8天中,共发送给"剿总"电报17次,这些电报真真假假、虚虚实实,对反偷袭起了一定的作用。

10月25日,新华社播发了毛泽东写的第一则电讯《蒋傅匪军妄图突击石家庄》。电讯只有一二百字,揭露了敌人的偷袭阴谋,号召解放区民兵动员起来歼灭敢于冒险的国民党军队。而国民党军队见自己秘密的行动暴露了,兵马未动,已被吓破胆。

为了进一步动摇敌人军心,瓦解其斗志,10月27日,新华社又播发了毛泽东写的第二则电讯《华北各首长号召保石沿线人民,准备迎击匪军进扰》。敌人的先头部队刚从保定南下时,就遭我地方部队有力的阻击,两天里才走了几十里路。蒋介石、傅作义却是不见棺材不落泪,还在做石家庄的梦,继续调兵遣将,向前推进。

鉴于这种情况,毛泽东为新华社写了第三则电讯《评蒋傅匪军梦想偷袭石家庄》。毛泽东点到了国民党军队的致命伤。收听到广播后,蒋介石认为偷袭阴谋已败露,偷袭的目的难以达到,遂急令收兵。

11月3日石家庄市市政府、警备司令部发布解严令后,广大干部职工积极投入到复工生产中去。到11月12日机器转动,所有工厂已经全面复工。

真假新闻蛊惑对手军心:海湾战争中的舆论争斗

以现代化的传播手段实施示假掩真的军事欺骗,就是充分利用新闻媒介的公开性,借助报纸、电视、广播大张旗鼓地把假情报传播出去,混淆视听,将敌方领导人及士兵的心理引向假情报的误区从而放松对己方真实情况的警惕;即使敌方警惕性较强,不轻易上当,但也能达到扰乱敌方心理的目的。海湾战争初期,多国部队为了达成战争的突然性,打伊拉克于始料之不及,便实行了一系列政治、军事欺骗措施,其中通过新闻媒介实施心理欺骗是一个重要的组成部分。

在发动地面战争之前,多国部队故意抛出多个地面作战的假方案,并通过新闻媒介着力渲染。例如美、英、法几家有影响的报刊以及CNN有线新闻广播电视网都曾接二连三地报道了对伊发动地面作战的各种作战方案。其中,既有五角大楼制定的所谓"夜间骆驼行动"方案,又有海湾美军中央总部拟定的"四面出击"应急方案,还有美军人士透露的对伊作战构想。这些方案一经新闻发布会抛出,纷纷被各大报纸当作头条新闻,没有派记者参加新闻发布会的报纸也纷纷转载,广播、电视更是充分利用其传播手段的快速性捷足先登,有的在新闻发布会刚刚结束就播放出来。正是由于这些信息从公开渠道不断传到伊拉克的决策层,扰乱了他们的心理,使得他们无法对多国部队的真实意图作出准确的判断,从而使多国部队达成了地面作战的突然性。

现代条件下的先声夺人之法,由于借助先进的宣传手段,其效果是过去所难以比拟的。电视可以真实地展示现代化武器装备的巨大威力及官兵的高昂士气;各种新闻传播媒介可以通过形形色色的记者招待会、新闻发布会、电视讲话等方式,宣传己方的强大、战斗到底的决心、高昂的斗志,甚至打败敌人的对策等。还可以把敌人的俘虏以及缴获的敌方武器装备在电视上展示,在报纸上登载,这些对于瓦解敌人的士气,显示自己的强大,震慑敌人的心理,作用相当明显。海湾战争期间,美伊双方都在全力开动各种宣传机器,鼓吹己方武装力量的强大,用以威胁对方,打击对方的士气。1991年1月28日,伊拉克总统萨达姆对美国有线新闻广播公司的记者说,他不能断言海湾战争将持续多长时间,但每一方都将流很多的血。他向记者炫耀:"伊拉克的'飞毛腿'导弹具有携带核弹头、化学弹头和生物弹头的能力。"在进行核威慑的同时,伊拉克故意让被俘虏的美国飞行员在电视上露面,展示他们惊恐的神情,然后声称要把他们当作"人肉盾牌",放到伊拉克最易遭受多国部队轰炸的目标中去。伊拉克的威慑宣传,起到了一定的威慑作用。多国部队的官兵终日处在紧张状态下,精神上受着巨大压力,弄得草木皆兵,人心惶惶,士气也因此受到影响。以弱示强,导致对方的心理错觉。现代化的传播、通信工具,拓宽了实施弱而示强的心战谋略的手段,使之更易实现,不花太大的气力,只要往报上一登,通过广播、电视传播出去,很快就能达到示强的目的。

1990年8月,美军向海湾地区部署兵力的初期,先期到达的第八十二空降师因其兵力和装备不足,和伊拉克几十万虎视眈眈的大军相比,显得势单力薄,因而美军一些重要人士认为,如果萨达姆闯进沙特边界,八十二空降师将无力坚守宰赫兰基地,他们很可能会被赶出那里。为了掩盖真相,五角大楼使用了"兵不厌诈"的谋略,编造了一系列各种部队部署在海湾地区的公开声明,通过新闻媒介大肆吹嘘自己部队的战斗力如何强大,警告萨达姆不要轻举妄动。同时,施瓦茨科普夫每天都让记者去拍摄巨型C-5"银河"运输机降落的镜头,报道大批美军正在向海湾进发的途中,很快即可到达海湾。由于萨达姆没有卫星或间谍飞机侦察海湾部队的集结情况,他的大部分情报都是从美国有线新闻广播公司得到的,因而,新闻媒介的宣传壮大了美军的声势,伊拉克丧失了反击的有利时机。

高技术条件下的局部战争,人心向背仍是决定战争胜负的至关重要因素。在战争中,敌对双方总是力图通过各种方式宣传、揭露对方的不义,甚至有意散布谣言,以使世人之心向己而背敌。现代化的新闻传播手段,既为揭露对方的不义、诋毁对方的国际形象提供便利,也为宣传己方的正义、树立自己的国际形象创造条件。海湾战争中,为了使国际社会,特别是阿拉伯国家加重对萨达姆政权稳固性的怀疑、削弱对伊拉克政府的支持,美国先是通过报纸向外界"透露"伊拉克可能发生政变,煞有介事地说伊国内反对派及军方有人要暗杀萨达姆。为了进一步制造混乱,美国又通过报纸散布谣言,说萨达姆已被打死,其家属已逃出伊拉克。同时,美国还通过举办有关伊拉克暴行的听证会等各种手段,运用现场直播、宣传广告等多种宣传方法,揭露伊拉克政府的不义行径。为了替自己正名,伊拉克也进行了针锋相对的反宣传。当美国报纸说萨达姆被炸死时,伊拉克的电视上很快出现了萨达姆视察南方军营的镜头。针对美国关于伊拉克入侵科威特的不义宣传,伊拉克利用各种新闻媒介宣扬自己是应科威特人民的邀请,是深得民心的,是为了保卫科威特的未来,维护科威特的安全。伊拉克的这番宣传,既美化了其侵略行径,同时又赢得了阿拉伯世界一部分民族主义者及激进分子的支持。

宣传战俘直击将领内心：利用战俘做文章

在解放战争开始前，新华社连续报道了国民党高级将领高树勋、潘朔瑞等率部起义和国民党飞行员刘善本等驾机飞延安起义的消息和言论。战争开始后，除继续报道战场上蒋军不断投诚、起义的消息外，国民党军被俘官兵益多，报道其被俘经过、反内战态度等成了军事宣传一项重要内容。

解放战争开始一个月，国民党军九十二师副师长洗盛楷少将在苏皖战区淮北战场被俘，他对新华社记者首先表示："此次参加无谓内战，内心极感痛苦。现在已是离开战场放下武器的老百姓了，倒觉得轻松。"他说："政治协商会议后，我国本可进行和平建设。但由于国民党少数人坚持独裁，内战必不可免。本师奉命从无锡轻装出发，个人即屡请退伍，奉侍 78 岁老母，均未得准。到宿县不久，复奉命向东进军新四军，到此本师即陷入内战旋涡。但本人心中，极不愿参加内战。此次渔沟战役中，听到内战枪声一响，我心绪即降到冰点。刘参谋长问我进退如何，我即主张留在阵地。当秩序混乱时，卫士问我如何处理，我即下令放下武器。"他和同时被俘的师参谋长刘历身少将还希望全国爱国军民团结起来，制止内战惨剧。

随后，在陇海前线定陶战役中，俘获了国民党第三师（原第十军）师长赵锡田，刘伯承司令员接见了他，在记者访问时，他坦白承认，"第三师虽然有美国帮助的大炮和飞机，但由于军心厌恶内战，加以军令指导错误，无可避免要吃败仗。"他认为，八路军是人心所向，指挥机动灵活，士气旺盛，能攻能守，加上军民团结，是不可战胜的力量。

1947 年 2 月，莱芜战役中，国民党徐州绥靖公署第二绥靖区副司令李仙洲中将被俘，除播发他被俘经过、伤势渐愈、陈毅将军接见、华东野战军政治部设宴接待等消息外，还连续报道了他慨谈莱芜战败、痛斥蒋介石迷信武力必然失败的消息。他和同时被俘的 11 名国民党将官等联名通电全国，反对内战，期望国家早日实现和平民主。在这以后，随着战局的发展，国民党军高级将领被俘的越来越多，包括王耀武、范汉杰、杜聿明、黄维等中将以上的指挥官。新华社对他们都作了连续报道。

这些报道不仅宣传了我军的胜利，体现了我党宽待俘虏的政策，揭露了蒋介石发动内战真相和这场内战带给国家与人民的深重灾难，同时起到了"攻心"作用，获得瓦解敌军的效果。正如平津战役中一位起义的国民党将领所说，每当听到同僚被俘的消息,心里总是多一份厌战、避战情绪,为"党国"而战者益少,留后路者益多,到战场上不是畏缩不前,就是枪声一响轻易放下武器。

在解放战争中,新华社还定期公布俘毙蒋军高级将领大名单。通常情况下,一次战役胜利之后,要公布被俘或被击毙的蒋军主要指挥官的姓名、职名、籍贯、简历和被俘毙经过,其他将领则写入战报中。后来,战争规模越来越大,被俘者益多,漏报现象时有出现,于是就产生半年、一年或一个时期的大名单。如:1942年2月,新华社播发的《延安总部公布七个月自卫战果》,其中就有"俘毙敌将级军官98名"(包括正规军与地方武装中的上将3名,中将15名)的名单。名单上是姓名、所在部队番号和职务,连在一起,从报纸版面看,黑鸦鸦一片。对一般群众来说,的确能感受到我军的伟大胜利,但是能细读者甚少。

可是,在国民党军队内部就不同了,据被俘的将领讲,他们很关心这种名单,因为战地信息闭塞,加上国民党当局歪曲或封锁消息,自己常处于情况不明之中。这类名单既能得知亲朋好友的安危,又能了解友邻的态势,引发自己的沉思。在蒋军将领的家属亲友中,这些名单常常是他们互相送的材料,并使他们处于或喜或忧或悲的状态中。

一般来说,他们被俘后愿意谈蒋介石的穷兵黩武、内部腐败和自己被俘经过,有的还自动给好友、上级、部属写信,劝其早日放下武器。报道这些言行,表明他们直接参与了我方的攻心战。另一种是他们的生活,则往往是一种无形的攻心。有这样一条消息:1948年洛阳解放后,被俘的国民党将军邱行湘、赵云飞、曹乐天等到晋冀鲁豫军区解放军官教导团时,当即被前来欢迎的旧友们所包围。前在灵宝放下武器的蒋军二〇六师二旅旅长蒋公敏,一见同师一旅旅长赵云飞,立即趋前握手,连呼"庆祝解放",彼此道贺,相见甚欢。通常,将军被俘,心情十分沉重。可是,他们相见"彼此道贺"的场面传到正在作战的蒋军中,怎么能不引起强烈反响。

用国民党当局的手令、密令和电报,再加以评论,来揭露其发动内战的种种阴谋,不仅能教育人民,也能在蒋军中起到以正视听的作用。蒋军军官的书信、日记常流露出对内战的不满和忧虑。如我吕梁前线一消息说:"吕梁前线八路军缴获蒋军六十七旅旅部一赣籍军官日记,兹摘其两页如下:十二月十六日在临汾参观尧殿古迹,古代宏伟建筑的尧殿已被拆一空,到处乱堆着断垣颓瓦,古殿砖石也成了用作内战的碉堡材料了。十二月廿八日,于蒲县井沟前线。嫖赌之风仍炽,军中陋习,到处皆然。在井沟占住民房,老百姓被赶,痛苦流涕,自称为'救国'之国军如此表现……"这类消息同样是既能教育人民,又能在蒋军中起攻心的作用。

在陇海、运城、石家庄等战役中,对困守孤城蒋军的喊话,起了很好的作用。淮海战役第二阶段,前方发来电报:"请告新华社即向被我军围困之黄兵团进行劝降广播。"毛泽东立即修改和撰写了两稿,并拟电刘伯承、陈毅、邓小平:"请你们描述一些黄维兵团在战场上的具体情况,以便写口语广播。"然后又组织了两篇。到了第三阶段,除了他写的《敦促杜聿明等投降书》外,前线的对敌喊话普遍开展起来了。据粟裕将军回忆,杜聿明集团被围困后,我们天天对其喊话,从政治上瓦解不少。"我们包围敌人一个多月,毙伤、瓦解了敌人十来万人。"

新华社在瓦解敌军报道中还有一些内容,如战场上释放俘虏、战后教育融化俘虏促使其大批参加解放军等。同时也有失误和教训。我们常讲,新闻是一个方面军,它的战斗力多强,威力多大,以上事实证明它是坚强而有力、能攻善战、卓有成效的。至于攻心战的经验,则十分丰富,那只好留待有志者去总结了。

利用文艺形式唤敌反正:胶东支队阵前演唱节目

那是 1943 年夏天,青纱帐起来了,日寇暂时停止了大规模的"扫荡",加紧推行对抗日根据地的"经济封锁"和"蚕食"政策。为了粉碎日寇的阴谋,我胶东军民在党的领导下,向敌人开展了夏季政治攻势。我们 5 支队前线话剧团的同志们,也分组下到地方武装的连队里,通过文艺形式对敌进行政治瓦解工作。

宣传员小刘和两位男同志一起被分到蓬莱县独立营。当晚,领导要小刘住在一个伪军家属的家中。小刘正在犹豫的时候,营政委开了口:"她的丈夫在伪军中当班长,就驻在离此地 40 多里的三壕沟据点里,经常不回家。他虽然是班长,也是我们瓦解的对象。你住在他家,更方便我们开展工作。"

政委一席话,打消了小刘的顾虑,便愉快地去了。刚一进门,就看到一个五六岁的小男孩正在院子里玩,小家伙一见小刘就大声向屋里喊:"娘,来了个女八路。"一个妇女应声而出,站在正屋门口说:"同志,进屋里坐吧。我姓张。"小刘也向她作了自我介绍。

晚上,张大嫂向小刘诉说了她的身世和遭遇。第二天,小刘向领导汇报了这一夜的谈话内容。领导认为,可以根据这个材料编成演唱节目,到敌人据点前去演出。小刘接受任务后动笔就写。两天之后,"张大嫂劝夫反正"的演唱节目写好了,也练熟了。小刘首先唱给张大嫂听。她一边听一边叹气,当小刘唱完的时候,她一头扑在小刘怀里,哭泣着说:"刘同志,你说的全是我心里话,我要是能见到孩子的爹,一定叫他脱掉那张黄皮。"

一天傍晚,营政委带领只有 3 人参加的一支武装宣传队出发了。走了约两个时辰,来到一个村庄面前。村子附近没有树木,没有庄稼,只是在围墙外边有一条河。政委小声告诉小刘:"这就是三壕沟。"黑夜里,敌人的炮楼像个怪物似的蹲在那里,从枪眼里，偶尔射出一点亮光。同来的一位班长把宣传队领到一个土坑边停了下来。政委问他："这里安全吗？"班长答："安全，是个死角，敌人射击、投弹都不会有问题。"政委说："好吧，有情况你要迅速回来报告。"班长带着4名战士到前面去了，宣传员都留在当地。

政委对着炮楼开始喊话，敌人就朝我方打来一排子弹。政委见惯了这种阵势，根本不理那个茬，继续对着炮楼喊道："你们如果再打枪，我们就把炮楼炸掉！"枪声停止了。忽然听到炮楼里有个公鸭嗓的家伙喊："不要听八路的宣传，开枪，开枪！"敌人又稀稀拉拉地打起枪来。这时，政委喊了声"打！"班长他们开火了。伪军真是欺软怕硬的贱骨头，一见我军开火，马上老实了。

政委继续喊道："小鬼子像秋后的蚂蚱，没几天蹦头儿了。伪军弟兄们，要为自己留条后路，不要死心塌地地当'铁杆汉奸'，要'身在曹营心在汉'；不要做坏事，要做好事。抗日政府有个登记簿，谁做一件好事记一个红点，做一件坏事画一个黑点，总有一天要和你们算账的！"炮楼里静悄悄的。政委又喊："你们好好听着，下边给你们演两个小节目，你们听了之后，要用心琢磨琢磨。"

随后，小刘首先唱起来。炮楼里的伪军也来凑热闹，先是放了一枪，接着有人喊，"女八路，大点声，我们听不见！"小刘想，作为一个抗日文艺战士，为了达到宣传效果，不管敌人是善意还是恶意的，让敌人能听清楚是起码要做到的。于是，小刘唱得更响亮起来。当她一口气唱完之后，有个伪军恳求道："女八路，再来一个吧！"一位男宣传员接着唱起了大鼓，宣传抗日斗争的胜利。大鼓还没唱完，班长急匆匆地从前面跑回来，向政委低声报告说："有情况，咱们马上撤吧！"那位演唱的男同志机灵地很快唱出结束语，并幽默地对伪军喊了声"再见"。然后，大家跟着政委，顺原路撤退了。

一年之后，小刘又来到了这个地区，这里已经变成新解放区了。事情真凑巧，小刘又见到了张大嫂。她一见小刘的面，就拉着小刘的手亲热地告诉说："孩子的爹现在是个农会会员了。就在你们那次到炮楼前演出以后不久，他拉着一个班出来反正了！"

阵前喊话犹如政治动员：围歼陈官庄国军中的心战宣传

1948年12月初，中原野战军和华东野战军把从徐州南逃的国民党"剿总"副司令杜聿明率领的邱清泉、李弥、孙元良三个兵团包围在永城东北的狭小地区内。12月6日，敌人多次向西南突围，敌孙元良兵团在突围中被我军全歼。其余敌人均被围困在几个集镇里。这天，部队接到毛主席的命令，暂缓攻击，转入战场休整。这是为了配合平津战役的发起,便于稳住敌人,采取"围而不打"的方针。毛主席在命令中,指示要"不断地进行政治攻势"瓦解敌军。

时值数九寒天,地上积了很厚的雪。我军的阵地离敌人的阵地很近,有的连队甚至逼近了敌人的地堡群,敌人的说话声都可以清楚地听到。每到夜晚,我军阵地上,四处喊话,开展政治攻势,瓦解敌人。隐蔽在工事里的敌军长官最惧怕我军喊话,为了压住我军的呼喊声,常常无目标地打枪打炮,以致形成舌战和枪炮的对垒。经过十几天的喊话,敌军向我阵地投诚的人员与日俱增。不少投诚人员和俘虏,经过教育后立即编入了连队。他们中很多人表现都不错,作战很勇敢。他们说:"解放军的喊话就像给我们上课,使我们懂得为谁打仗,怎样遵纪爱民,这就等于对我们进行战前训练。"

此时,冀鲁豫军区独立旅政治部的留守人员和《战斗报》社的一些同志组成的阵前宣传小组,在加强前线部队对敌开展政治攻势中发挥了重要作用。

《战斗报》社住的村子,因为与敌人相距不远,敌人空投和炮兵校正机经常在村子的房顶、树梢上掠过,干扰报社编写材料。同志们有时一气之下,也抄起步枪向它射击。报社先后编印了大量的火线传单,内容有瓦解敌军的讲话、我军的俘虏政策、投诚人员的现身说法等。材料内容生动、活泼,印成大小不同的格式,当天就交到前沿部队手中。部队就用弓箭射给敌军,有的用手投送,有的就直接摸到敌军阵地上,投进敌人的地堡里。

有一天,敌人的轰炸机在报社居住的村子里投了几枚炸弹,把几名同志炸死了,还有几名同志被埋进了土堆里,幸好被人救了出来。报社和政治部留守的同志为了摆脱敌机的干扰和威胁,请示完成上级后搬到前沿去了。虽然离敌人近了,反倒能安心地编写小报,了解情况也十分方便。此时,敌人几十万人马,外无援兵,内无粮草,前来增援的黄维兵团也被我军全部歼灭。敌人没有吃的,杀掉了所有的驮骡、骑马。他们没烧的,拆了大部分房屋木料、挖出地下的棺木来煮饭。他们的军心浮动,一片混乱,每天靠飞机空投一点粮食生活。住在后柳园的敌人,为争夺空投食品,发生了内讧和枪战。这样大的好时机,正是我军开展政治攻势的极好机会。

就这样,报社和政治部的几名同志组成宣传小组到了前沿一线,准备参加阵前喊话。临行前,特意跑到宣传队,借了一个铁皮喇叭,好在前沿喊话时使用。等宣传小组到了最靠前的营部时,营教导员正在等他们。小组成员钻进猫儿洞后,教导员说:"今晚不能上去那么多人,人要少,但要想法插到敌人面前去,一面喊话吸引敌人,一面掩护战斗小组钻进敌人前沿,将宣传品送到敌人地堡里。"说着,教导员吩咐炊事班将烙好的白面薄饼拿来,大家用一张张饼包好了各种各样的宣传品,然后把洞外的战斗小组叫来。小组长是一位班长,其余是两位老战士。他们都挎上冲锋枪,拿出一个白色裹皮,摊在地上,将包了宣传品的面饼分开包好,然后系在腰间。等到天黑,宣传小组和战斗小组冒着严寒,踩着雪化后的碎冰,向敌人阵地爬去。敌人射出的照明弹,腾空而起时,战士们便迅速卧倒,等它坠落熄灭时,又继续前进,直到清晰地听到敌人喊口令时,才停下来。老班长借着照明弹的光亮,指定一名年轻的同志小李在他白天看好的有几棵小柏树、几个坟包的地方趴下来,轻声说:"这里留一个战士掩护你,我带一个继续前进,敌人不打枪,你不要喊话,一定等我们钻到敌人身边,投了宣传品,他们开枪你再喊,这样好吸引敌人的火力。"说罢他们就摸去投宣传品。小李趴在坟包上,呼啸的寒风吹得人面部刺痛,身下的碎冰暖化了,握着话筒的手冻僵了,但是,战斗的热情在温暖着他的心。几十分钟过去,小李一直凝视着前方。忽然,敌人阵地上喊起口令,接着是拉枪栓的哗啦声。一阵猛烈的射击,子弹打在小李身边的小树上,一些柏树叶子落在头上和脖子里。正在这时,老班长喘着粗气带着战士,动作轻捷地爬了回来,一见到小李就说:"伙计,喊吧!"小李舔舔嘴唇喊起来:"蒋军弟兄们,你们投降吧!你们挨饿受冻,不要再给蒋介石卖命了,你们跑过来就是生路,继续顽抗只有死路一条。你们过来,左胳膊上绑一块白毛巾,我军保证不开枪。"突然"叭"的一枪,一粒子弹打穿了宣传用的铁皮喇叭,接着听到敌军的一个反动军官喊叫:"不要听共军的宣传。""伙计,喊!别理他!"老班长关切地督促着。"我们这里已经给你们准备了饭菜,让你们吃饱后,要回老家的发路费,想留下来的,就住在我们的接待站"。

喊过一阵之后,老班长用大衣蒙着头趴在地上,半天不吭声。此时,他掀起大衣的一个角,冒出一股香烟味。这是美国给蒋介石的救济物资,骆驼牌香烟发出的味道。老班长忙里偷闲,在这里休息了一会儿。

宣传小组又将昨晚投诚过来的一个副官给他的团长的一封信有名有姓地喊出去,喊声在黑暗的旷野里,传出几里之外,就连后柳园的敌人指挥部,都可以听到。

"休息!休息!"老班长让宣传小组缩在坟包背后,轻声讲了他刚才的经过。"刚才我们俩上去,战士留在外接应,我摸到敌人地堡顶上,他们还以为我是他们自己人呢,对我客气地说:上面是谁,还不下来暖和暖和?我顺手将饼和宣传品塞进了地堡,另一包甩在洞口的战壕里,一翻身滚下来,等他们开枪时,我已经钻出了阵地。"他像在田边干活小憩一样,把快烧手的烟头,按在泥土里,擦擦嘴,又在身边拿了两包宣传品,捆在腰间说:"攀到右边去送。"他捅一下身边的战士,猫着腰,消逝在黑暗中。

宣传小组成员们转动舌头,润润喉咙,又喊了起来:"蒋军弟兄们,吃饱了吧!现在我们上第二课,谈谈你们的援兵,黄维兵团被歼灭的情形。"第三课是我军华北战场的胜利形势。这些材料,是白天看了报纸,背诵了的,喊起来一字不差。老班长又从右面返回来。宣传小组一面喊，一面送宣传包，一直工作到下半夜。

夜里三点左右，回到营指挥所，传来了哨兵报告的好消息：在我军阵地前面隐约出现了朵朵白点。原来是左胳膊上拴了白布的投诚者，敌人追赶他们，使他们负了伤。他们一进我军的阵地，便对他们实施抢救。有个投诚的老兵说："刚才你们送去的饼，我们正吃着，团长来了，把我们拳打脚踢了一番，夺了我们的饼，不是去孝敬他的老婆，就是去孝敬他的上司了！"

第二天下午，后柳园的敌人实在熬不住了，先放出了一批老弱残兵和家属孩子。还有一个敌军营长，牵了一只猴子冒充士兵过来投诚。询问他时，他还装聋作哑。他的勤务兵揭发了他，我军照样优待他。这天晚上，我军的敌前宣传就更有材料了。喊话的内容，有的是家属动员他丈夫的信，有的是劝他的老朋友、老上司赶快投诚，说解放军真正地优待俘虏。

接连几夜，我军阵前宣传小组连连出动。有时在洼地，有时在高坡，使敌人捉摸不透我们的喊话地点设在哪里。我军的阵地上，每到夜晚，呼喊声不断，字字句句都击中敌人的心窝。特别在华野部队的阵地上，有时枪炮声响成一团，有时又是喊声大作。战场的夜晚，伴着枪炮声，整个战场便沸腾起来。在我军向后柳园发起总攻之前，敌军向我阵地投诚者达数百人。

1949 元月上旬，我军向被围困的敌人发起总攻。前沿担任主攻的部队，听到华野友邻部队在下午 3 点半钟就动手了，干部战士个个摩拳擦掌，做好了一切准备。为了对付敌人的地堡群，华野的炮火支援了我们。经过一小时的激战，部队插进了敌人的心脏地带，插进了敌人的指挥机关，将后柳园之敌全部歼灭了。

第八章　战略心理战

战略心理战是指为了达到战略目的，对敌国或他国军民所采取的心理作战方式。战略心理战既在平时进行，也在战时实施。其对象主要是敌对国，也包括中立国、同盟国和友好国家。其内容是宣传本国的政治主张、方针、政策，揭露敌国集团的腐败和内部矛盾以及敌国对其军民的欺骗宣传，对敌国实施心理威慑等。目的是破坏敌国政府和领导人的信誉，引起敌国军民的不满情绪，削弱敌国民心士气，取得中立国及友好国家的支持，巩固与同盟的团结。战略心理战不受时间、地点、环境等条件的限制，可以通过各种手段，以对象心理为目标，对其意识形态、民心士气施加影响，使其心理潜移默化地发生变化，并反映到行动之中。它要求对实施对象的政治、经济、外交以及民族的心理状态，有比较透彻的了解，采取对方军民所能接受的形式和内容，以达到预期的目的。战略心理战分为国家战略心理战和军事战略心理战两个层次。前者是指在平时和战时为达到国家目标而采取的心理战；后者是指为配合战略作战而实施的心理战。

穿越铁幕的摧毁性电波：冷战中的广播轰炸

美国之音是全球最大的国际广播电台之一，现在以 44 种语言，每周向世界各地播放 1300 多个小时的广播和电视节目。美国之音有 1140 多名正式员工以及众多合同工，在美国及世界一些地区有 22 个记者站，派有 30 多名记者。同时，美国之音还在世界各地聘用几百名特约记者。

美国之音的成立，与无线电通信技术的发明密切相关。1894 年，意大利人马可尼在家里用无线电打响了 10 米以外的电铃；同一年，俄国人波波夫制成了第一台无线电接收机。1920 年 11 月，世界上第一座领有执照的广播电台美国匹兹堡 KD-

KA 电台正式开播。随着无线电广播技术的发展，无线电广播在美国国内得到推广应用，之后很快被运用于对外宣传，成为强国实施国际传播的主要媒体，美国建立了相应的常设对外宣传机构。1927 年，英国建立了英国广播公司（BBC）进行电台广播，1932 年开始对海外进行无线电广播。1929 年，莫斯科广播电台对外广播。同年，德国开始对外广播。美国在参加第二次世界大战以前，一直把无线电广播作为通过做广告获得商业利润的工具。1941 年底珍珠港事件后，美国参加了第二次世界大战，随即于 1942 年创建了美国之音。从战前的 30 年代到二战结束，在帝国主义国家和苏联之间、在交战国之间，形成了广播大战。很明显，这类对外广播具有浓厚的政治色彩。

在冷战前期和中期，无线电广播成为冷战中双方的主要宣传媒体。利用无线电广播作为谋取政治利益的工具，在冷战时期达到了高潮。在对苏联的宣传战中，美国在西方国家中表现突出。1948 年，美国通过《史密斯—门德法案》，使建立常设的对外宣传机构合法化。1953 年，建立了美国新闻署。它集中了对外文化交流和宣传的主要手段，利用广播、新闻出版、影视等媒体，宣传美国的对外政策和意识形态，推销和宣传美国的形象。在美国之音外，还成立了三个新电台，把广播传到了"铁幕"的另一端：1949 年，针对东欧建立了"自由欧洲广播电台"，用阿尔巴尼亚、保加利亚、匈牙利、波兰、罗马尼亚、捷克等语言进行广播；针对苏联建立了"从布尔什维克主义下解放电台"，1956 年改为"解放电台"，1963 年改称"自由广播电台"；1985 年，开办了"马蒂电台"，针对古巴进行广播。这些电台拥有来自美国政府的资金，作为美国政府的喉舌，从事对外宣传。但是前两家电台在创办之初是打着民营的独立广播电台的旗号存在的。1951 年，美国杜鲁门总统设立了隶属于国家安全委员会的心理战委员会，为国际反共宣传提供建议。1953 年，继任的艾森豪威尔总统任命了心理战的私人顾问，美国之音的反共宣传进一步升级。

美国之音播音室

1961 年美国入侵古巴，接着，1962 年，美苏之间又爆发了"猪湾危机"。在这种紧张局势下，美国之音配合美国的对外政策，大大加强了对古巴、苏联、东欧的广播。英国《泰晤士报》称美国之音进行了一次"摧毁性的广播轰炸"。1962 年 2 月 26 日，在美国之音成立 20 周年纪念会上发表的演说中，肯尼迪对美国之音予以非凡的重视。对美国之音在过去 20 年的活动,他给予了高度的评价,认为它给了人们以坚定的信念和希望,使美国的安全和自由事业都得到了好处。他还强调指出,美国之音"是政府的一只臂膀,因此也是国家的一只臂膀",要"以一种最有利于看待民主制度和美国的方式,把我们的情况向全世界报道","报道我们的基本信念",并且"要和我们的敌人的宣传进行竞争"。

里根当选总统以后,美国对苏联采取了强硬立场,使美苏冷战出现第二次高潮。里根一向以保守主义而著称,是一位坚定的反共主义者,他本人又从事过多年新闻广播工作,因此十分重视美国之音的对外广播活动。在竞选美国总统时,里根就表示要就美国制度对共产主义的"优越性""向全世界宣传","要同共产主义的宣传"作斗争。他说,美国之音、自由欧洲电台和自由电台是"真理的灯塔、自由的象征,是告诉铁幕后面的人们不要放弃希望的工具"。1982年2月24日美国之音成立40周年,里根在纪念仪式上发表讲话,称赞"美国之音给那些生活在共产党政权之下的人民和独裁暴政统治之下的牺牲者带来了希望"。在他任职期间,美国政府以"进攻"的姿态进行了反共宣传,传播所谓美国式的"民主"。

1989年东欧剧变,1991年苏联解体,整个世界格局发生了根本性的变化,世界进入了"后冷战时代"。在冷战结束后,美国成为世界上唯一的超级大国,美国自认为是理所当然的国际新秩序的领袖。美国政府认为,美国有义务在全世界推行它的价值观念、经济制度、政治制度,以建立美国在全球的领导地位。美国在赞颂以美国为代表的西方民主制度对共产主义的"胜利"的同时,不得不面对新的世界格局所提出的挑战。例如,地区冲突以及许多国家民族冲突的加剧,要求美国做出真正的反应。在这种情况下,美国之音在进入90年代后,为更好地服务于美国的对外政策,又进行了调整。

随着21世纪的到来,美国之音将会继续采用新的、更先进的技术手段,吸引世界各地的听众,以便更好地为美国的对外战略服务,宣传美国的政策,充当向外国宣扬美国政治制度、价值观念和生活方式的重要工具。

大智若愚暗藏战略谋划:斯大林计赚杜鲁门

同盟国与轴心国于第二次世界大战期间的军事较量,令人瞩目,几乎每时每刻都在世界各国的报刊、广播中报道、传播,但是研制原子弹的竞争,却在鲜为人知的情况下,悄悄地激烈地进行着。美、苏、德等国都想抢先研制成功,作为一种威慑性的武器,用于战争之中。第二次世界大战爆发前后,由于希特勒的反犹、排犹政策,使大批有才华的科学家纷纷流入美国,其中包括爱因斯坦、西拉德等人。这些科学泰斗曾研究过铀原子核裂变,他们深知原子能若被希特勒用于法西斯战争,人类将面临一场灾难。因此,西拉德等人积极行动起来,向罗斯福总统施加影响,详述原子能的重大军事价值,并建议美国政府对研究原子武器予以支持。为此,爱因斯坦于1939 年 8 月,在总统私人顾问亚历山大·萨克斯拟好的给罗斯福的信上签了名。罗斯福总统深感这封信的重要性,经过慎重考虑,于 11 月 10 日指令:"对此事立即采取行动。" 于是,1940 年 6 月成立了国防研究委员会;1942 年 8 月开始执行制造原子弹的秘密计划"曼哈顿工程";1945 年 7 月 16 日晨 5 时 30 分,人类历史上第一颗原子弹在美国阿拉默果尔多试验场爆炸成功。随后,即积极策划对日本本土的投掷工作,妄图以核武器恐吓取得最后胜利。

1945 年 7 月 17 日,苏、美、英三国首脑在波茨坦开会,研究对日作战等重大问题。这时,他们对战后的战略图谋也各有打算。在一次会议休息时,美国总统杜鲁门对斯大林说,美国已研制出一种威力非常大的炸弹,暗示美国已拥有原子弹,企图以此讹诈斯大林,进行心理战。在杜鲁门讲这番话时,英国首相丘吉尔两眼死盯住斯大林的面孔,观察他对杜鲁门讲话的反应。斯大林好像没有听见一样,丝毫未显示出异常表情,以至于后来许

波茨坦会议

多人回忆说,斯大林有点聋,当时没有听清楚。其实,他不仅听见了杜鲁门的话,而且听出这些话的弦外之音。会后,斯大林对外交部长莫洛托夫说:"应该加快我们工作的进度。"于是苏联集中力量,增加经费,加快了原子弹研制工作,到 1946 年其研究经费增至 1945 年的 2.4 倍,达 50 多万卢布。至 1946 年年底,苏联第一个铀石墨反应堆开始运行,随后建立了原子实验反应堆和工业核反应堆,开始生产分裂物质。1949 年 9 月 25 日,苏联爆炸了第一颗原子弹。这一事件完全出乎美国预料,引起了全世界的极大震动。按美国人的预计,俄国人的研制成功,不会早于 1956 年。当美国在运载地区获得了高空大气层中异常放射性粒子样品时,还自我安慰地判断这是苏联某一原子试验室反应堆发生了一次意外的爆炸事故。苏联是在严格保密的情况下进行原子弹的研制工作的,在任何公开场合都守口如瓶,滴水不漏,完全把美国蒙在鼓里。原子弹爆炸后,杜鲁门才对当年斯大林装聋如梦方醒,只对此发表了简短的公报:"我们掌握的情报表明在苏联发生了一次原子弹爆炸。"除此,他们还能讲什么呢?因为这个"突然袭击"对美国的打击太大了。在芝加哥的物理学家哈罗德·尤里告诉记者说,他觉得这是一个晴天霹雳。苏联拥有原子弹,打破了美国的核垄断地位,美苏在战略上的核竞赛便从此展开了。

多管齐下化被动为主动：马岛战争中英军的心理攻势

1982 年 4 月 2 日至 6 月 14 日，在南大西洋突然爆发了一场轰动全球、海陆空战俱全的现代化局部战争，这就是当代一流军事大国英国，同一个发展中的拉丁美洲国家阿根廷，为争取马尔维纳斯群岛的主权而进行的战争，史称英阿马岛之战。战争爆发后仅仅两天，阿军就一举俘获全部守岛英军，将马岛收复。然而不过两个多月，还是这些阿军官兵，却向远道而来的英国远征部队举起了白旗。短短 70 天时间，双方这种得而复失和失而复得的战争表演，给世人留下了不少难解的奥秘和耐人寻味的启迪。

在这场富有戏剧性的交手中，阿根廷一开始挟天时地利，以迅雷不及掩耳之势攻占马岛，用武力收回了领土主权，这本来是一件正义和主动之举，但最后却被遥隔 13000 公里之外、远涉重洋的英国南大西洋特混舰队所击败，其原因是多方面的，除了阿军战术思想落后、武器装备与英军差距较大之外，英国所实施的全方位、多样化、系列化、整体性的心理攻势战，也是其中的一个决定性因素。

马岛战争的突然爆发，在英阿双方国内和国际上产生了截然不同的强烈反响，当阿军先期攻占马岛的消息传到阿根廷首都布宜诺斯艾利斯时，全城顿时群情激昂，数十万群众聚集在总统府前的"五月广场"上，唱着国歌，高呼口号，庆祝胜利。全国十几个政党顿释前嫌，一致表示支持以总统兼陆军总司令加尔铁里为首的军政府的行动。外长门德斯神采飞扬地说："今天是我一生中最幸福的一天。"总统本人更是激动，他一再表示，阿根廷决不屈服于武力威胁，"民族的骄傲和尊严，必须不惜任何代价去恢复"。一连几天，整个国家都沉浸在一片欢庆的气氛之中。与此相反，英国首都伦敦却呈现出前所未有的震惊和慌乱。由于精神上毫无准备，再加上国内政局不稳、经济恶化和海外殖民体系摇摇欲坠等一系列情况，英国政府的处境十分被动。

4 月 3 日，英国下院破例自 1956 年苏伊士运河事件以来第一次在周末举行紧急会议，讨论英国所面临的严重局面。会前，许多反对党的议员在议会走廊里慷慨激昂地指责政府的软弱和无能，而不明真相的市民们却排着长队，等候进入议会旁听。伦敦的股票市场一派混乱，加剧了经

英军登上马岛

济恶化的景象。保守党政府在巨大的压力下陷入前所未有的困境,外交大臣卡林顿勋爵、掌玺大臣阿特金斯以及外交和联邦事务部政务次官卢斯等人,由于未能以外交手段阻止这场战争的爆发,被迫在一片责难声中集体引咎辞职。军方也在这一突然事变面前手忙脚乱,束手无策。虽然英军统治马岛已逾百年,但此时在最高统帅部里却连一张大比例的马岛地图都找不到,不得不派人去四处搜寻。

面对这种人心浮动、心理混乱的严峻局面,素以"铁娘子"闻名于世的英国首相撒切尔夫人,迅速采取了一系列心理调节措施。4 月 3 日,撒切尔夫人宣布成立"战时内阁",并于 5 月对政府进行了部分改组。为了派兵以武力重新夺占马岛,英国动用了全部报刊、电台、电视台等舆论工具,不间断地向国内和世界大肆宣传,摆出一副正义战争的姿态。各报纷纷声称,阿军抢占马岛,强迫英守军连同总督一起向阿军投降,这使英国蒙受了奇耻大辱;岛上居民 1800 人,绝大多数是英国人;阿根廷目前是军事独裁型统治,没有民主可言,英国居民将生活在痛苦的军事统治之下等等。伦敦《每日邮报》还在头版用显赫的两个大字"可耻"作为标题发表社论,谴责阿根廷的"侵略"行径。这些宣传,赢得了英国社会各界的心理共鸣,使得英国首相撒切尔夫人宣布政府决定立即派出特遣舰队,远征南大西洋去收复失地时,立即获得英国议会一致通过。过去英国讨论重大问题,一般执政党提出一个意见,反对党总是要反对一遍,像这样举国一致的情景,自第二次世界大战以来,在英国是绝无仅有的。与此同时,英国在国际上大肆宣扬反对用武力解决国际争端,指责阿根廷"穷兵黩武"。在英国政府的要求下,英联邦一些成员国相继对阿根廷实行了禁运政策,断绝了阿根廷武器装备的来源。而后,当美国试图充当调停的角色,抛出一个有 7 项内容的"建议"时,英国立即表示接受,以此来争取美国和欧共体各国的同情与支持。果然,美国在调停失败后,马上站到了英国一边,并向英国提供了一系列军事援助。而恰好在这个根本性的问题上,阿方领导人没有保持清醒的头脑,缺乏应有的心理警觉。他们错误地估计,英国远隔重洋,出兵不仅劳师费时,而且也会影响其在北约组织中担负的防务任务,因而认为英国不会为争夺马岛而发动战争;在国际方面,阿根廷始终认为美国是其"盟友",不大可能支持英方,最多只能保持中立;北约各国也可能因为自顾不暇而不会多管闲事。结果,当英国迅速稳住阵脚并开始反击时,阿方不仅没有作好应有的准备,就连刚刚激发起来的民族感情也未能稳定和保持下来。这为阿军以后的败北,埋下了至关重要的伏笔。

在对马岛的登陆进行中,英国也运用了强大的宣传心战攻势。6 月 8 日,当阿根廷守军 11000 余人被英军团团包围于斯坦利港地区时,阿军士兵们对死亡的恐怖已大大超过了对胜利的信心。英军抓住这种心理变化,迅速展开了全方位的攻心行动。英军使用高音广播喇叭,从四面八方向阿军阵地播放阿根廷的流行舞曲和民歌,并针对阿根廷人对足球具有狂热爱好的心理特点,利用当时正值第十二届世界杯激烈进行的绝妙时机,让女播音员用缠绵悱恻的声调广播道:"赶快回家吧,在电视机前观赏一下世界杯足球赛多么畅快啊……"这样的宣传,对煽起阿军思乡厌战的情绪、涣散其军心、瓦解其斗志起了致命的作用。

当英军将要向阿根廷防御的中心地区发起攻击时,为了彻底摧毁其心理防线,加速其军事上的失败,英军一面从山上、海上不停地轰击斯坦利港,一面不失时机地用飞机向阿军阵地上投下几万份敦促阿军投降的投降书。投降书上不仅描述英军所取得的胜利,证明英军的强大,而且指出阿军已面临无可挽回的失败,放下武器、停止抵抗是阿军官兵争取生存的唯一机会。在英军强大的心理攻势和军事攻势面前,阿军的军事防线和心理防线一起崩溃了,他们终于打出了白旗,向英军缴械投降。英军在兵力对比明显处于劣势的情况下,终以胜利而告凯旋,一个很重要的因素就是充分发挥了宣传心理战的作用,利用心理上的优势弥补了兵力的不足。

高举正义大旗夺敌之心:高树勋起义

1945 年秋天,国民党第十一战区副司令长官兼新八军军长高树勋在邯郸前线率领其部队一万多人举行起义,在全国引起了巨大的反响。

高树勋将军原是西北军的一名将领,由于对蒋介石先安内后攘外的反共政策不满,因而多年来经常受到蒋介石统治集团的排挤、歧视,与蒋介石亲信部队的矛盾日益尖锐。在抗日战争期间,他亲眼目睹了共产党、八路军英勇抗击日寇的场面,十分佩服,便与共产党、八路军建立了友好联系。我军多次对高树勋进行政治争取工作,使他更加讨厌内战,不愿意替蒋介石进攻解放区。

1945 年 8 月 1 日,高树勋交给好友王定南一封信,要他带给彭德怀同志,心中表达了他与我军友好联合的愿望。

王定南的公开身份是高树勋的好朋友,实际上是我军派到高树勋部队做策反工作的。高树勋也知道王定南的身份,经常跟他一起分析形势,交换对时局的看法。

王定南带上高树勋的信,立即出发,到晋冀鲁豫的根据地太行山去见彭总。由于彭总已调到延安工作,王定南就将高树勋的信交给了正在黎城前线指挥作战的刘伯承司令员、邓小平政委。两位首长对高树勋希望友好联合的态度表示热烈欢迎,指示王定南回去继续做好他的工作。刘司令员还亲笔给高树勋写了回信,欢迎他和我党联系,希望他为革命、为人民做出贡献。

在王定南出发后一个多月的时间里,高树勋部队的情况发生了很大变化。日寇正式宣布无条件投降后,蒋介石命令高树勋原地待命,不准去接受日寇的投降。高树勋不管那一套,率领部队急忙从南召出发,经叶县、襄城、禹县,到达郑州。狡猾的蒋介石不仅对他违抗命令没有追究,反而委任他为十一战区司令长官,企图把他送上内战的最前线。

王定南见到高树勋后,转达了刘伯承、邓小平二位首长对他的欢迎和勉励,并且帮他分析了形势,指出蒋介石让他当战区副司令,实际上是想借他的手消灭八路军。如果不完成任务,就要追究他的责任,除掉他也有了借口。

高树勋看到刘伯承的亲笔信,非常激动,他搓着手兴奋地在屋里走来走去。过了一会儿,他右手握住拳头往左手掌一拍,像下定了决心,拉王定南坐下来,对他恳切地说:"非常感谢贵军两位首长对我的关心。蒋介石玩的那一套我早领教过了,我不会上他的当。我想了一个计策:利用蒋介石以前给我封的冀察战区总司令的头衔,率领新八军、河北民军由新乡沿平汉线北上,把一路上的国民党

高树勋部起义欢迎大会

军队和收编的伪军都带到冀察地区,连同他们占领的城镇全都交给八路军,等我到达热河、察哈尔一带时,再与你们联合起来,向国民党进行斗争。麻烦你再跑一趟太行山,请刘司令员、邓政委对我的建议尽快给个答复。"

王定南召集了做高部起义工作的党小组会议,向小组成员、高树勋部队的两个团长田树清、周树一和自己的爱人唐宏强三位同志传达了刘、邓首长的指示,研究了下一步的行动方案。布置妥当后,他立即动身,经太行山到了涉县的赤岸,向正在那里指挥部队向邯郸方向转移的刘、邓首长作了详细汇报。

听了王定南的汇报,刘伯承司令员说:"高树勋计划很好,但现在情况发生了变化。国民党沿平汉线北进的,已不仅是高树勋一个军,还有马法五的四十军,鲁崇义的三十军,蒋介石要这三个军进至北平,再让北平的国民党军队去抢占我们的东北。因此,我们必须守住南大门,掩护我们东北的部队。"

邓小平政委接着说:"党中央、毛主席来电指示我们,要坚决挡住这三个北上的国民党军,这是当前一项非常重要的战略任务。我们研究了一下,根据形势的变化和需要,你要回去说服高树勋,叫他不要到冀察地区去了,要配合我军阻止三个军北上,就地起义。"

王定南回到战地司令官部后,向高树勋转达了刘、邓首长的要求。这时,形势已

经非常危急,国民党的三个军已经进入安阳以北、邯郸以南的滏阳河套地带;四十军已占领了崔曲一线;新八军前卫部队已进到马头镇。王定南对高树勋说:"现在已经到了关键时刻,你要马上率领部队起义!"

"现在?"高树勋感到有点突然。

"对!"王定南以坚定的口气说,"再晚就来不及了,现在起义,对你、对人民、对祖国都有利!"

高树勋有些犹豫,在屋里踱来踱去。王定南知道他考虑到三十军、四十军都是老西北军,怕自己的军单独起义,其他两个军会被歼灭,旧西北同仁会骂他不仁不义。王定南想,此时需要激他一下了,便对高树勋说:"像你这样寄人篱下,也不是长久之计,何不尽早走向光明呢?你要革命,但那两个军不会和你一起革命的,他们要继续与人民为敌,迟早有一天会被我军消灭的。你弃暗投明,是最大的仁义;而反革命、反人民的行为才是不仁不义。你要赶快决定,切不可优柔寡断。"

高树勋听王定南说的很有道理,便下定了起义的决心。这时,东线的敌四十军一〇六师的一个团被我军歼灭大半,三十九军的一个团全部被歼灭。听到这些消息,高树勋起义的决心更坚定了。

当天,王定南赶到刘、邓指挥部,向两位首长汇报了高树勋已决定起义及他提出的一些问题。刘、邓派参谋长代表他们看望了高树勋,并就起义的一些具体问题进行了研究,最后定于10月30日举行起义。

10月30日上午,高树勋、王定南以及中共党的地下组织成员一起研究了起义的有关事宜。当天下午,高树勋在邯郸马头镇战区指挥部召开了科以上军官会议,严肃地宣布了起义的决定。

听到这个消息,大部分军官感到惊讶、惶恐不安。

高树勋说:"蒋介石在抗日战争刚刚结束的时候又打内战,搞得民不聊生,对此,我坚决反对。十年内战期间,共产党力量还比较小,蒋介石调动百万大军'围剿'他们都失败了,现在共产党的力量比那时大几十倍,蒋介石还想用武力来解决,根本是不可能的。所以,我决定退出内战,主张和平。"他扫了一眼在座的军官,继续说,"我们新八军过去受蒋介石中央嫡系的歧视,给养比人家差几十倍不说,还经常受他们的监视和打击,这些大家心里都清楚。我去西安时,胡宗南还当面侮辱我,这些气我们早就受够了!"

高树勋的一席话,引起了大部分军官的共鸣,他们纷纷表态拥护。个别人想表示反对,但在高树勋威严的目光下,没有敢出声说话。

会后,高树勋下令所属部队原地待命,又命令特务营严密警戒,不准任何人离营出走,并把起义的决定通报给了三十军、四十军。他们听到这个消息后,十分恐慌,无心再与我军作战,马法五带领部队向南逃跑了。

第二天上午9时,刘伯承司令员、薄一波副政委等人接见了高树勋。刘伯承握住高树勋的手说:"高总司令,我们非常赞赏你反对内战、主张和平的正义行动!"

高树勋激动地说:"刘司令员,感谢你的帮助!"

当天下午,高树勋率领新八军二十九师、新编第六师共一万余人开往武安县伯颜一带,一路上受到了解放区人民的热烈欢迎。毛主席、朱总司令、刘伯承司令员、邓小平政委和晋冀鲁豫军区其他首长先后发来贺电,赞扬高树勋将军以大局为重,高举义旗,为人民立下了辉煌的功绩,为一切愿意和我党合作的国民党将领树立了榜样。

11月10日,起义部队在武安县城召开大会,宣布成立民主建国军。党中央任命高树勋为民主建国军总司令,王定南为该军政治部主任。从此,这支部队与我人民解放军一道投入了反对内战的斗争。

高树勋邯郸起义在国民党内部引起了强烈震动,加速了他们的分化和灭亡。我党帮助高树勋起义成功,也创造了瓦解敌军工作的一个光辉范例。

料敌心计制定针对之策:衡宝追歼

1949年4月,我百万雄师胜利渡过长江,推翻了蒋家王朝,南京回到了人民的怀抱,随之又解放了上海、武汉、长沙等重要城市。解放战争迅猛发展,所向披靡。祖国的半壁河山红旗飘扬。国民党军的残部,闻风丧胆,仓皇南逃。

这时,蒋介石惊恐万状,慌忙从台湾飞回重庆,组织其残余力量,企图于中南、西南、西北等地区,负隅顽抗。在中南则推出了白崇禧,命令他在湘粤桂建立一条防线阻止我人民解放军向中南进军。

敌中南军政长官白崇禧,人很机灵,善于心计,在军事指挥上"谋略兼蓄,奇正多变",在同僚中素有"小诸葛"之称。在其"党国"危难之时,尚握有5个兵团25万人马的重兵,这使他在蒋介石和美国人的眼中增加了分量。魏德迈曾扬言,如果白在这次作战中卖力,可为其装备25个美械师。白崇禧自己也觉得在这大厦将倾之时,在中南战场上振作一下是必要的。于是,他将驻武汉、长沙的部队,撤到以衡阳、宝庆(今邵阳)为中心的江南地区组织防御;令第十一兵团鲁道源部在衡阳以北担任正面防御,令第十兵团徐启明部在衡阳以东担任右翼防御,令王佐民师配置在衡阳至宝庆一带担任左翼防御,主力第三兵团张淦部则配置在衡阳市内机动。还积极地与广东的余汉谋、川湘鄂边区绥靖公署主任宋希濂等组织联合作战。但是,白崇禧从国内形势的急骤变化中,也看到了国民党腐败无能,目前已面临崩溃的前夕。

他认为,要想在湘南阻止我军进攻,几乎是不能的。衡宝之防,"是应天命而尽人事"而已,不能在这里和共军硬拼,必须保存实力,相机撤回广西去"。广西是白的老家,可以继续征兵,搞民团,还可以和云贵联系,共同抵御我军,等待时机,争取美援。万不得已时,还可退向越南,或向海上撤退。白崇禧清楚地认识到,这一切的关键是后路问题。为此令其十七

衡宝战役我军在追击敌人

兵团刘嘉树部先行入桂,第一兵团黄杰部随时准备撤到广西保障后路。

中央军委和毛主席对白崇禧的心理状态和作战特点洞若观火,在关于解放中南的电示中指出:"白部本钱小,极机灵,非万不得已决不会和我作战。"因此,对白崇禧集团作战,应采取远距离迂回包围方法,以掌握主动,即完全不理白的临时作战部署,而远远地超越他,占领他的后方,迫其最后不得不和我作战。敌人怕抄后路,我则专抄他的后路,将其置于死地。

我第四野战军根据中央指示和当前的敌情,很快制订了战役计划。第十三兵团为西路军,以沅陵、芷江进军百色、南宁,切断敌西逃滇贵的退路;第十五兵团和二野四兵团及两广纵队为东路军,出韶关直取广州,而后,第四兵团沿海西进,包围敌人;第十二兵团为中路军,在衡宝地区先行牵制敌人,然后发起攻击,并尾敌南进,协同第四、十三兵团,围歼敌人于广西境内。

9月13日,金风送爽,战旗飘飘,在"将革命进行到底""打到广西去,活捉白崇禧"的强劲口号声中,向南进军开始了。我西路大军挥师猛进,不久,突破了敌人湘鄂防线,在庆祝开国大典第二天,攻占了芷江,切断了湘南之敌退到贵州后路,并以部分兵力,折向敌人防线的左侧,实施包围。我东路大军进展神速,很快突破了敌湘粤防线,并以部分兵力向耒阳方向实施包围。中路大军则隐蔽集结在衡阳以北,待命进攻。衡阳,敌中南军政长官部,正在召开高级军事会议。参谋处长林一枝首先介绍了战场情况,他说:"共军从耒阳、宝庆两翼前进。威胁我右翼徐启明团和左翼王位民师,使之不得不向衡阳退缩,现两翼暴露,正面战场压力很大。"白崇禧即叫大家讨论。只见众司令、军长们,眼对眼,都不作声。良久,第三兵团司令张淦放了一炮。他说:"要守住衡阳嘛,必须采取攻势,以攻为守,否则,等着挨打,想守也守不住。"并具体主张以第七军从左翼出,打到湘潭,迫使我军后退。这真是"阳春白雪,和者极寡",沉默很久,有人小声嘀咕:"出击什么,我看干脆撤吧!"一石激起千层浪,会场上顿时乱哄哄地议论起来:"到广西去,那里离香港、台湾近","好争取美

援"，"回我们的老家"……此时，白崇禧站了起来，待会场静下来后说："张司令官以攻为守的意思很好，可以考虑，至于撤退广西的意见，也应准备，这两案待我们详细研究后，再作结论。"接着，司令、军长们带着一个"待"字各回驻地。

时不待人。正当白崇禧是守是撤、举棋不定的时候，我中路大军，在我东西两路大军从两翼对敌人形成包围之后，于10月2日发起进攻，3、4两日扫清了衡阳外围之敌，5日拂晓，突破了敌人防线，向前推进了20到50里。锋芒所及，势如破竹，白崇禧一看大势不好，决定于7日晚全线向广西撤退，令第七军率一七一、一七二师，并指挥四十八军的一三八、一七六师掩护撤退，完成任务后于8日9时向广西前进。并亲自给七军参谋长邓达之打电话："撤退时，不惜任何牺牲，都不要停留，纵然后尾部队有些撤不出来，也就算了。"第七军，系白的嫡系部队自吹为"钢七军"。这时，这块"钢"真用到地方了。

10月8日9时一到，鸡飞狗叫，第七军像脱套的兔子，急匆匆地由衡阳向西南退去。当日中午，退到黄土铺附近时，白崇禧的军直部队，突然遭到我先头部队三十五师拦击，被迫停了下来。敌人一停顿，我其他部队从四面八方赶来，将其围困在方圆数十里的山峦间，经过一天多的激烈战斗，白崇禧赖以起家的一七一、一七二师全部"也就算了"，一三八师残部溃逃。

衡宝之战，白崇禧的三个主力师被歼，侥幸后路尚通，主力得以撤至广西。他在桂林长官部里，思绪万千，使出了浑身解数，硬着头皮制订了一个明施"总体战"、暗设逃路的两手计划。所谓"总体战"，首先他令将击溃的部队补充起来。从东南西北组织环形防御；其次以"反共保乡"为鼓动口号，组成广西的东、南、西、北、中五个军政司令部，准备节节抵抗。组织"三民主义同志实践会"，加强内部控制，还搞什么"二五减租""限制田亩"等等，以欺骗与缓和农民的抵抗斗争。所谓暗设后路则是令四十八军军长张文鸿，率部"开往龙州，预为部署"，以便一旦进入越南，派上用场，同时"注意钦州安全"，并电请蒋对海南退路进行干预。

对付白崇禧的两手，我们只有一手：彻底歼灭，不让敌人跑掉。11月初，我第四野战军发起了广西战役，西路十三兵团沿黔桂边境推进，11月下旬，进至百色附近地区，关闭了敌西逃的后路，中路十二兵团在桂北地区示假休整，待命前进。东路第四兵团在广东境内向东南挺进，12月26日进至信宜、茂名附近地区。

第四兵团的这一行动，正打在白崇禧的伤疤上，原来经蒋介石干预，薛岳同意给白留条退路，条件是要他担任雷州半岛的防御。条件虽然苛刻，他还是答应了。谁知陈赓大军已进至茂名，茂名是雷州半岛的东大门，失掉它，就等于失掉了他的命根子，就会被我军四面包围，关门打狗。于是，他孤注一掷地命第三兵团司令张淦："贵兵团担任进攻茂名共军，务必攻克，完成任务重振军威。"令十兵团策应。11月

27 日,张淦率七十一、四十八、一二六等三个军,由郁林地区出发,刚进入茂名境内,即遭我陈赓兵团的坚决反击,经 3 天激战,张淦招架不住,30 日下午全线溃退。我军以排山倒海之势,猛追不舍,在博白地区将敌四面包围。经一天激战,全歼该敌,生俘张淦。"贵兵团"再也"重振"不起来了。一贯用兵狡猾的徐启明,他的 10 兵团在远离前线的横(县)色(宁)公路线上观望。当听到第三兵团被歼,庆幸自己的"策"而不"应"的高招时,我军像神兵天降,从四周将该兵团分割包围,两三个回合,将其全歼,徐启明俘而又逃。

眼看第三、十兵团不"振",剩下的 3 个兵团也已被歼过半,我陈赓兵团攻占了廉江,完全封闭了雷州半岛的东大门。我北路大军发起强大攻势,西路大军威胁南宁。"小诸葛"此时已是身心憔悴,愁肠百结,他深感自己再也无能为力、无计可施了。于是,三十六计,走为上。他命副参谋长林一枝坐镇南宁,代为指挥,还口授应急密计:"向雷州突围","上十万大山打游击"。随后,便带上他的高级幕僚乘飞机逃往海南岛了。树倒猢狲散,其残部很快被我各路大军围歼在灵山以北地区。至此,逃入广西的 17 万敌人除万余逃入越南外,全部被歼。

元帅替身助力战略欺骗:"铜头蛇"计划

1944 年 6 月 6 日,盟军在法国诺曼底登陆,成功开辟欧洲第二战场。这次登陆能够成功,一个重要原因是,盟军在登陆前实施了一个庞大的战略欺骗计划,造成希特勒判断失误。"铜头蛇"计划就是战略欺骗计划之一。

克利夫顿·詹姆斯是英国皇家军饷团的中尉军官,随团驻扎在累斯特。二战爆发前,他是地方舞台上的一名演员。1944 年 5 月的一天,他突然从人们的视线中消失了,他的上司、同事以及家人都不知道他去了什么地方。5 周后,他又奇迹般地出现了。这件事引起了同事们的纷纷议论。有人说,他因嗜酒成性,伤及身体,住进了医院;有人说,他外出行骗去了;还有人说,他有间谍嫌疑,被逮捕关进了监狱。他的上司则愤怒地指责他擅离职守,声称要将他送上军事法庭。

面对来自各方面的压力,詹姆斯始终缄口不语。直到二战结束,詹姆斯才向外界公开了他"失踪"的秘密。

1944 年 3 月 14 日,英国陆军特种战委员会副主任杰维斯·里德中校偶然在《新闻纪事报》上看到了一幅"蒙哥马利元帅"的照片,可当他仔细看清照片的说明时,不禁大吃一惊。说明写道:"你错了——他的名字叫詹姆斯!"

"难道还有与蒙哥马利长得如此相像的人?!"里德惊叹道。

原来,这幅照片是詹姆斯在伦敦演出时的剧照,詹姆斯本人酷似蒙哥马利。当时,里德的特种战委员会正在伦敦监督处领导下,担当着盟军实施庞大战略欺骗计划的具体工作。詹姆斯的出现使里德顿生一计:打造一个假蒙哥马利,让他出现在意大利和非洲的战场上,使德国人相信蒙哥马利远离英国,这样可以牵制德国驻在卢瓦尔河以南的 4 个装甲师。里德立即将这一计划定名为"铜头蛇",并向伦敦监督处作了汇报。

一天中午,里德请詹姆斯吃饭。当他见到詹姆斯时,简直惊呆了。眼前的詹姆斯从五官长相、体格姿态,到行走举止,几乎与蒙哥马利一模一样。除了詹姆斯少一个手指头外,二人简直像一个模子刻出来的。通过进一步了解,里德还发现,詹姆斯可以轻而易举地模仿蒙哥马利快速而又尖声刺耳的讲话,还能模仿蒙哥马利特有的威严神态。

不过,里德也发现了两人的不同:蒙哥马利滴酒不沾,而詹姆斯嗜酒如命。

里德将"铜头蛇"计划详细地告诉了詹姆斯,并阐述了这一计划的重要意义。詹姆斯怀着忐忑不安的心情接受了这一特殊任务,但他意识到,作为演员,他即将扮演一生中最重要的角色。

几天以后,里德将詹姆斯接到一个地方,开始简单的训练。主要内容是让他了解蒙哥马利的生活细节,以及与之交往的一些重要人物的情况,如英国首相丘吉尔的起居时间,美国总统罗斯福的健康,盟军统帅艾森豪威尔的才干,盟军参谋长史密斯的溃疡等等。接着,他们对詹姆斯的外表进行包装。为他专门制作了一套战地服装,配上皇家参谋总部的鲜红衣领,戴上荣誉勋章,还将蒙哥马利常穿的外衣、戴的金表和拄的手杖带在他身边。

为了确保万无一失,里德还安排詹姆斯在总司令的专用列车上见到了真蒙哥马利。蒙哥马利对"铜头蛇"计划十分赞赏,特意叮嘱里德,既然詹姆斯扮演他,也必须拿他一样的薪水。

1944 年 5 月 25 日傍晚,詹姆斯登上一架飞往直布罗陀的飞机。

计划开头时并不顺利,在飞机上就发生了一件意想不到的事情。为了让詹姆斯第二天能够精力充沛,随行人员给他服用了安眠药。可是,夜间的寒冷使詹姆斯无法入睡,他悄悄起身进入厕所,将偷偷带在身上的一瓶松子酒拿了出来。此前,里德早已向他声明,为保证此次任务成功,他必须戒酒。但此时,酒瘾发作,他将半瓶酒喝了下去。当随行人员找到他时,他已摇摇晃晃,站立不稳。

飞机再有两个多小时就要到达目的地,詹姆斯完全处于昏睡状态。随行人员十分着急:如果下飞机时人们发现詹姆斯有饮酒迹象,计划就会彻底泡汤,因为蒙哥马利憎恨烟酒。随行人员被迫采取紧急措施:将詹姆斯的衣服脱光,放在机舱通气孔前冰冷的气流中,让他清醒。还对他进行按摩和拍打,使他呕吐,同时重新给他刮脸,以便消除脸上的喝酒迹象。经过一番忙碌,詹姆斯终于清醒过来。

1944年5月26日凌晨,飞机抵达直布罗陀。"蒙哥马利"在人们的欢迎中走下飞机。随后,一个浩浩荡荡的车队将他送到总督官邸,总督伊斯特伍德亲自出迎,并于当晚举行了欢迎宴会。

直布罗陀海湾对面西班牙的阿尔赫西拉斯是德国谍报局的前哨基地,"蒙哥马利"的到来自然逃不过德国间谍的眼睛,于是,有关"蒙哥马利"的消息迅速传回了德国。

27日,"蒙哥马利"乘飞机到达阿尔及利亚。地中海盟军最高统帅亨利·威尔逊和英美法参谋人员到机场欢迎。随后,"蒙哥马利"入住圣乔治饭店。顷刻间,"蒙哥马利"到来的消息传遍了整个阿尔及利亚。在随后几天中,大街上经常可以看到挂着三角旗的参谋部车辆,在摩托警卫的护卫下,载着"蒙哥马利"风驰电掣地去参加一个又一个会见,德国间谍也不停地把这些消息一个又一个地报回德国。

1944年6月,盟军打响了诺曼底登陆战役,詹姆斯也圆满完成了"表演"任务。随后,他被秘密送回英国。刚到伦敦,他就得到通知:必须严格保密,如果透露一点有关这次行动的内容,就会被送上军事法庭。詹姆斯只好默默地忍受着人们对他的猜疑和指责,等待战争结束。

詹姆斯忍受的痛苦与得到的快乐相比是微不足道的,他为反法西斯战争的胜利做出了贡献,而且经历了人生中最伟大的一次演出,还领取了5周的元帅薪水。这一切都使他终生难忘。

一具假尸拯救数万盟军:马丁少校之谜

据英国《苏格兰人报》报道,1943年盟军为了哄骗纳粹德国相信,己方即将进攻意大利撒丁岛和希腊的巴尔干半岛,从而声东击西地一举拿下德军重兵把守的西西里岛,于是设计出二战史上盟军最成功的"瞒天过海"骗局——"肉馅行动",并且最终让希特勒大上其当。1956年,好莱坞以此为主题拍摄了经典影片《冒充者》(又译《谍海浮尸》)。在这次行动中,起了关键作用的是一具经过盟军情报人员精心"包装"的浮尸。多少年来,关于其真实身份一直众说纷纭,多数人倾向于他是一名酒鬼。直到2013年8月,一本最新出版的新书《"HMS Dasher"号的秘密》(The Secrets of HMS Dasher)中首次披露说,当年那具"谍海浮尸"的真实身份应该是于1943年阵亡的英国皇家海军少校约翰·梅维乐。如今时隔多年之后,梅维乐的女儿从英国皇家军队那里为亡父领取了一份迟到了的荣誉。

1943年,盟军在北非战场节节胜利之后,便开始盘算反攻希特勒的"欧洲城堡"，于是选中了意大利的西西里岛作为突破口。但是由于西西里岛历来地势险峻，而且当时为纳粹重兵把守，易守难攻，所以盟军想出了一个代号为"肉馅行动"（Operation Mincemeat）的调虎离山之计。1943 年 4 月30 日，盟军让一具男性浮尸随着海浪冲上了当时德军占领下的西班牙海岸。为了迷惑纳粹德军，盟军情报人员事先在男尸随身的公文包中装入一份事先伪造好的身份证，假称该男子是"威廉·马丁少校"。同时伪造的数份盟军机密文件还表明，盟军正准备大举进攻意大利的撒丁岛（而非此前德军一度猜测的西西里岛）。

马丁少校的真身梅维乐
生前与妻女合影

当地渔民发现了那具神秘浮尸之后，便将其连同随身的"机密文件"上交给了纳粹军官邀功请赏。同年5 月 12 日，得知此"重大情报"的希特勒如获至宝，大喜过望，立即下令对撒丁岛和希腊南部的伯罗奔尼撒半岛增兵防范。7 月 9 日，盟军发动了代号为"胡斯克行动"（Operation Husky）的闪电突袭，并一举攻克了战略地位十分重要的西西里岛。

后来的种种事实证明，由于纳粹德军将相当一部分防守大军分别分散到了科西嘉岛、撒丁岛和巴尔干半岛，从而避免了至少 3 万名盟军士兵在攻打西西里岛时白白送死的命运。

"中毒酒鬼"原是阵亡少校。多少年来，关于那场"肉馅行动"中神秘浮尸的真实身份一直都是一个不解之谜。虽然史学界历来为此众说纷纭，但是这么多年来人们似乎早已经达成一个"共识"：他是一个无家可归的威尔士酒鬼，名叫格林威尔·迈克尔。至于他的死因，要么是喝了耗子药自杀，要么则醉倒在谷仓时意外中毒。然而，对于这种所谓的中毒说，也有人质疑道，盟军为何要选择这样一具中毒尸体来迷惑狡猾的德军呢？因为后者只需做一个简单的尸体解剖，便可以让一场精心策划的 "肉馅行动"因此而流产。直到 2013 年 8 月，一本最新出版的新书《"HMS Dasher"号的秘密》终于解开了这个谜团。

据《"HMS Dasher"号的秘密》一书介绍，1943 年，经过改装后的英军"HMS Dasher"号航空母舰在驶经苏格兰克莱德海口时突然爆炸，当时正在舰上服役年仅37 岁的梅维乐少校不幸在灾难中当场身亡。之后，英国海军为他在附近海岸举行了隆重的葬礼，并且将其"遗体"安葬到了当地墓地。

然而让悲痛欲绝的家人们万万没有想到的却是，梅维乐的遗体其实并未入土为安，而是在经过一番让人匪夷所思的精心"包装"之后，悄然执行一项足以改变二战格局的神秘使命。据书中介绍,英军情报人员为梅维乐遗体穿上了一套英国皇家海军信使的制服,并且还在其手腕上紧紧地缠上了一个真皮制造的公文包。

此外,死者梅维乐被赋予了一个虚构的身份——"威廉·马丁少校"。公文包中的数份"机密文件"显示,盟军正准备大举进攻意大利的撒丁岛。更令人拍案叫绝的是,与这些"机密文件"同时放在一起的还有"马丁少校"女朋友写来的数封情意绵绵的"热辣情书",夹在里面的甚至还有一张曲线毕现的淑女泳照。而实际上,这些全是英军情报女秘书一手炮制的"杰作"!

"改头换面"的遗体在经过冰块冷藏处理之后,然后又被悄然送上了英军潜艇"六翼天使"("HMS Seraph")号,直奔地中海而去。在风浪的巨大推动之下,"威廉·马丁少校"的遗体最终随着海浪被冲上了当时德军占领下的西班牙海岸。就在浮尸漂向西班牙海岸后数天,英国首相丘吉尔收到一封加密电报,上写:肉馅被完整吞下。

元首心理分析影响历史:希特勒的心理分析报告

据有关资料报道:几年前,美国中央情报局将一份十分贵重的机密档案公布于世,在世界范围内引起震动。这是一份发生在二战期间的于1944年2月完成的调查分析报告,主要内容是有关德国法西斯头目希特勒的心理状况分析结果,以及对希特勒的战争发展变化心态的预测分析。据美方称,这份报告对于战略决策,促进战争取得巨大胜利,导致希特勒法西斯早日结束都发挥了重要作用。

1943年年底,第二次世界大战欧洲战场上的形势逐渐变得对同盟国有利,美、英、苏三国开始商定下步开辟第二战场,促使战争早日结束的方案。当时的主力军美军,对如何实施登陆作战却有两种不同意见:一派认为应及早登陆,时间最迟在1944年5月以前;另一派认为时间应在1944年8月以后。意见分歧的焦点是登陆能否对希特勒造成心理压力,达到不战而胜的目的。这样研究分析希特勒心理素质就成为确定登陆作战决策的重要依据,于是,时任美国总统罗斯福下令中央情报局以最短时间、最准确结果搞一份有关希特勒心态报告,以决定登陆作战时间。

中央情报局接受任务后,立即组成强有力人员,于1944年1月开始展开工作。为了搜集到有价值的材料,他们不惜血本,动用了几乎所有潜伏在纳粹德国的高级间谍。1944年2月下旬,一份详尽完整的《希特勒性格特征及其分析报告》摆在了罗斯福总统的办公桌上。报告提供的最令人意外的事实是,希特勒这个留着一撮小胡子、终日一脸正经的"元首"在他当权后曾多次做过隆鼻手术,他的鼻子不断加高。这一"偏好"来自他的种族主义理论:作为一名日耳曼人,有一个高挺的鼻子会给人以"刚毅自信、勇敢无畏、英勇善战"的感觉。不过希特勒对手术是严格保密的,他不想让自己的臣民们知道他们"至高无上"的元首居然像女人一样钟情于美容,一身女人气。

希特勒有严重的牙痛病,就医拔牙时,他往往痛得尖声号叫,但他拒绝麻醉,他认为,麻药会使自己"变傻",这让牙医十分为难。令人难以置信的是,这个杀人魔王居然患有轻度的"晕血症",他一见到血,特别是见到人的鲜血就会感到十分恶心。只是他的这个毛病未向外界隐瞒,并且给予宣扬,用他的宣传部长戈培尔的话讲:"这是元帅的'仁慈','有恻隐之心'"。另一个事实是,希特勒下令毒死几十万犹太人的同时,对动物倒是怜悯有加。他有一个庞大的鸟类养殖场,一只死鸟也会使他伤心落泪。希特勒一生没有驾驶过汽车,但他却有一个奇特爱好,就是在夜深人静后,让他的司机拉着他以超过 100 千米/时的速度在柏林大街上飞驰。以当时的驾车技术、路况来看,开这个速度的飞车实在太危险了,他的两名司机都因紧张过度而导致精神失常。不过,在大众场合,希特勒的车速严格控制在 37 千米/时以内。希特勒对别人的手指和自己的手指十分着迷和苛求,如果他和一个人交谈时,突然莫名其妙地转身走开,那多半只有一个原因——他不喜欢对方的手指。希特勒对会议用的长桌特别注重,德国一些优秀的木匠常被召进总理府打制长桌,在造型和风格有了保证后,谁做的桌子越长他就越欣赏谁,他有一长会议桌,长达近 20 米。希特勒的肌肉原来并不发达,50 岁后更是日渐萎缩,因此即使在夏天,他也从不穿短袖衣,而给他洗澡的仆人则必须对他的身体保密,否则就有杀身之祸。

关于希特勒执政前的性格特征少有报道,只有两条有分析价值。 是他一生对女人没有好感,但却曾经在年轻时狂热地爱上他的外甥女,他的狂热最终导致心上人的自杀。而与他一起自杀的情妇爱娃,实际上他对她仅仅是肉体上的需要,并无真正的情感,更谈不上爱情。二是他年轻时为了糊口曾画了许多色情画出卖,当权后他又极其秘密地派人以高价购回销毁。根据希特勒以上的行为表现,中央情报局的心理分析专家做出希特勒有极其严重的心理障碍的论断,他们的依据是:希特勒身负重大职责,却选择"午夜飞车"的方式来排泄心理压力,说明他的内心压力已十分严重;与亲外甥女的恋情说明希特勒心理变态,而这场恋情失败肯定会给其留下难以消除的心理阴影和挫伤;希特勒不厌其烦地做隆鼻手术说明他有一种畸形的虚荣心;希特勒对动物的反常"柔情"和对他人指甲的过分苛求,说明他有严重的女性化心理,是外强中干。

根据心理专家的分析判断,美国军方统帅机关认为,不必要等苏军在东线取得重大战绩，美军就完全可以尽早在西线登陆作战，开辟第二战场，这样无论军事上效益如何，对希特勒的心理打击将是巨大的，可以导致其因心理压力大而行为失常，决断、指挥失误，这就等于取得了作战中的巨大胜利。统帅机关的西线登陆作战报告罗斯福总统仔细阅读了数遍，认为正确可行，同意行动方案并下令执行行动方案。英美军队 1944 年上半年即在西线登陆，并与苏军配合作战，形成东西两线夹击之势。正是这种战场巨大压力，使希特勒从压力重重到万念俱灰，最终自杀身亡。一个不可一世的法西斯头目，在科学决策面前走到了自己罪恶的尽头。

优待战俘政策瓦解敌心：日军战俘的改造

1937 年 7 月，中国全面抗战爆发后，随着八路军、新四军在抗日战场上歼敌数量的不断增多，抓获和俘虏的侵华日军官兵人数也呈逐年增多趋势。据相关资料统计，从 1937 年 8 月到 1945 年 8 月的八年抗战中，八路军和新四军共计俘虏侵华日军官兵 7118 人，其中，八路军俘获日军 5096 人，新四军俘获日军 2022 人；八路军冀中军区自 1938 年起 3 年中俘获日军官兵 60 多人；八路军在 1940 年至 1941 年的百团大战中，俘获日军 281 人；八路军一二〇师在 1942 年的田家会战斗中，俘获日军 100 多人。

随着八路军、新四军俘虏的日军官兵越来越多，战俘处理问题已迫在眉睫。为此，八路军总司令朱德、副总司令彭德怀于 1937 年 10 月 25 日发布了处理俘虏的 6 条命令：一是不杀敌军俘虏，优待俘虏；二是不取俘虏财物，唯军用品应没收之；三是医治敌军伤兵；四是在可能条件下，将俘虏放回，并给路费；五是愿在我部队服务者，给予适当工作；六是不干涉俘虏的宗教信仰。这 6 条命令明确了抗战时期中共军队对日俘虏政策的基本精神。随后，中央军委发出《中央军委关于俘虏敌伪纪律的指示》，中央书记处发出《中央关于瓦解敌军工作的指示》、八路军总政治部发出《政治部关于对日俘虏工作的指示》，使中共军队对俘虏政策不断完善和发展。

在党的对日俘虏政策的指导下，八路军、新四军先后在抗日前线进行了大量的对敌政治宣传工作，日军俘虏逐渐增多，到 1941 年 5 月已达 1800 多名。这些战俘除一部分释放或转交国民党统战部外，大部分仍留在八路军中。他们虽然

日本反战同盟在集会

来到八路军中,但在日本军国主义的长期毒害下,思想仍然十分顽固、反动,仍然继续站在与中国人民为敌的立场上,亟待加以教育改造。

但鉴于大部分日俘分散在八路军前线各部队中,缺乏一个比较安定的改造环境。八路军敌工干部相对不足,工作比较繁重,力不从心。同时,八路军中还有许多业已改造的日本士兵,他们绝大部分参加了在华日人的反战组织。这些日本士兵,虽然已经得到初步的改造,但从总体上看,他们的政治思想、理论水平都不是很高,不适应反战工作的需要。他们曾多次向八路军方面提出要求,希望有一个重新学习的机会。

就在不断俘虏日军官兵的时候,一位名叫野坂参三的日本共产党人来到了延安。野坂参三是日本共产党的创建者和领袖之一,由于在日本国内领导反战运动,曾多次被捕。出狱后,野坂参三被任命为日共驻共产国际代表。1940年3月,野坂参三放弃了在共产国际的优越生活,从莫斯科来到延安。在延安,野坂参三化名为"林哲",并且将自己的日本名字改为"冈野进",直到二战结束后才恢复了真名。1945年4月,在延安召开了中国共产党第七次全国代表大会,野坂参三作为日共代表应邀出席,并在大会发言。他在题为《建设民主的日本》的演说中,阐明了日共反对日本军国主义的坚定立场。在大会期间,《解放日报》还刊登了野坂参三与毛泽东、朱德在一起的木刻像。

野坂参三来到延安后,改名为"冈野进",与中共中央、总政治部敌工部领导商谈了日军战俘的教育管理问题,并亲自找在延安的日军俘虏中的反战进步分子谈话,了解俘虏的教育情况。野坂参三认为:"那些离开日本军队、放下武器、脱掉军装的日本工人和农民,只不过是帝国主义战争的牺牲品,只要唤醒他们的阶级觉悟,使他们认识到侵略战争的本质,他们迟早会成为反战的和平战士。"经过半年多的调查研究之后,1940年10月,野坂参三向毛泽东写了一封信,建议中共中央在延安成立一所专门学校教育改造日军战俘。

这一建议与中共中央的想法完全一致。毛泽东对此非常重视,并亲自将这所学校定名为"日本工农学校"。延安"日本工农学校"是中共中央、中央军委创办的一所正规的政治学校,具体工作由八路军总政治部负责领导。总政治部主任王稼祥、副主任谭政和敌工部长王学文等直接参与领导工作。

"日本工农学校"位于延安宝塔山下,与陕甘宁边区政府、马列学院、民族学院、新华社、解放日报社、抗日军政大学为邻,共有16个窑洞和一栋不大的平房。包括校长和炊事员在内,全体工作人员仅二十来人。工农学校校长由野坂参三担任,八路军一二〇师三五九旅政治部敌工科科长赵安博任副校长,分管行政和教务。

1943年4月后,改由总政敌工部副部长李初梨兼任副校长。王学文、何思敬、李初梨、廖体仁、江右书等担任各科教员。在教员中,除野坂参三外,均为曾留学日本的精通日语的中国人。学校从 1941 年 5 月 15 日正式开学到抗战胜利结束共存在 5 年左右,最初仅有学员 11 人,到 1945 年 8 月学员增至 300 多人。

据日军战俘香川孝志后来撰文回忆说,他被俘之后,共产党敌军工作部的一位负责干部对他说:"当了八路军的俘虏,要是被日军知道了会连累你在日本的家属,现在要立即换个名字。"对于这种周到的安排,日军战俘大多心存感激,很快在心理上拉近了与八路军的距离。学校趁热打铁,立即展开了一系列收心稳定工作。首先是召开入学大会,欢迎日军战俘入校学习;接下来就是张榜公布禁止伤害或侮辱战俘,严禁没收或损坏战俘的私人物品,对伤病战俘给予特别照顾和适当医疗等管理规定;最后再通过谈心了解情况,逐个解除他们精神上的紧张不安,消除他们心理上的敌对情绪。香川孝志感慨地说:"当时,促使我们情绪和感情上发生变化的主要因素,是我们接触到了八路军战士的诚实与亲切的态度。如果光靠道理说服,就会引起反感。"香川孝志的这段话也充分反映出了当时日军战俘的普遍心理。八路军指战员以真心诚意的实际行动,逐渐打开了日军战俘的心结。

当时由于日军严密封锁等因素,延安的物质条件十分艰苦,但对日军战俘的物质生活却做了特殊优待。1941 年 9 月,八路军总政治部专门发布了《关于日本俘虏优待办法的规定》:日军战俘的伙食费标准比我军官兵的高一倍;年节、纪念日时进行会餐;粮食供应机关,应尽量拨一部分白面、大米;衣、被、鞋、袜应按需优先发给。

据史料记载,当时延安"日本工农学校"的学员津贴每月 3 元,相当于八路军师级干部的补贴标准。毛泽东、朱德此时的生活补贴也只有 5 元,士兵 1 元。日本工农学校学员生活实行供给制,每人每月大米 15 斤、面粉 15 斤、猪肉 3 斤、蔬菜 30 斤等。而当时八路军的生活条件非常艰苦,干部战士主要吃小米、黑豆等杂粮,有时没有粮食只得靠野菜充饥。而对日军战俘尽量供应大米、白面,并想方设法弄些鸡、鱼、猪肉。在一般情况下,每天两餐有大米、白面,有时还买些水果、白糖供给他们。就餐尽量照顾日本人的习惯,实行分餐制,一人一份。

1941 年年初,因日寇加紧对抗日根据地的进攻和国民党反对派的封锁,陕甘宁边区政府面临严重的物资困难。尽管如此,边区政府仍把"日本工农学校"作为第一类供给单位,尽最大可能提供所需物品。日本学员们的伙食也不断改善,主食由小米改为白面,一天两顿肉菜,每周吃一回大米,喝一次酒。刚从日本军队过来的学员见此情况不禁感叹:"那边的伙食太差了,我们都吃不饱。像这里的伙食,在那边不要说吃,就连看都看不到。"

据统计,1940 年到 1945 年间,近 500 名日军战俘先后来到延安"日本工农学校"学习,他们随后参加了八路军、新四军及反战组织,36 人牺牲。

在战争边缘的心理较量：古巴危机

1962 年 10 月 16 日至 28 日的 13 天里，加勒比海地区发生了举世震惊的古巴导弹危机，苏联在古巴部署导弹，美国随即以动用核弹要挟，核战一触即发。古巴导弹危机被视为冷战的顶峰和转折点，人类社会从未如此接近一场毁灭性核战争的边缘。最终，美苏各自做出让步，古巴导弹危机和平化解。

古巴导弹危机漫画

当时，美国和苏联的对抗曾差一点引发核战争，将整个人类带往末日。几年前，在约翰·肯尼迪总统图书馆，肯尼迪总统的弟弟罗伯特·肯尼迪的几千份草稿、信件、电报和手稿首次展出，其中包括了一份特别的演讲草稿，将我们的记忆拉回到这一史上最危险的时刻。

即使事情已经过去了 50 多年，但现在，世界仍然在学习研究，当时到底是怎样在 13 天内制止了一场即将爆发的核战争。

"同胞们，带着沉重的心情，为了履行我在宣誓就职时的安全承诺，我宣布，为了消除古巴境内的核武器，我们将对古巴开展常规武器战争。现在，美国空军已经出发了。"1962 年 10 月，肯尼迪总统差一点就以上述语句宣布第三次世界大战。他原本打算，如果携带着核战略导弹的苏联船只到达古巴，他就发表这份演讲，宣布攻打古巴。当然，这些话最后并没有讲出口。

这份演讲草稿是罗伯特·肯尼迪的遗产，他曾在约翰·肯尼迪任内担任美国司法部长。历史学家迈克尔·多布斯认为，"司法部长"只是个虚名，罗伯特·肯尼迪不仅是总统约翰·肯尼迪的弟弟，也是他最亲密的顾问、最信任的人。多布斯指出，就算罗伯特·肯尼迪只是随手画点东西，人们也能从中看出他当时都在想些什么，还能了解到他哥哥的想法。

罗伯特·肯尼迪的手稿向我们展示，当时的形势已经走到了战争的边缘。如果在美国侦察机发现苏联偷偷带核弹头的导弹前往古巴后的第一个 48 小时内，肯尼迪总统采取行动，罗伯特·肯尼迪毫不怀疑，他的哥哥约翰·肯尼迪会选择对导弹基地实施空袭，然后派兵进入古巴。他在他的笔记中写道，"如果我们真的去古巴，我们的路会走得很艰难"。

哈佛大学教授、古巴导弹危机研究专家格雷厄姆·阿利森曾撰文指出，当时古巴境内有约 100 件战术核火箭,由导弹基地现场的苏联指挥官控制,如果美国真的发动空袭并入侵古巴,肯定会遭到反击。而当时,约翰·肯尼迪完全不知道这 100 件战术核火箭的存在。

阿利森教授认为,美国有可能使用核武器,但这无疑会引发苏联更进一步的核反击。

当时,白宫里分成两派,一派主张必须对古巴进行军事打击。五角大楼、参谋长联席会议坚持先发制人打击古巴是唯一的方法。空军将军柯蒂斯·勒梅强烈主张"发动军事攻击是必不可少的",另一派则主张加强对古巴的各项封锁。但是当时的官员们使用的是"隔离"一词,而非"封锁"。

展品里有一张白色的纸,那是 1962 年 10 月 16 日古巴导弹危机的第一天,在讨论会议上,肯尼迪在纸上写了两列字:"支持对古巴进行封锁"和"支持军事打击"。"这很有趣,可以从这份手稿上看到,当时这两种方案分别有哪些支持者。"多布斯说。当然,"封锁"这个方案最后胜出了。后来肯尼迪选择进一步加强对古巴的海上封锁,而不是进行空中打击。

然而,苏联并没有退让,反而加快在古巴的导弹基地建设。于是,美国的空袭计划又重新被提了出来。国防部长罗伯特·麦克拉马拉坚持,对导弹基地实施空袭后,必须"入侵"。据估计,这个对古巴的行动计划需要 500 架轰炸机和 9 万名美国士兵。

10 月 23 日晚间,苏联和美国的船只在海上对峙。1962 年 10 月 24 日,罗伯特·肯尼迪写道:"危险和疑虑就像云一样压在我们头上……我认为,这几分钟的时间是他整个总统生涯里最忧虑的时间。他用手捂住嘴,捏紧了拳头……我觉得好像来到了悬崖的边缘,无路可走。"在剑拔弩张的时刻,几艘苏联船只选择停驶并转身后退,而不是继续挑战美国的封锁线。双方避免了一次可能的冲突。

罗伯特·肯尼迪后来评价说,在导弹危机期间给约翰·肯尼迪提供建议的国家安全委员会、执行委员会成员都是"有智慧、有献身精神的人,他们每一个人都对美国有深深的感情,但如果他们中的六个做上总统……世界也许早就被炸毁了。"

1989 年,美国与当时的苏联在一次会议上反思 1962 年的古巴导弹危机。期间,与会的哈佛大学肯尼迪政府学院前董事布鲁斯·阿林和罗伯特·麦克拉马拉以及苏联领导人赫鲁晓夫的儿子谢尔盖·赫鲁晓夫一起吃饭。那时,谢尔盖刚刚改编完他父亲的回忆录,阿林博士也刚出了本有关古巴导弹危机的新书《世界末日的边缘》。阿林回忆说,谢尔盖凑到他身边来,悄悄地告诉他:"你要知道,当时是菲德尔·卡斯特罗(古巴领导人)想要先发制人,对美国发动军事打击。"

赫鲁晓夫的回忆录也证实了这一说法。当时，卡斯特罗曾发电报警告赫鲁晓夫，美国对古巴的入侵已近在眼前，并请求苏联先发制人对美国进行核打击。卡斯特罗写道："如果美国真的不顾国际道德、违反国际法，向古巴出兵，那就到了我们利用核武器反击并消灭他们的时刻。尽管这种解决办法非常残酷、非常可怕，但我们别无他选。"

阿林博士认为，这份电报给了赫鲁晓夫"彻底的震撼"。回忆录上记载着赫鲁晓夫看到电报后的反应——"难道他是想我们开打一场核战争吗?这简直是疯了!"面对一触即发的战争，其实赫鲁晓夫和肯尼迪一样地着急。

在回复卡斯特罗的电报里，赫鲁晓夫明确表达了他拒绝对美国发动军事打击。"你很清楚你要的是什么，不仅仅是一次军事打击，而是发动一场核战争。亲爱的卡斯特罗同志，尽管我理解你的动机，但我不会赞成你的提议。"

由于苏联没有和卡斯特罗商量便突然宣布撤走在古巴的导弹布置，卡斯特罗一直记恨于心，即使过了多年，他仍拒绝赫鲁晓夫的儿子谢尔盖来哈瓦那参加古巴导弹危机会议的签证申请。

由于美苏双方的军事行动逐渐走向核战争，肯尼迪总统和赫鲁晓夫也迫切地寻找着另一种解决方法。

10月26日，肯尼迪总统收到一封赫鲁晓夫私人信件。信中，赫鲁晓夫告诫肯尼迪总统"战争像绳子上的一个结，你不要再拉绳子，因为我们两个人拉得越紧，结就会越紧"。罗伯特·肯尼迪在笔记上强调了这句话。

五角大楼预计，如果最后核战爆发，超过150万人将因此死亡，整个北半球都将迎来"核冬天"。在最后的时刻，两国领导人终于做出艰难的抉择，都选择了让步。因为他们俩都看到了事态发展下去的严重程度，没有人愿意让自己成为数以百万计的人突然死亡的负责人。肯尼迪总统派出他的弟弟罗伯特·肯尼迪作为使者，向当时的苏联驻美大使阿纳托利·多勃雷宁传达了最后的条件。赫鲁晓夫接受了这些条款，古巴导弹危机最终以非战争的形式结束。

在罗伯特·肯尼迪的笔记里，他也记录了和多勃雷宁大使会面前的准备，他强调，"会面的目的是要强调危险"。

解决这次危机的是一系列公开的、私人的和秘密的退让——如果赫鲁晓夫同意从古巴撤回导弹，美国承诺绝不入侵古巴，并将在6个月内撤走布置在土耳其的北约导弹。私下里，罗伯特·肯尼迪警告说，如果赫鲁晓夫不在24小时内撤销导弹，美国将单方面采取行动，消除它们。

尽管这13天已经离我们越来越遥远，人们越来越难以相信，古巴导弹危机差点将美国和苏联推进核战争，但是历史学家无一例外，都认为这13天是人类有史以来最危险的时刻。

平常之处暗藏惊天阴谋：以色列酝酿闪击战

以色列在美国支持下，于 1967 年 6 月 5 日以闪击战的方式向阿拉伯国家发动了大规模的侵略战争。为了达成战争的突然性，以色列采取了一系列的心理战措施。

首先是 6 月 3 日（星期六）夜里，鹰派首领达扬在就任国防部长后的第一次公开演讲中发表了一次讲话。他知道，他的讲话马上就会通过电波发向全世界的各个角落。第二天清晨，《耶路撒冷邮报》作了如下报道："达扬国防部长说，对于埃及封锁蒂朗海峡的问题，以军事手段来对付已经为时太晚，而要采取外交行动。'我上任之前政府就采取了外交手段。我们一定要在外交上给予解决问题的机会……'"

达扬为了让人们相信他星期六所发表的声明，就让数千名以色列官兵休假，到周末热闹繁华的场所游玩，使人们感觉到没有开战的迹象。而且在各报星期天的晨报上都以照片的形式大肆报道了这些官兵在海滩和酒吧间游玩的情况。这不仅使以色列人，就连埃及的高级将领们也都松了一口气。在开罗的网球场上呈现出周末的一派欢乐景象。政府部门同往常一样，召开了内阁例会，发表新闻公报，公开宣布了讨论的主要议题是债券和税捐问题、移民和退伍军人的雇用问题、与比利时的文化交流问题、同秘鲁协作开发和平利用原子能的问题等等。第二天早晨，各报都发表了这些内容。以色列的记者、埃及的记者和从世界各地云集而来搜集战争情报的各种人，都同往常一样平平安安地度过了周末。

同政府上层的这些战略欺骗活动步调相一致，军队也在战术上采取了欺骗措施。只拥有小规模海军的以色列，为了把埃及海军的注意力从地中海吸引到红海方面来，利用少数几艘舰船扮演临时角色，反复暴露在公众面前，实际上是为了欺骗照相机的"眼睛"，而在幕后偷偷地循环进行同样的活动。也就是说在开战前几天，以色列海军就装扮成准备在以红海的亚喀巴湾为中心的地区实施登陆作战的样子，而且在昼间威风凛凛地从陆路将 4 艘鱼雷快艇运往埃拉特。到了晚上偷偷地掩盖好再运回原地，准备第二天再这样来回运送。就是这 4 艘鱼雷快艇一直在反复地进行这种行动。实际上，以色列的红海部队只有 3 艘鱼雷快艇。由于以色列海军的这一欺骗行动，在开战的前两天，迫使埃及的两艘驱逐舰从地中海调出，而这两艘驱逐舰却相当于埃及海军兵力的 30%。

以色列陆军的南线军队，为了不让埃及方面掌握到在西奈地区展开行动的地面机动部队的真实情况，让小规模的坦克部队在实际配备的后方地域上来回移动,并且在其周围堆着很多土堆,看上去好像有大规模的坦克部队正在那里集结。

开战前,沙隆将军为了使敌人误认为以色列西奈中部军队的进攻方向是西奈南部,他使用假坦克进行配备,假装其加强的部队能从两个方面展开作战,并且利用这种假象,成功地给埃及方面一种错误的印象,即他的主力部队在一旦有事的时候便可通过孔蒂拉向亚喀巴进攻。

以色列军队的空军与海军采取的措施相呼应,增加了对亚喀巴湾和红海地区的空中巡逻。以色列的战争计划是让人们认为,他们企图对西奈南部地区进行空中攻击。埃及方面已把第一线的 20 架苏制飞机从北部基地转场到南部基地。因此这 20 架非常重要的飞机,在开战的重要时刻没有发挥任何作用。不仅如此,而且当一听到紧急情况立即返航时,机场的跑道已被炸毁,不能着陆。正在急得团团转的时候,被正在那里等候的以色列空军飞机击落了。通常,在发动空中攻击之前,都要采取电子干扰措施,而以色列空军在 6 月 5 日 7 时 45 分发动的第一次空中攻击时,并没有实施电子干扰。而是出人所料以超低空秘密地采取海上迂回的航线,在埃军雷达显示器上没有丝毫显示就实施了攻击。这是因为,如果事前实施电子干扰,埃军必然会进入戒备状态,奇袭就难以顺利展开。这样,在开战后最初的 170 分钟内就在地面上成功地摧毁了埃及空军第一线飞机的 90%以上。这次初战的巨大成功,完全决定了 6 天战争在极其短暂时间内取得决战的胜利。

以色列为了应付国际舆论,以免遭到联合国的起诉而被谴责为“侵略者”,必须给人们是埃及方面首先动手的印象。6 月 5 日 7 时 55 分,以色列发出了第一次空袭警报。实际上,在 10 分钟之前,以色列空军飞机早已起飞离地。这个时候正好是埃及空军的飞机早晨巡逻完毕返回基地实施加油的空白时间,8 时 15 分,以色列广播电台突然中断了节目广播,由以色列国防部发言人向全体公民发表公告说,“为了对付埃及军队的攻击,现在战争已经开始了”。

同 1956 年发生的战争完全一样,以色列的奇袭,取得了令人惊奇的胜利。

第九章　中国古代心理战

在中华民族的历史长河中,心战代表了中国古代兵道的智慧,是达成"不战而屈人之兵"的最有效手段。历代兵家都主张把心战置于军事斗争的首要位置。早在2500多年前成书的《孙子兵法》中,就已蕴含了十分丰富的心战思想。"用兵之道,攻心为上,攻城为下""心战为上,兵战为下""不战而屈人之兵,善之善者也",这些精辟的论断,至今仍是古今中外的军事家和政治家在战争问题上推崇的最高原则、追求的最高境界。

与杀戮相加的兵战相比,心战优于兵战。中国古代心战从夏商周三代,一直到明清,其间既有心战的理论也有心战的实践,其内容丰富,斗争艺术高超。这些被我们先人称为"心战""攻心战"的诸多战例,至今还放射着智慧的光芒。它告诉我们这样一些道理:"兵本于不杀,武在于止戈",心战的精华就是最大限度地减少杀戮;没有心战支撑的兵战,是缺乏灵魂的心战,没有兵战显示威武的心战,不过是田畴草人;旷古至今,世界任何地方,没有不受心战干预的战争,凡推崇和实施心战者,无一不是"不战而屈人之兵""得人心者得天下",达到以小的代价换取大的胜利之目的。

中国古代心战经历了漫长的发展过程,其斗争艺术十分丰富,蕴含在历代经典兵书和战例之中,非常值得总结和反思。当今世界,随着以信息技术为核心的新军事革命的发展,在未来国际斗争和高技术局部战争中,心战的地位作用日益凸显,因此,对中国古代心战进行积极有益的探索,不仅对弘扬中国传统文化具有现实而深远的意义,而且对促进中华民族软实力的提高和对于军事斗争准备都具有十分重要的意义。

兵战心战相互交融配合:张兴世轻舟袭敌

公元465年(南朝宋明帝泰始元年),刘彧杀了哥哥刘子业,自己做了皇帝,建元泰始。刘彧称帝,引起全国性的变乱。长史邓琬拥立刘子勋在浔阳(今江西九江)称皇帝后,即派兵进到安徽繁昌、铜陵一带,直接威胁着刘的国都建康,迫使刘不得不用主力前往讨伐,于是便展开了一场狗咬狗的战争。

公元466年,刘子勋派孙冲之领兵占据了赭圻(今安徽繁昌县西南),又派刘胡率军屯驻鹊尾(铜陵县有鹊头山,江中有鹊尾洲),并在鹊头山对岸的湖口构筑了两座城寨,派大将袁统一指挥孙、刘二军,刘则令司徒建安王刘休仁统帅大军征讨,以龙骧将军张兴世率领水军沿江南下,一举攻克湖口附近的两座营寨,随后被阻于鹊尾洲,形成了对峙的局面。面对着两军胶着对峙的形势,张兴世建议说:"叛贼占据上游,兵势强盛,我军兵力与敌人虽然相持有余,但是进攻则不足,长期对峙下去,也难得取胜的良策。最好是用一支精干的部队,占据上游要点,切断敌军前后联系和粮草供应,这样就便于我寻找战机,出奇制胜了。"刘休仁欣然采纳了这一建议,并让张兴世尽快实施这一方案。

开始,张兴世打算领兵取大雷(今安徽望江县),可是考虑到兵力有限,又离主力过远,未敢贸然采取行动。后来经过勘察了解,决定强占钱溪。为稳妥起见,便找将领沈攸之商量。他说:"贵池东面45里处的钱溪,地形十分险要,江面狭窄,水流湍急,又有无数漩涡,来往的船只至此都要停泊,是敌人前后联系的咽喉要地,钱溪近处有横浦,可以隐藏船只,又同主力相距较近,便于接应。如用一支精兵占领后,就可以使叛军如骨卡在喉,难以吞吐,如此就不难寻求战机了。"沈攸之完全赞同这个意见,经过刘休仁的批准后,张兴世立即开始了实施强占钱溪的计划。

一天,张兴世派出几只轻快船只,突然向上游驶去。守军发现后,正要采取行动时,这些船只却又转了回来。如此一连数日,守军感到莫名其妙。开始,他们并不敢疏忽,每次都派出战舰监视,可是时间久了,也就习以为常,不再当作一回事了。守军将领刘胡多次到江边观察之后,轻蔑地对部属说道:"我从来没敢想过沿江而下直取扬州之事。张兴世何许人也,竟敢如此狂妄,妄图占据我的上游,未免太不自量力了吧!你们不必大惊小怪的,可以放心地让他去折腾。"主将这么一说,部属们就更加疏于防备了。在钱溪守军基本放松警惕之后,一天晚上,张兴世带领大批战船,乘风破浪,扬帆猛进。刘胡闻讯后,起初依旧是掉以轻心,未加理会,继而听说有大批战船在江面上行动,方才感到需要搞清对方的意图。于是派了一部分船只,沿着东岸急速前进,以监视敌船的行动。到次日黄昏,张兴世在景江浦停泊下来,监视的船只也立即停泊在对岸。深夜,张兴世偷偷派出准备好的70只战船,在勇将黄道标的率领下,迅速占领了钱溪,并立即修筑城寨,准备据守。天明后,张兴世发现停泊东岸的敌船并没有弄清自己的意图,依旧停在原地不动,于是立即令全部船只起航,向钱溪挺进,很快就进入了钱溪。跟踪监视的敌船,由于既弄不清对方的行动目的，又不明己方主将的意图，只得眼睁睁地看着张兴世的全部船只安然地进抵钱溪。

又过了一夜，张兴世在钱溪已经大体做好了防守的准备工作。刘胡方决定带领大军，水陆并进，攻打钱溪。张兴世的部属远远望见敌船朝钱溪驶来，一个个摩拳擦掌，纷纷要求出兵迎战。张兴世一边观望着敌船，一边对部下说："敌兵距我尚远，而且刚出战阵，正是士气旺盛、弓矢充足的时候，千万不可出战。现在应抓紧时间另修城寨，等候命令行动。"时隔不久，刘胡的船只进入急流漩涡中，由于船只较多，队形拥挤，行动十分困难，影响了行进的速度。刘胡的步兵先到钱溪后，看见江面水军还相距甚远，难以配合行动，又感到孤军进攻不易奏效，只在远处放了一通箭便撤退了，张兴世看到敌人水陆失去协同，立即下令攻击，勇将寿寂之、任农夫首先率领战舰分头冲杀出去，张兴世自己则率领战船跟进。此时，刘胡的水军正在与江水搏斗，已累得筋疲力尽，突然又遭到对方的勇猛冲击，哪里还有还手能耐？只得听任敌舰冲杀，结果自己的船只不是被夺走，就是被掀翻，最后江面上所剩无几。刘胡只好率领残留船只大败而归。

在浓湖(今安徽繁昌县西荻港)指挥作战的袁见钱溪被张兴世所控制，心中十分焦急。为了打通粮道，即令刘胡带领400只战船，再次攻打钱溪。刚从钱溪逃回的刘胡本已惊魂未定，闻听此信慌忙推扯，并声称身患疟疾闭门不出。袁明知刘胡惧战是真，生病是假，但又毫无办法。加之从陆地运送的粮食又被张兴世派兵截去，使他十分焦急，便愁眉苦脸地问谁能出战。谁知刘胡此时却挺身而出，自愿率2万水陆精兵前往。袁信以为真，当即调给他两万精兵，孰料刘胡却趁机率兵放火烧了营寨逃跑了。袁见此，自知大势已去，一面佯装大骂刘胡，一面假装去追，趁机却领着随从逃走了。将士们见主帅逃脱，也无心坚守，最后近10万大军统统投降了刘休仁。不久，刘休仁派兵杀死了刘胡，袁也被他的随从人员所杀，刘很快便获得了作战的主动权。

声东击西中的战术欺骗：耿弇计取济南郡

东汉光武帝刘秀于建武元年(公元25年)占领洛阳之后，便开始了消灭割据势力的战争。占据十二郡齐地(今山东半岛一带)的张步设立百官，自立皇帝，建都于剧(今山东寿光)，与刘秀相对抗。建武五年(公元29年)，刘秀派大将耿弇领兵前往讨伐。张步得知汉兵前来进攻，即令大将费邑领兵以主力屯驻历下(今山东济南县)及其以南的泰山、钟城等地，建立连营数十座，严阵以待。

耿弇率领大军渡过黄河后，即以迅雷不及掩耳之势直取祝阿。守军措手不及，弃城而逃。耿弇网开一面,让溃军退往钟城。钟城守军见溃军乱哄哄好似潮水般的涌入,于是也惊恐万状,未经战斗也弃城逃走。耿弇乘势而入,相机占领了祝阿、钟城。这时,耿弇认为,历下守将费邑联营结寨数十座,如果逐个攻打,兵力分散,旷日持久,必然会招致很大伤亡。搞得不好,还会受挫于坚城之下,陷入被动的局面。当得知巨里城的守将是费邑的弟弟费敢后,他便判定:围攻巨里,费邑必然来救,遂决定围城打援,引蛇出洞,拟在野战中歼灭费邑的主力。于是就领兵直逼巨里城下,并下令部队砍伐树木,堆积柴草,扬言要填平城壕,夷平巨里。城中守军见此情景,惶惶不可终日。耿弇从归降者口中得知费邑正在准备增援,知道敌人已经中计。为了使费邑深信不疑,他又下令所属各部限3日内将攻城器械准备完毕。就在上下非常紧张地进行攻城准备时,耿弇又有意地放走了一些俘虏。费邑从归俘中得知耿弇即将攻打巨里,就放弃了坚守阵地的作战方针,匆忙率领3万人马,日夜兼程地赶往巨里救援。耿弇探明费邑已经领兵出动,便兴奋地对部属们说:"费邑这条毒蛇果然走出洞来,钻入我们的圈套,这可就省劲了。望诸位齐心合力,争取一举破敌。"随即留下3000人马监视巨里,其余全部由他带领前往迎敌。费邑确信汉军正在围攻巨里,生怕行动迟缓巨里有失,就急急忙忙地长驱直入。正走之间,突然伏兵四起,人马顿时被汉军截为数段,首尾不能相顾。在一片混乱中,费邑战死,3万人马全部被汉军歼灭。耿弇令部属拿着费邑的首级到巨里城下示众。城里守军看到血淋淋的人头,人人亡魂,个个落魄。费敢自料不能支持,便仓皇地带领全部人马急速突围而走。耿弇挥军进击,以秋风扫落叶之势,连克敌营40余处,缴获军械物资不计其数,并占领了济南郡全部。张步为了阻止耿弇继续进攻,以1万兵力据守临淄,另派其胞弟张兰领精兵2万据守临淄西北40里的西安城。耿弇挥军进至两城之间的画中镇,切断了两城的联系,进而分别包围,中断了两城与剧城间的交通联络,声称夺取西安城,并限令部队务必在5日内做好一切攻城准备。张兰得知耿弇将要全力攻打西安城以后,便日夜不停地修筑营寨,积草屯粮,赶制弓箭,决定长期坚守。临淄守将仗着城高池深,本来就存有轻敌之心,又见汉军忙着攻打西安,便放松了戒备。第五日,耿弇却令全力攻打临淄。将领听到命令,还以为传话有误,忙去询问。耿弇见众将不解其意,就耐心地解释道:"诸位莫急,听我说明先攻临淄的道理。西安城虽小,但兵力众多,几日来又加强了守备,实难一举攻克。如今临淄守军兵力单薄,戒备不严,正好乘其不备发起猛攻,必然一举奏效。临淄被我攻取,西安守军自感孤立,张兰与张步已被我隔绝,互不知情,必然弃城逃跑。如此一来,我军一举两得,岂不甚好?如果先攻西安,急切难下,伤亡必多,即使攻取下来,张兰引兵到临淄合军据守,我军必然又要付出很大伤亡方能拿下临淄。再说我军深入敌境,运输困难,旷日持久,不战自困。我所以要声言先攻西安,只是用了一个声东击西之计罢了。没想到迷惑了敌人,也使诸位误以为真。"众将频频点头称赞。随即转兵攻打临淄,仅半天就歼灭了临淄守军。张步见汉军占领了临淄,自料难以坚守,便乘夜领兵逃往剧城。

耿弇进入临淄后,认为张步虽然连遭挫败,但兵力依然雄厚,决不可掉以轻心,遂决定仍谨守"攻城为下"的原则,设计取胜。为了激怒张步亲自前来反攻临淄,耿弇声言"我军连战皆捷,征战疲劳,无须急急忙忙地向剧城进发,可从容休整,量张步小子绝不敢轻易前来送死",张步闻讯暗自欢喜,随即让其3个弟弟张兰、张弘、张寿及部将重异分别带领所属人马出发先行,自己亲率中军在后,号称20万大军进到临淄城下,直逼汉营挑战,结果又被耿弇打得一败涂地。张步在走投无路的情况下,最后只得在平寿向汉军投降。至此,齐地12郡疆土全部归于刘秀。

风声鹤唳摧毁战斗意志:苻坚淝水被击溃

公元316年,在内乱外患的多重打击下,腐朽的西晋王朝灭亡了。随之而来的是出现南北大分裂的历史局面。在南方,公元317年晋琅玡王司马睿在建康(今江苏南京)称帝,建立起东晋王朝。其占有现汉水、淮河以南大部地区。在北方,匈奴、鲜卑、羯、氐、羌等少数民族首领也纷纷先后称王称帝,整个北方地区陷入了割据混战的状态。在这个动乱过程中,占据陕西关中一带的氐族统治者以长安为都城,建立了前秦政权。公元357年,苻坚自立为前秦天王。他即位后,重用汉族知识分子王猛治理朝政,推行一系列改革政治、发展经济和文化、加强军力的积极措施。在吏治整顿、人才擢用、学校建设、农桑种植、水利兴修、军队强化、族际关系调和方面均收到显著的成效,在一定程度上使前秦国实现了"兵强国富"的局面。

在这基础上,苻坚积极向外扩张势力。他先后灭掉前燕、代、前凉等割据政权,初步统一了北方地区。黄河流域的统一,使苻坚本人的雄心越发增大。他开始向南进行扩张,在公元373年攻占了东晋的梁、益两州,这样长江、汉水上游就纳入了前秦的版图。接着,前秦雄师又先后占领了襄阳、彭城两座重镇,并且一度包围三阿(今江苏高邮附近)、进袭堂邑(今江苏六合)。于是,秦晋矛盾日趋尖锐,终于导致了淝水大战。

苻坚让军事上的胜利冲昏了自己的头脑,孜孜于大起军旅攻打江南,统一南北。东晋太元七年(公元382年)四月,苻坚任命其弟为征南大将军。八月又委任谏议大夫裴元略为巴西、梓潼二郡太守,积极经营舟师,企图从水路顺流东下会攻建康。到了十月,苻坚认为攻晋的战略准备业已基本就绪,打算亲自挥师南下,一举攻灭东晋。

在兴师之前,苻坚将群臣召集到太极殿,计议发兵灭晋这一事宜。在这次殿前决策会议上,苻坚本人趾高气扬,声称四方基本平定,只剩下东南一隅的东晋犹在抗拒王命,现在他要亲自统率97万大军出征,一举荡平江南地区。群臣中少部分人附和苻坚的意见,秘书监朱彤奉迎说:陛下亲征,东晋如不投降只有彻底灭亡,现在正是灭晋千载难逢的良机。冠军将军慕容垂(鲜卑族)等人心怀复国的异志,也在会后鼓励苻坚出兵,推波助澜。

但是前秦的多数大臣对此却持有反对的意见。尚书左仆射权翼认为,东晋虽然弱小,但是君臣和睦、上下团结,这时尚不是进攻它的时机。太子左卫率石越也认为,晋拥有长江天险,又得到民众的拥护支持,进攻不易取胜。他们都希望苻坚能够暂时按兵不动,发展生产,整训部队,等待东晋方面出现间隙后,再乘机攻伐。但苻坚却骄狂地声称:"以我百万大军,把马鞭扔在长江中,也完全可以阻断长江水流,东晋方面还有什么天险可以凭恃的呢?"

苻坚见群臣反对他的攻晋决策,便结束朝议,退而与其弟阳平公苻融决断大计。苻融智勇双全,深得苻坚的信任。但这时他也不同意出兵,认为攻晋有三大困难:人心不顺;东晋内部团结,无隙可乘;前秦连年征战,军队疲惫,百姓厌战。建议苻坚放弃马上攻晋的计划。同时苻融也清醒地看到前秦表面强盛的背后,是民族矛盾、阶级矛盾的尖锐激烈。他向苻坚指出:如今鲜卑、羌、羯等族的人,对氐有灭国之深仇,他们正遍布于京郊地区,大军南下之后,一旦变乱发生于心腹地区,那时就追悔莫及了。为了说服苻坚,苻融还把苻坚最为信任的已故丞相王猛反对攻晋的临终嘱咐抬了出来,可是苻坚仍听不进去,他固执地认为,以强击弱,犹"疾风之扫秋叶",垂危的东晋政权可以迅速消灭。

为了劝阻苻坚南下攻晋,前秦的众多大臣进行了最后的努力。他们针对苻坚信佛的特点,通过释道安进行劝说。道安规劝苻坚不要攻晋;如一定坚持攻晋,您苻坚也不必亲自出征,而宜坐镇洛阳,居中调度,进攻和诱降双管齐下,以争取胜利。苻坚的爱妃张夫人和太子宏、幼子诜也都一再相劝,但是苻坚对这些依然置若罔闻,决意南下。

太元八年(383年)七月,苻坚下令平民每10人出兵1人,富豪人家20岁以下的从军子弟,凡强健勇敢的,都任命为禁卫军军官。并扬言说:"我们胜利了,可以用俘虏来的司马昌明(即晋孝武帝)做尚书左仆射,谢安做吏部尚书,桓冲做侍中。看情况,得胜还师指日可待,可提前替他们建好官邸。"志骄意满之态,溢于言表。

八月,苻坚亲率步兵60万、骑兵27万、羽林郎(禁卫军)3万,计90万大军,在东西长达几千公里的战线上,水陆并进,南下攻晋。东晋王朝在强敌压境、面临生死存亡的紧急关头,决意奋起抵抗。他们一方面缓解内部矛盾,另一方面积极部署兵力,制定正确的战略战术方针,以抗击前秦军队的进犯。

晋孝武帝司马曜在谢安等人的强有力辅弼下任命桓冲为江州刺史,控制长江中游,阻扼秦军由襄阳南下。任命谢石为征讨大都督,谢玄为前锋都督,统率经过7年训练,有较强战斗力的"北府兵"8万沿淮河西上,遏制秦军主力的进攻。又派遣胡彬率领水军5000增援战略要地寿阳(今安徽寿县),摆开了与前秦大军决战的态势。

同年十月十八日,苻融率领前秦军前锋攻占寿阳,生擒晋平虏将军徐元喜等人。与此同时,慕容率部攻占了郧城。晋军胡彬所部在增援的半道上得悉寿阳失陷的消息,便退守硖石。苻融又率军尾随而来,攻打硖石。苻融部将梁成率兵5万进抵洛涧,并在洛口设置木栅,阻断淮河交通,遏制从东西增援的晋军。

胡彬困守硖石,粮草乏绝,难以支撑,便写信请求谢石驰援,可是此信却被前秦军所截获。苻融及时向苻坚报告了晋军兵力单薄、粮草缺乏的情况,建议前秦军迅速开进,以防晋军逃遁。苻坚得报,便把大部队留在坎城,亲率骑兵8000驰抵寿阳,并派遣原东晋襄阳守将朱序到晋军中劝降。朱序到了晋军营阵后,不但没有劝降,反而向谢石等人密告了前秦军的情况,并建议谢石等人不要延误战机,坐待前秦百万大军全部抵达后束手就擒,而要乘着前秦军各路人马尚未集中的机会,主动出击。他指出只要打败前秦的前锋,挫伤它的士气,前秦军的进攻就不难瓦解了。谢石起初对前秦军的嚣张气焰心存一定的惧意,打算以固守不战来消磨前秦军的锐气。听了朱序的情况介绍和作战建议后,便及时改变作战方针,决定转守为攻,争取主动。

十一月,晋军前锋都督谢玄派猛将刘牢之率领精兵5000迅速奔赴洛涧。前秦将梁成在洛涧边上列阵迎击。刘牢之分兵一部迂回到前秦军阵后,断其归路;自己率兵强渡洛水,猛攻梁成的军队。前秦军腹背受敌,抵挡不住,主将梁成阵亡,步骑5万人土崩瓦解,争渡淮水逃命,1.5万多人丧生。晋军活捉了前秦扬州刺史王显等人,缴获了前秦军的大批辎重、粮草。洛涧遭遇战的胜利,挫抑了前秦军的兵锋,极大地鼓舞了晋军的士气。谢石乘机命诸军水陆并进,直逼前秦军。苻坚站在寿阳城上,看到晋军部阵严整,又望见淝水东面八公山上的草和树木,以为也是晋兵,心中顿生惧意,对苻融说:

"这明明是强敌,你怎么说他们弱不堪击呢?"

前秦军洛涧之战失利后,沿着淝水西岸布阵,企图从容与晋军交战。谢玄知己方兵力较弱,利于速决而不利于持久,于是便派遣使者激将苻融说:"将军率领军队深入晋地,却沿着淝水布阵,这是想打持久战,不是速战速决的方法。如果您能让前秦兵稍稍后撤,空出一块地方,使晋军能够渡过淝水,两军一决胜负,这不是很好吗?"前秦军诸将都认为这是晋军的诡计,劝苻坚不可上当。但是苻坚却说:"只引兵略微后退,待他们一半渡河,一半未渡之际,再用精锐骑兵冲杀,便可以取得胜利。"于是苻融便答应了谢玄的要求,指挥秦军后撤。前秦军本来就士气低落,内部不稳,阵势混乱,指挥不灵,这一撤更造成阵脚大乱。朱序乘机在前秦军阵后大喊:"秦军败了!秦军败了!"前秦军听了信以为真,遂纷纷狂跑,争先逃命。东晋军队在谢玄等人指挥下,乘势抢渡淝水,展开猛烈的攻击。苻融眼见大势不妙,骑马飞驰巡视阵地,想整顿稳定退却的士兵,结果马倒在地,被追上的晋军手起刀落,一命呜呼。前秦军全线崩溃,完全丧失了战斗力,晋军乘胜追击,一直到达青冈(今寿阳附近)。前秦军人马相踏而死者,满山遍野,堵塞大河。活着的人听到风声鹤唳,以为是晋兵追来,更没命地拔脚向北逃窜。是役,秦军被歼灭的十有八九,苻坚本人也中箭负伤,仓皇逃至淮北。

利用敌方矛盾实施攻心:烛之武哭退敌军

公元前 630 年,秦国和晋国联合进攻郑国。秦军驻扎在郑国都城的东边,晋军驻扎在郑国都城的西边。在团团包围之中,郑国君主文公连夜召集文武百官商量对策。

有个大臣说:"面对两大强国的左右夹攻,我国危在旦夕啦!但是,只要我们能够说服秦国退兵,敌手只剩下晋国,那么我国才能脱险。"

郑文公急切地问他:"您说派谁去劝退秦军呢?"那人推荐道:"大夫烛之武。"

半夜,天空漆黑一团。在城东,郑文公亲自把烛之武送到城楼上。他命令士兵拿来一只大筐,叫烛之武坐进筐中,上面用绳子吊着,把他徐徐下放到城外的墙根。烛之武偷偷地来到秦营中,一见到秦穆公就伤心地哭了起来。

秦穆公喝道:"你是什么人?深更半夜哭什么呀?"烛之武说:"我是郑国大夫烛之武,在哭我们郑国快要灭亡了。"

秦穆公说:"你怎么到我们军营里来哭呢?"烛之武说:"我也是来替你们秦国哭呀!"

"你这是什么意思?"秦穆公好生奇怪,"我们秦国快要打败你们郑国了,怎么要你来哭我们秦国呢?"烛之武说:"我们郑国的国土,和贵国并不相连。我们在东,你们在西,中间隔着晋国。所以,我国亡了之后,只能被晋国占领。那时晋国就会比以前更强大,而贵国也就相对地显得比晋国弱了。替别人打仗争土地,最后又拱手送给人家,这合算吗?再说,晋国的侵略野心,哪里有满足的日子,它东边灭了郑国,难道就不想向西边的秦国扩张了吗?"

秦穆公沉思了一会儿,说:"你说得对。"

烛之武说:"您如果肯解除对郑国的包围,我们郑国从此一定心向贵国,做个'东道主',贵国使者在东方道上往来经过的时候,郑国一定尽主人的责任,好好招待贵宾,这对你们没有什么不利啊!"

秦穆公立即答应撤兵,并且和烛之武歃血立盟。秦军悄悄班师回国,还留下杞子等三位将军,带领两千秦兵,替郑国守城。

晋国文公见秦穆公不告而别,只得也下令撤军。一场迫在眉睫的战争烟消云散。

情感笼络瓦解敌人士气:唐将高举义师旗

唐朝年间,镇守四川邛州(今四川邛崃县)的一名副将阡能率兵叛乱。阡能联合当地的罗浑擎、句胡僧、罗夫子、韩求等人,建营扎寨,抓捕百姓,抢劫财物,引起了四川一带极大的混乱。朝廷闻报后,委派高仁厚领兵前去平定叛乱,使四川百姓能够安居乐业。

唐军出发前,军营中忽然有人叫喊:"卖面啦!"巡逻的士兵发现这个人神色慌张,行为异常,就把他抓了起来。一审问,原来是叛军首领阡能派来侦察敌情的。高仁厚知道后,觉得这是宣传政策的好机会,马上叫左右给卖面人松绑,和气地问:"唐军与叛军相比,谁强大呢?"卖面人久久不吭声。高仁厚又问道:"你为什么要冒险闯入敌营?难道你不知道侦探军情是要杀头的吗?"卖面人说道:"我只是村里的一名普通百姓。前几天,阡能把我的父母、妻子都抓起来,关进了监狱。阡能要我收集你们军队的情况,详详细细地告诉他,他就放我的父母和妻子。否则,我们一家人都得被处死。我并不是甘心情愿做这种事的。"高仁厚听了,颇为伤感地说道:"如果真像你说的那样,我怎么忍心杀你呢?现在我放你回去救你的父母妻子。如果你愿意,你就当面对阡能说,唐朝平叛的军队明天就要出发了,只有500来人。你还可以告诉你的村子里人,我高仁厚十分可怜你们这些百姓,因为你们是受人要挟,身不由己。我领兵是来拯救你们的。当唐军到达时,只要你们放下武器,归降唐军,我就会在你们的背上写下'归顺'两个字,放你们回家,安居乐业。我率领军队平定叛乱,一定不会让广大百姓受到牵连的。"卖面人听了这话,"扑通"一声跪倒在地,连声说道:"你这些话,说到我们老百姓的心坎上了。你宽恕我们,我们谁不欣然从命呢?"说完,千恩万谢地走了。

阡能得知高仁厚只带了500来人,就派罗浑擎把守双流以西的五个寨,并在唐军经过的路上布下埋伏。可是这件事很快便被高仁厚知道了。高仁厚让士兵们换上老百姓的衣服,混进叛军之中,用对卖面人说的那些话去煽动叛军的士兵。叛军的士兵听了,个个拍手称快,有的当时就脱下军装,前来投降高仁厚,高仁厚见了这些降兵,派人在他们背上写了"归顺"二字,并让他们回去告诉村里其他人。那些人听了,也争先恐后地赶来投降。罗混擎见手下的人纷纷背叛了他,想趁机逃跑,可他还来不及逃脱,就被自己的部下抓了起来,押送给高仁厚。叛军在双流以西的5个寨不攻自破了。

第二天,高仁厚把投降的人集中起来,高声说道:"本来可以让大家回家了,可是前面各村的老百姓还不了解我们的政策。现在请你们到前面各村去,把你们背上的字给他们看,告诉他们快投降。过了前面几个村,你们就可以回家了。"于是这些人取出罗混擎的旗帜,颠倒着系在杆子上,5人一队,10人一组,一边走一边挥动旗帜高喊:"罗混擎已经被活捉了,大队官兵马上要到你们这里了。你们赶快像我们这样投降吧,'归顺'就可以安居乐业,太太平平地过日子了。"这一喊果然十分有效,好几个村寨中的人争相奔走,都来投降。叛军胡僧见下属纷纷投降,欲挥剑制止,也被投降的人用石块攻击,然后捆绑起来,押送给高仁厚。这一天,胡僧部下的5000人都投降了。

第三天,高仁厚又让投降的人举着旗帜来到新津去宣传。叛将韩求在新津设了十三座营寨。听说唐军到来,寨里的人都出来投降了。韩求被迫自杀。新投降的人要烧寨,高仁厚说道:"你们还没有吃饭吧?先把寨里的粮食取出来后再烧寨不迟。"大家争着去做饭,几批投降的人围在一起,共同进餐,欢歌笑语,彻夜不绝。天刚亮,高仁厚就让这些投降的人回家安心生产去了。

叛将阡能见未与唐军交手,就已失去了大半人马,心中十分恼怒。他和罗夫子一起,把全部人马集中起来,准备与高仁厚决一死战。谁知命令传下后却毫无反应。原来,他身边的人也受到高仁厚宣传政策的影响,整夜不睡,单等着唐朝的大军到来呢!最后他们活捉了阡能、罗夫子等头目,径去归降高仁厚了。高仁厚没费一兵一卒,只用短短的几天时间便彻底地平息了叛乱。

故意暴露破绽扰敌心智:孙膑减灶诱仇敌

孙膑围魏救赵的故事发生后,一晃13年过去了,魏国这次伙同赵国去攻打韩国,韩国频频向齐国告急求援。齐威王又派田忌为将,孙膑为军师,令他们前去救韩。

田忌有了"围魏救赵"的经验,胸有成竹,准备把计策再用一次,上千辆兵车驶出齐国国境时,田忌要指挥齐军急速行进直指魏都大梁,孙膑却让田忌叫大军早早安营扎寨。

田忌问:"军师,兵贵神速,怎么可以早早休息?"

孙膑说:"现在魏国刚刚向韩国发动进攻,如果我们急忙出兵相助,实际上就是我们代替韩国承受魏军最初的打击,不是我们指挥调度韩军,反而是听任韩军的指挥调度,所以说马上去奔袭魏都大梁是不合适的。只有当魏韩这两虎争斗一番以后,我们再发兵袭击大梁,攻击疲惫不堪的魏军,挽救危难之中的韩国,这样对我们才更有利。"于是齐军在路上磨蹭了一个多月,才向大梁发起攻击。

魏王见齐军打来,急忙命令庞涓从韩国回兵救魏,又派太子申为上将军,与庞涓合兵10万,抵抗齐军。孙膑知道庞涓的部队将到,向田忌献上"减灶诱敌"的妙计。

当魏齐两军刚刚遭遇,还没交锋,孙膑就下令部队撤退。庞涓追到齐军驻地,只见地上满是煮饭用的灶头,连忙叫士兵去清点,根据灶头的个数,庞涓估计齐军有10万之众。齐军一连三天急急退却,庞涓仍派人去数灶,第二天发现齐军留下的灶头数目,只够5万人煮饭了,第三天,减少到只够3万人煮饭了。庞涓得意地说:"我早就知道齐军胆小怕死,进入我国境内才三天,兵士就逃走了大半。"于是,他抛下步兵辎重,只带轻装健儿,昼夜兼程,紧紧追赶齐军。

这一天,齐军退到马陵道(今山东莘县境内),孙膑见这里路狭道窄,两旁又多险阻,很适宜设兵埋伏。计算庞涓的行程,估计他将在黄昏时可以赶到这里,就命令士兵砍下一些树木堵塞去路,又选了一棵大树,将那人树面对路的树干,砍去一大块皮,让它露出一大片光滑洁白的树身,然后在上面写上一行黑字。接着,孙膑命令一万名弓箭手夹道埋伏,对他们说:"等到魏军来到,大树底下有人点火,就万箭齐发。"

天刚黑,庞涓真的领兵追到马陵道。在士兵们搬拦路的树木时,有人发现路旁大树上的字,忙向庞涓报告。庞涓叫士兵点燃火把一看,上面写着"庞涓死于此树之下"几个大字,不由得大惊。此时,齐军伏兵对准火光处万弩齐发,箭如雨下,魏军死伤无数,庞涓也身中几箭,倒在血泊之中。他自知中计,绝难脱身,只得拔剑自杀。齐军乘胜追击,俘虏了魏太子申,彻底打败了魏军。

频繁袭扰制造心理紧张:刘锜偷袭破金兵

公元1140年(南宋高宗绍兴十年),大将刘锜奉命北上充任汴京副留守,率兵3.7万名沿江、淮水路向汴京进发。接近顺昌府(今安徽阜阳县)时,得知金国大将兀术已经占领汴京,正继续向南进犯。刘锜只得放弃北上计划,暂驻顺昌府。顺昌府太守陈规劝说刘锜一同坚守顺昌,誓死抗金报国。刘锜为陈规的抗金决心所感动,便留了下来,与陈规共同商定防御计划,并且仅用了6昼夜便完成了整个防御工程。

这时金兵已接近顺昌府,刘锜从俘虏口中得知,金兵的大本营驻扎在距城30里的白沙埚,他便主动出击,挫其锐气。当夜派出1000精兵前往袭击,首战告捷,大大振奋了士气。不久,数万名金兵气势汹汹地进抵顺昌城下,刘锜下令大开城门,任凭金兵行动。金兵见此情景,反倒疑心有诈,不敢迫近,只令部队在远处放箭。由于城上设有防箭的工事,金兵射箭反倒为宋军奉送了大批利矢,而城上射出的箭却矢无虚发。金军将领无心恋战,急忙下令撤退,刘锜立即派兵追击。金兵惊慌失措,狼狈溃逃,混乱中又相互践踏,死伤累累,还有不少士兵掉入颍河中淹死。金兵失利后,退驻距顺昌20里的东村周围,金将决心增加兵力器械,重新发起进攻。刘锜预料金兵不肯罢休,便先发制人,主动出击,破坏敌人的进攻。

一日黄昏,阴云密布,雷声隆隆,闪电不时地划破天际,照耀着庄严肃穆的顺昌城,也照亮了城外的金兵帐幕。刘锜心中一动,决定巧借闪电来破敌,他把勇将阎充叫来,令其带领500精兵前往东村袭击金营。阎充带着500壮士,乘金兵不备,分路摸进东村。500健儿闯进金营,劈面便是一阵大砍大杀。睡梦中的金兵金将被砍杀声和惨叫声惊醒过来,吓得心惊胆寒,乱作一团。金将仓皇下令退却,退去15里才立住脚跟。第二天,大雨终日不停,刘又想出一个利用雨夜袭杀金兵的计策。黄昏后,他选出了100名精壮的士兵,交代了任务,并让每人带着短刀一把,竹哨一个,乘着雨夜混入敌营。在敌营中,他们见闪电一亮,就吹起竹哨,猛砍猛杀,闪电一息,就立即潜伏不动。金兵先是惊恐慌乱,不知如何处置,随后也挥舞起刀枪奋力砍杀起来。黑夜中,他们分不清敌我,逢人便砍。结果,整整一个晚上,金兵都在火并不休,直杀得满营尸骸狼藉,血流纵横。宋军100健儿离开了金营,金兵还在不停地混战。好不容易等到天明,竟丝毫不见一个宋兵。金将怀着懊恼的心情退到老婆湾休整去了。

金军统帅兀术得知前锋部队多次受挫的消息后,大动肝火,亲率10万大军直奔顺昌城而来。宋军连连告捷,士气不断高涨,个个摩拳擦掌,誓与金兵决一死战。当金军接近顺昌时,刘锜派出两名勇士,让他们故意在战斗中落马被俘,以便给金兵提供假情报。这两名勇士依计而行,在兀术帐前受审时“供认”:刘锜是个花花公子,根本不会打仗。南宋派他作汴京副留守,不过是因其善于应付金朝罢了。兀术一听十分高兴,便产生了骄傲情绪,对刘锜就不在意了。刘锜便利用其傲慢情绪给兀术下了一道战书:“只要你敢渡过颍河作战,我愿架设五座浮桥,迎接你过河。”兀术看了战书,气得怒目圆睁,暴跳如雷,狂妄地说道:“小小的顺昌城,只要我的靴尖一动,就能将它一脚踢翻了,刘锜竟敢如此放肆!”立即回书说:“明天我大军便渡河决战。”过了一夜,刘锜果真替金军架了五座浮桥。金军浩浩荡荡地渡过颍河,向顺昌城发起猛烈进攻。在作战中,兀术发现部队病号突然猛增起来,那些没有病倒的将士也是懒懒散散,有气无力。他以为这是天气炎热,北方人不服水土所致,过几天就会好起来的。哪知道这是刘锜派人在颍河上游和金军作战地区的水井、池塘里投放了毒药造成的。金兵四肢无力,疲惫不堪,在炎热的天气里穿着沉重的铁甲,拿着笨重的兵器,行走都很困难,哪里还有力气战斗!刘锜为了制造有利战机,令部队上午严阵以待,轮番休息,等中午烈日当头,晒得汗流浃背、舌干唇焦之时,才派出精兵厮杀。每次出阵,都给金兵以很大的杀伤。刘锜还以声东击西的战法,派少数部队在西门大喊大叫向金兵冲击,及至金兵把注意力集中于西门时,宋军却不声不响地以数千之众,突然出南门从侧后冲杀过去,使金兵措手不及,顾此失彼,死伤惨重。兀术屡遭挫败,仍不认输,随即拉出了他的王牌军"铁浮图""拐子马",亲自出阵督战。可是这两支王牌军也因喝水中毒,只能在强行命令之下,摇摇晃晃地出阵对敌,结果也是一败涂地,伤亡十之八九。兀术自知败局难以挽回,领着残兵向汴京逃去。刘锜乘胜追击,又歼敌数万人。

大度犒敌致使主帅狐疑:弦高牛皮退秦师

公元前628年(鲁僖公三十二年),秦国派往郑国的间谍杞子托人捎信说:"现在我在郑国获取了郑穆公的信任,他让我掌管城门的钥匙。如果我国悄悄地发兵进攻,一定可以一举灭了郑国。"秦穆公得信后大喜,立即调动军队,准备进攻郑国。

秦国的蹇叔却不以为然,他劝阻秦穆公说:"我们与郑国相隔千里之遥,长途奔袭,军队疲劳,力量就会衰竭,不等我们到达郑国,郑国人早已加强了防范,我们就很难取胜了。大王还是放弃进攻郑国的打算吧!"秦穆公自恃有杞子作内应,不但不听劝告,还让蹇叔的儿子也随军作战。蹇叔送他儿子时哭道:"你们劳师袭远,郑国人一定会在崤山一带组织防御。那里曾经是周文王避风雨的地方,你们一定会有许多人死在那里呀!"

秦穆公不予理睬,依旧决定兵伐郑国。经过仓促的准备,秦国的军队浩浩荡荡地直奔郑国而去。当部队行至滑国时,碰巧被一位名叫弦高的郑国商人发现了,他本来是要赶着牛去滑国做生意的,闻知秦国要路经滑国去攻郑国,心中顿时十分焦急。他知道,大敌当前,自己的国君一定还不知道这十万火急的军情,根本没有迎敌的准备,若任由秦军袭击,后果必将不堪设想。为了使自己的国家不致遭到敌人的侵犯,弦高当机立断,一面火速派人回国报警,一面假扮郑国的使者,机智地与敌人周旋。

他驱赶着自己的12头肥牛,又带着四张熟牛皮,动身来到秦军的队伍前,不卑不亢地说道:"我们国君听说你们将率大军远道而来,特命我先送上牛皮四张、肥牛12头来慰问贵军将士。我们郑国国小民穷,没有什么好东西,只是为你们准备了仅够一天享用的食物。"秦军主将孟明听罢,心中暗暗吃惊,以为郑国早已做好了准备,便问道:"你怎么知道我们要去郑国?"弦高笑而不答。孟明越发觉得军情已经泄露,心中有些惊疑不定。

弦高救国

郑公得到了弦高的报告,当即对几个秦国的使者产生了怀疑。他派人到杞子的馆舍查看时,果然发现杞子早已准备好战车,磨好武器,喂好战马了。郑穆公当即传话给杞子说:"你们在郑国已经住得很久了,现在我国的干肉、粮食和牲畜都已竭尽了,你们还是回到秦国的射圃里去围猎麋鹿吧。这样也好让我们的射圃得到休息。"杞子等人听了,知道自己的阴谋已经败露,只好急忙逃离郑国。

秦将孟明在进军途中得知杞子已被郑穆公赶走,沮丧地说道:"杞子这个人成不了大事。现在郑国已经有了准备,不能再指望出奇制胜了。攻城吧,又没有后援之军,我们还是撤兵回国吧。"于是在一个夜里悄悄地撤走了。郑国遂得以保全。

煽起乡愁击中情感内心:汉军楚歌败霸王

公元前203年,项羽和刘邦在鸿沟订立了友好和约。但墨迹未干,刘邦就命韩信统军攻打项羽。

韩信归汉之前,曾在项羽帐下做过执戟小官,对楚军的实情和项羽的性格特征了如指掌。因此,他不以武力攻击项羽的锋锐,而用心理战去瓦解其军心士气。他先派李左车从事间谍活动,离间项羽与其部属的感情,制造矛盾,扰乱军心,又派人送去假情报,破坏项羽的战略部署。然后,韩信又通过许多心战手段广为宣传,表示汉军如何优待投降的楚人,如何给归来的楚人以自由等。

这时,霸王项羽还有几十万兵马和一大批能干的将士。他得到韩信屯兵垓下(今安徽省灵璧县东南)要来进攻的消息后,急忙率领10万大军前往垓下讨伐汉兵。到了城下,项羽以为汉兵远道而来,立足未稳,只要在垓下坚守一月,汉兵粮草接济不上,必然会不战自去。这个想法并不错,可是他万万未能料到自己的粮道早已被汉兵截断。霸王一连几天只叫将士守营,不准出兵应战。几天之后,将士们报告说:"三军没有粮,战马没有草,不如趁士气尚高,与汉兵拼个死活。"项羽不听。又过了几天,汉兵的声势越来越大,反而把楚军包围起来。这时,项羽的几位部将劝他赶快突围,项羽也认为只有这样才是上策,遂带领人马向汉兵冲去。可是打退一批又来一批,杀了一层又有一层。10万人马怎能敌得过韩信的30万大军?四面八方是敌人,霸王只好后撤,退回垓下大营。垓下是淮北平原上一个崛起的山岗,10万大军被围困在这里,人疲粮尽,一筹莫展。此时正值寒风凛冽的季节,项羽守着自己的营帐,忧心忡忡,夜不能寐。深夜,只听见一阵阵西风吹得树枝沙沙作响,风中还夹着歌声。他走出营帐,仔细一听,歌声是从汉营传来,唱歌的人还真不少,唱的都是楚人最爱听的歌曲。歌词曰:

"九月深秋兮四野飞霜,天高水涸兮寒雁悲伤!最苦戍边兮日夜彷徨,披甲执戟兮孤立沙冈。离家十年兮父母生别,妻子何堪兮独守空房。虽有腴田兮孰与之守,邻家酒热兮孰与之尝?白发倚门兮望穿秋水,稚子忆念兮泪断肝肠!胡马嘶风兮尚知恋土,人生客久兮宁望故乡?一旦交兵兮踏刀而死,骨肉为泥兮衰草濠梁。魂魄悠悠兮不知所倚,壮志寥寥兮付之荒墟。当此永夜兮追思反省,及早散楚兮免死殊方。我歌岂诞兮天遣告汝,汝其知命兮勿谓渺茫。汉王有德兮降军不杀,哀告归情兮放汝翱翔。勿守空营兮粮道已绝,指日擒羽兮玉石俱伤。楚之声兮散楚卒,我能吹兮协六律,我非冒兮品月阳,我非邹兮歌燕室。仙音彻兮通九天,秋风起兮楚亡日,楚既亡兮汝焉归,时不待兮如电疾。歌兮歌兮三百字,字字句句有深意,劝汝英作等闲看,入耳关心当熟记。"

项羽听到歌声,顿时愣住了。他张着嘴,说不出话来,心想:"完了!难道刘邦已经打下西楚?怎么汉营里能有这么多的楚人呢?"这时,项羽心烦意乱,借酒浇愁。他望着依在身旁的美人虞姬,摸摸跟他南征北战的乌骓马,不禁英雄泪下,慷慨歌道:"力拔山兮气盖世,时不利兮骓不逝。骓不逝兮可奈何?虞兮虞兮奈若何!"

项羽只知道刘邦的士兵大多是关中人,韩信的士兵大多是齐、赵、燕等国人,但却没有想到英布的九江兵是临近汉水的老乡,也会唱楚歌。韩信就利用他们教会了汉兵。他料到楚军听到歌声,必然厌战思乡,军心一乱,就会大批逃亡。为了加强歌声的效果,韩信还令士卒吹箫,依歌而和之,使歌声如泣如诉,使江东八千子弟无不肝肠寸断。乡愁既兴,儿女之情亦动,死生哀乐之念,就如闪电一般地击中了楚军将士的心,战斗精神自然也在楚军中荡然无存。将士们眼看着内无粮草,外无援兵,坚持下去只有等死。开头是三三两两地开了小差,后来干脆整批整批地溜走。跟随项羽多年的将军也暗暗地不辞而别了,就连项羽的叔父项伯也偷偷地离去了,大将们一走,士兵们一哄而散。项羽在四面楚歌中拔剑自刎,楚国随之灭亡。

运用理智冒险诈退强敌：孔明巧使空城计

诸葛亮北伐中原，由于错用了"言过其实，不可大用"的马谡，结果致使街亭这个战略要地失守，再无法进军取胜，而且随时有被魏兵堵截归路、全军覆灭的危险。

诸葛亮顿足长叹："大势去矣，这全是我的过错造成的！"为避免更大损失，忙安排人马，布置撤退。

为防魏军乘势追击，赶紧把关兴、张苞两员小将唤到帐前："你们二人各带三千人马，在武功山小路两侧布置疑兵。如果魏军来到，敌众我寡，切不可战，只大声击鼓呐喊，用疑兵计吓退他们即可。然后，急奔阳平关，撤回国内！"

又把张冀叫来布置："引部分军兵，快速修理剑阁通道，以为大军准备退路。"然后传令：大军悄悄收拾行装，分别从各自驻地快速撤回国内。

诸葛亮的中军营地彼时在西城县内，这是个弹丸小城，易攻难守。待诸葛亮把身边人马分派出去执行紧急任务之后，城中就近于空地了。正要拔寨撤离，忽然十几匹马飞跑进城来，马上士兵大汗淋漓、气喘吁吁地报告："司马懿亲率十五万大军，已向西城扑来，而且马上就要到了！"

这时，诸葛亮身边只剩下一些文官，连一员武将也没有。士兵也大多派出去，只留有两千老弱病残，根本无法作战。

众官员听到这消息，一个个吓得面无血色，一句话也说不出来。很明显，战不能战，逃也逃不掉——此地路径狭窄，唯一大道已为司马懿占住。再加上辎重行李多，马匹、车辆少，逃不出几里，就会被魏军铁骑追杀殆尽。

诸葛亮也十分紧张，忙登上城楼向外望。果然，西北方向尘埃冲天蔽日，已隐隐有大军奔走声如沉雷般而来；尘土起处更不时闪现魏军旗号，招摇挥动。

诸葛亮稍一沉吟，马上传下命令：把城内所有旗帜全放倒，藏匿起来！城内士兵，各自隐在驻地房舍、围墙内，不许乱动乱叫，如有违令不遵者，立斩！然后，又下令：大开东南西北四面城门，每一门前，派二十名老少军兵打扮成老百姓模样，洒水扫街，不许神色慌张，举措不

空城计

当。如果魏军冲到城前，也不能退入城内，仍要一如既往。

众人不解其意。诸葛亮微微一笑，胸有成竹地说："我自有退兵之法，你们不必惊慌。"说罢，披一件印有仙鹤图案的宽大长衫，戴一顶绸布便帽，让两个小童抱着一张琴、一只香炉，随他登上城楼，凭着楼上栏杆端端正正地坐下，点燃香。然后，闭目养了会儿神，再缓缓睁开眼，虚望前方，安然自得弹起琴来。

这时，司马懿统领的大兵已来到城下。先头部队见到这种情形，都不敢贸然前进，急忙向司马懿报告。

司马懿不相信，以为部下看花了眼：诸葛亮怎么打扮成道士模样，不领兵拒敌，反而悠闲地在城头弹起琴来？于是命令三军暂且停止行动，自己则飞马跑到城下，远远观望。

果然，城楼上诸葛亮笑容可掬地端坐，在袅袅上升的香烟间，旁若无人、安然自得地正沉浸在自己所弹奏的琴音中。他左边的童子，手捧一把宝剑；右边的童子，则拿着一把拂尘。城门口处，有二十余老少百姓正低头洒扫街道，有条不紊，不惊不慌。

司马懿看了许久，听了很长时间，无论从对方人物的表情动作还是诸葛亮所弹出的琴声中，都看不出丝毫破绽。

其子司马师道："我们应即刻冲杀进去，活捉诸葛亮！他分明是故弄玄虚——城肯定是座空城！"

其他将士也纷纷要求进兵攻城。

司马懿凝然不动，仍静静谛听。忽然他神色一变，露出紧张模样，忙下令："后队改作前锋，先锋变为后队，马上撤退！"

众人不解，因为眼前并没有什么异常情况。

司马懿怒道："马上撤退。违令者斩！"

众将士狐疑不明，却只好遵令撤退。

直到撤离西城远了些，司马懿才心有余悸地解释："诸葛亮这个人和我打过多年仗了。他一生最是谨慎，从不做没把握的事，更甭说干冒险的事了！今天大开城门，故意显出是座空城，让我们白白拿走并轻易把他捉住，这里就肯定有埋伏，是个骗局！我军若贸然轻进，必中其计。"

司马师问："父亲一直凝听静立，后来并无动静，您为什么突然神色大变撤军呢？"

司马懿冷笑："当统帅、做大将的人，必须善于观察天地之间的运行变化，了解人间世上的各种知识！我听到诸葛亮琴音，初始平和恬淡，却突然昂扬激烈，渗出一股杀机！分明要动手、出兵了！再不走，让他围住，四面挨打不成？！"

司马师及众将觉得有理，但仍不十分信服。不料，才走不远，刚进入武功山，猛听得山坡后杀声震天,鼓声动地,伏兵顿起。众将大惊。司马懿道:"刚才若不及时撤退,必中其计了!"话音未落,只见旁边大道上一军杀来,旗上大字:"右护卫使虎翼将军张苞"。

一见是西蜀有名战将、当年威震寰宇的张飞的儿子打杀过来,魏兵心惊胆战,纷纷弃甲抛戈而逃。

逃不多远,山谷中又喊杀声起,鼓角喧天、尘埃万丈。一杆大旗上写着:"左护卫使龙骧将军关兴"。魏兵一见是关云长之子,更是魂飞魄散,哪敢接战!

本是山地,喊声杀声在谷中回荡,似乎漫山遍野均有蜀国兵马。烟尘大起蔽日遮天,内中旗帜招展,刀枪闪耀,更似乎是天兵大降!

魏军不敢久停,忙丢掉辎重粮草,仓皇而逃。

张苞、关兴也不追赶,只将魏军丢弃的辎重物资捡起,迅速撤退了。

再说西城中的诸葛亮,见司马懿带兵疾速退去,轻轻长嘘一口气,用手拭了拭额上的冷汗,笑了起来。

诸葛亮笑道:"兵法云,知己知彼,方可百战不殆。司马懿知我一生谨慎,从不冒险,所以见今天这情况,就判断我在用计、骗他入城,所以反慌忙退走了。而我知司马懿了解我的这一贯作风,所以便借用这种心理,而乘机算计了他!也是知己知彼才敢如此啊!若换上司马昭或曹操统兵,我绝不会如此的!"众人叹服。"不过,司马懿也确是知我之人。如果不是实在没别的办法,我也不会用这险计!实在是万不得已!"诸葛亮道。

众人佩服得五体投地,又后怕不已。

司马懿退兵,一直又退回街亭,和曹真的大军会合在一起时,才放下心来。而此刻,蜀国各路军已安然无恙地撤回本国了。司马懿于是又带一支人马来到西城。问及当地居民,才明白自己"聪明反被聪明误",误中诸葛亮之计。当得知当时诸葛亮所处的危险境地他的所作所为及张苞、关兴其实只有少数人马,只是虚张声势而并不敢真正交锋时,不觉由衷叹赞:"诸葛孔明之才,我不如也!"

一鼓作气抢占士气上风:曹刿长勺显威名

公元前685年,鲁国的邻邦齐国发生了君位之争,受鲁国扶助的齐公子纠慢了一步,被公子小白(即齐桓公)占了先。鲁国为了支持公子纠,这年夏天由鲁庄公亲率战车300辆出征齐国,结果被齐国杀败。齐鲁两国从此交恶。齐桓公由于恼恨鲁国,便于公元前684年再次兴兵讨伐,由鲍叔牙亲率大军直犯鲁国长勺。

鲁庄公得知齐兵进犯的消息,心中十分焦急,只得整顿兵马迎战。鲁国虽是周公旦的封地,西周时号称大国,但这时早没了昔日的风光,一向屈服于强邻齐国,如今新败之余,更加士气不振。此次对手又是齐国智士鲍叔牙,敌强我弱之势,不问自明。生活在乡间的曹刿听到齐将攻鲁的消息后,感到事态的严重性,为了挽救国家的危亡,他准备动身去见鲁庄公面陈己见,助其一臂之力。乡亲们纷纷劝阻道:"国家大事,自有那些吃肉喝酒的贵族老爷们操心,你又何必多事呢?"曹刿慷慨激昂地说道:"那些食有肉的老爷们行为鄙俗、鼠目寸光,怎么会有深谋远虑呢?我不能坐视国家的危难不救。"

见了鲁庄公,曹刿开门见山地问道:"听说您要跟齐兵对阵,您凭什么呢?"庄公说道:"我对待手下的人还是宽厚的,从来不独自享用美衣美食,常常对他们多有所赐;我对待天地神明也是十分虔诚的,祭祀的物品从来不敢虚报;对于百姓的诉讼案件,我总是尽心尽力,明察秋毫,慎重处理。"曹刿认为前两件事远不足以战,第三件事是鲁庄公尽心做事的表现,案件处理得公平与否,直接涉及到老百姓的利益,曹刿这才放心地松了一口气,说道:"你能这样慎重于讼案,还算是尽到了责任。基于此,我们就有办法与齐军抗衡了。作战时,请让我一同前往。"鲁庄公见他很有智谋,便答应了他的请求,让他跟自己同乘一辆战车,率领鲁军迎战。齐军依仗兵强马壮,气势汹汹地直向鲁国攻来。鲁国兵少国弱,处于劣势。为避锋芒,决定后退,保存实力以待反击。鲁军一直退到有利于反攻的地方长勺,战局才有了转机。

齐军前进到长勺后,刚刚稳住阵脚便想先发制人,向鲁军展开了猛烈的攻击,一时间鼓声大震。鲁庄公一见,心中有些慌乱,便要击鼓冲击齐军,曹刿连忙阻止说:"齐军锐气方盛,我军最好以静制动,现在还不是时候。"于是传令军中不许喧哗,要备足弓箭,严阵以待。齐军随着"咚咚"的鼓声冲杀过来,眼看就要突入鲁军阵地,鲁军突然万箭齐发,齐军抵挡不住,便败下阵去。齐军求胜心切,过了一会儿,擂鼓出击。看到齐军将士张牙舞爪不可一世的骄态,鲁军将士个个义愤填膺,怒火中烧,纷纷要求出战,可是曹刿一直让鲁庄公按兵不动。齐军冲了一阵,见鲁军防守甚严,只得又退了回去。齐军见两番无功,不由得心急,不待兵卒休息,又"咚咚"地擂响第三通鼓。齐军士气开始低落,加之又累又乏,只好勉强打起精神,向鲁军冲击过来。曹刿见状,忙对鲁庄公说道:"可以反攻了。"于是鲁军鼓声大作,将士们斗志昂扬,锐不可当,齐军招架不住,顿时大败,纷纷弃甲丢盔而逃。鲁庄公见敌人败退,就要下令追击,曹刿急忙拦阻道:"不可,待我观察一阵再说。"于是跳下战车,仔细察看齐军战车留下的车辙,又登上战车,扶着车前的横木观望齐军的旌旗,这才对鲁庄公说道:"现在可以追击了。"鲁庄公于是挥师追杀,鲁军喊声震天,一直把齐军撵出了国境,俘获了大批的物资。富且强的齐国就这样败给了贫弱的鲁国。

战斗结束后,鲁庄公奇怪地问道:"为什么我们要在齐军三次击鼓后才发动攻击呢?"曹刿从容不迫地说道:"打仗靠的是士兵的勇气。一般来说,气盛则勇敢,往往能取胜;气衰则胆怯,往往会失败。当齐军第一次击鼓时,士气正旺盛;第二次击鼓后士气有些低落;第三次击鼓后,士气就丧失殆尽了。当齐军三鼓气竭时,我军才擂响第一通战鼓,士气正盛,所以能一鼓作气大败齐军。"鲁庄公这才恍然大悟。接着又问道:"我还是有些不明白。齐军败退时,为什么我军又不马上追击呢?"曹刿说道:"齐国是大国,兵强而将能,虽然败退,但我恐怕他们是假装失败,意在设伏诱敌。后来我见他们车辙散乱,旗帜东倒西歪,可见他们是真的败逃,所以才请你下令追击。"

把握气势随时激发士气:后晋顺势灭强敌

公元 910 年(五代后梁开平四年)秋,梁太祖朱晃派大将王景仁统领魏、宋、滑、沛等四州的兵马,约 7 万之众向赵地进攻。赵王忙派人向晋王李存勖求援。李存勖即令老将周德威率军先到赵州监视敌情。这年冬天,梁军进抵柏乡,赵王再次向晋告急求援,李存勖便亲自领兵出赞皇(今河北赞皇县),在石桥镇同周德威会师后,进至距柏乡 5 里的野河(今隆阳河支流)北岸,隔河同梁军对阵。

晋军见野河两岸梁军兵多将广,武器精良,盔甲光耀照人,旌旗遮天蔽日,一派威风凛凛、傲然不可侵犯的气势,不由得望而生畏。周德威见士兵们个个窃窃私语,面露不安的神色,早已明白了原委,便召集部属,鼓励大家说:"梁军虽多,可全是些挑担贩卖的流浪汉。别看他们穿得整齐,却没有打仗的本领,不过是些绣花枕头罢了。我军兵力虽弱,可是诸位一向英勇善战,足能以一当十。听说梁军将士的盔甲,一件就值纹银数十两,捉得一个就能发财致富,数万盔甲披在这些人身上,实在是一批可观的奇货啊!你们可不要失去发财致富的机会呀!"经此鼓动利诱,晋军士兵怯战的情绪一下子消失了,代之而起的是震耳欲聋的请战声。周德威挑选精骑千人,针对梁军的弱点,突然发起攻击,俘虏敌军百余人,奖励了有功将士,三军士气大振。

周德威通过这次侦察战,进一步摸清了梁军的情况。得知梁军不但兵多将广,而且训练有素,堪称精锐之师。他向李存勖建议说:"敌众我寡,梁军又声威甚重,切不可轻易出战。应当稍退一步,待机破敌。"李存勖却生气地说道:"我率领孤军远出千里之遥,粮秣物资供应不便,宜于速战速决。现在如不迅速进攻,一旦敌人探知我兵力单薄,挥师而来,我军势必陷入不利境地。"周德威连忙解释说:"梁军向来惯于筑城坚守,不善野战争锋。我军取胜要充分发挥骑兵的威力,而骑兵作战,必须将战场选在平川旷野之处。现在我军同梁军隔河对阵,逼近敌营,铁骑难以发挥作用,实在是英雄无用武之地啊!"周德威的一番言语虽然中肯可信,但李存勖盛怒之下却未置可否,转身拂袖而去。

周德威为了改变李存勖的决心，便跑到监军张承业那里说："晋王对我后撤待机的建议甚为恼怒。你想想看，像我这样一个身经百战的人，难道还会贪生怕死不成？眼前情况是敌众我寡，又过于迫近敌人，所以暂时安然无事，全靠一水相隔。假若敌人架桥渡河，迫使我军在河岸作战，我强劲的铁骑将被置于无用之地，其结果是不言而明的。为此，我意应将部队撤到高邑，把梁军引诱到平川旷野，发挥我骑兵的优势，方为万全之策。"张承业点头称是，并到李存勖那里进行劝说。李存勖正在犹豫，只见周德威押着一个梁军俘虏走进军帐。李存勖还没等周德威开口，便对俘虏大喝道："你要老老实实地告诉我，王景仁正在干什么，有什么行动准备。"俘虏战战兢兢地回答说："已经准备了100多条船只，正打算搭桥渡河，大约几日内便要发起进攻。"李存勖听罢，不禁佩服地看了周德威一眼，大赞他料事如神，随即引兵退到了高邑。

周德威按照预定方案，首先派出300骑兵迫近梁营挑战，接着亲领3000精兵为后继，轮番骂阵，打算把梁军引到预定战场一举歼灭。王景仁见挑战的晋军不战自退，以为是兵少怯战，正打算挥师追赶，却见晋军轻骑前来骂阵，不由得火冒三丈，随即下令全军出动。数万人马，浩浩荡荡，齐头并进，直向晋军扑去。周德威沉着地且战且退，直退到高邑南面一望无际的平川以后才掉转马头，布成阵势，准备迎敌。王景仁见晋军阵势顷刻而成，于是也就地布阵：以汴、宋之兵在左，魏、滑之兵在右，横亘六里，倚仗兵力上的绝对优势紧逼晋军。

李存勖亲到阵前，观察了地形和两军阵势后，情不自禁地对周德威说："此地决战真是再好不过了！平原广阔，树木稀少，稼禾苗低，正是我铁骑的用武之地。"说到这里，他稍微停顿了一下，然后举起手来，指着两军的阵地，兴致勃勃地说道："敌军阵中人喊马叫，拥来挤去，乱成一团，而我军将士多么冷静沉着！今日决战，势在必胜。现在我就亲率一支铁骑前去冲阵，你领兵在后接应，定要杀他个七零八落，有去无回。"说罢就要引兵出战。周德威急忙说道："主公莫急！梁军已被我轻骑挑战所激，仓促出阵，追随我军数十里，料想未必带着干粮和饮水，即便带上，也没有时间食用。过了中午，梁军人困马乏，不能再战，等他们准备引军后退时，我们再乘势掩杀，必能以小的代价获全胜之功。"众将齐声称赞周德威讲得有理。李存勖也心悦诚服地采纳了这个建议。

刚过中午，晋军便发起进攻，骑兵直冲梁军，步兵从侧翼包抄，顿时尘土飞扬，杀声震天。两军厮杀到日头偏西，梁军支持不住，争先恐后地撤退。周德威见敌军乱了阵脚，立即擂鼓催阵，大喊道："梁军逃跑了，赶快向前冲啊！"晋军骑兵横冲直撞，往返追击掩杀，步兵在后紧紧相随。梁军丢弃了武器辎重，没命地向后奔逃，被晋军直追杀到柏乡。这一战，晋军杀敌2万余人，尸横数十里，夺得梁军粮食、马匹等物资不计其数。